DU MÊME AUTEUR

L'IMMEUBLE YACOUBIAN, Actes Sud, 2006 ; Babel n° 843, 2007.
CHICAGO, Actes Sud, 2007 ; Babel n° 941, 2008.
J'AURAIS VOULU ÊTRE ÉGYPTIEN, Actes Sud, 2009 ; Babel n° 1004, 2010.

Titre original :
On the State of Egypt
© Alaa El Aswany, 2011

© ACTES SUD, 2011
pour la traduction française
ISBN 978-2-330-00137-7

ALAA EL ASWANY

Chroniques de la révolution égyptienne

Traduit de l'arabe (Egypte) et préfacé
par Gilles Gauthier

ACTES SUD

PRÉFACE

"La Démocratie est la solution"

C'est par cette phrase que Alaa El Aswany termine chacun des articles regroupés dans ce recueil, à l'exception des plus anciens, rédigés avant qu'il n'ait adopté ce cri de guerre en réaction à "l'islam est la solution" qui servait jusqu'ici à la fois de slogan à l'opposition religieuse et de facile épouvantail à la dictature.

Car c'est bien d'une guerre qu'il s'agit, menée sur deux fronts qui, pour l'écrivain, se confondent : celui d'un régime en place depuis trente ans qui tente de se perpétuer par la transmission héréditaire du pouvoir du président Moubarak à son fils Gamal, et celui des partisans d'une lecture extrémiste de l'islam, grassement soudoyés par l'argent du pétrole, et finalement solidaires de la dictature.

Alaa El Aswani est un écrivain que nous connaissons bien, maintenant, en France, à travers ses trois livres publiés par Actes Sud : *L'Immeuble Yacoubian*, *Chicago* et *J'aurais voulu être égyptien* qui, à travers des personnages aussi attachants que s'ils étaient réels, peignent un tableau chaleureux, émouvant, contrasté d'une société égyptienne au bord du gouffre. On y trouve tous les ingrédients qui doivent mener à une catastrophe finale : l'injustice, la corruption, la fraude électorale, la répression policière, la torture, l'extrémisme islamiste, l'exil et, en arrière fond, lointain, omniprésent, le Grand-Homme. Pour la plupart, cette situation apparaissait désespérante et sans issue. C'était aussi l'avis de nombreux observateurs de la réalité égyptienne.

Mais, Alaa El Aswany n'est pas seulement un écrivain, c'est aussi un militant politique. Bien que ce soit dans cette même réalité que trouvent leur source son écriture romanesque et son engagement politique, il refuse que l'on confonde les deux registres. Aucun personnage de ses romans ne parle pour lui. C'est à travers son adhésion aux mouvements d'opposition, sa participation aux manifestations, ses conférences, ses débats télévisés, son séminaire du mercredi soir, ses interviews, et surtout ses tribunes régulières dans la presse, qu'il s'exprime et qu'il participe activement, courageusement, au combat pour la démocratie.

Cent quatre-vingt-trois articles parus dans la presse égyptienne (pour l'essentiel dans les quotidiens *Shorouk* et *El Masri El Yom*) au cours des trois dernières années qui ont précédé la révolution ont été regroupés en trois volumes diffusés en langue arabe, en 2010 et 2011, par la maison d'édition Dar el Shorouk. On y retrouve la prose claire, précise, pleine d'humour et de tendresse à laquelle l'écrivain nous avait habitués dans ses romans et dans ses nouvelles. Mais s'ajoute ici le fil tranchant d'une lame. Cet homme si jovial, si compréhensif, si plein d'empathie avec les autres, se montre inflexible, inexorable dès qu'il s'en prend aux forces qui oppriment son pays. Même s'il y martèle chaque fois les mêmes vérités, la lecture de ces textes n'est jamais ennuyeuse, car c'est de la terre d'Egypte, de la vie et dans l'histoire de son peuple qu'il les fait jaillir. Presque toujours, cela commence par une anecdote, par un conte, par le récit d'un rêve, par une rencontre et, ce que l'on a sous les yeux, ce n'est pas de la phraséologie politique, mais une vision panoramique d'un pays au bord de l'explosion.

Les quarante-cinq articles qui ont été jugés les plus représentatifs font l'objet principal de cette traduction. Ils ont été classés en trois grandes catégories. Ceux de la première, sous le titre de "La Présidence et la succession" traduisent l'impasse politique à laquelle en était arrivée l'Egypte, avec ses élections de plus en plus frauduleuses accompagnées de la volonté du président Moubarak de transmettre le pouvoir à son fils Gamal. Alaa El Aswany lutte activement contre la transmission héréditaire du pouvoir, dont il montre le fonctionnement absurde, et encourage la campagne conduite par l'ancien directeur de l'Agence nucléaire internationale Mohamed El Baradei. Il appelle à une mobilisation pacifique de grande ampleur pour chasser le régime en place.

La deuxième partie, sous le titre "Le peuple et la justice sociale" évoque les maux dont souffre la société égyptienne : d'abord, la pauvreté, le mépris du peuple que ce soit dans les commissariats de police, dans les hôpitaux, ou dans toute autre administration, ensuite l'extrémisme religieux avec les conséquences directes et indirectes que cet extrémisme a pour les femmes, et pour la minorité religieuse copte. Ces femmes, de plus en plus couvertes de tissus visant à les cacher aux regards, Alaa proclame qu'elles sont, en tout, les égales des hommes et que la lutte pour cette égalité est un des éléments essentiels de la lutte pour la démocratie. Quant aux coptes, victimes du fanatisme autant que des pratiques sectaires du régime, Alaa les appelle à ne pas céder à la tentation communautaire, mais à lutter auprès de leurs compatriotes musulmans pour libérer l'Egypte de toutes les oppressions et de toutes les discriminations. Pour Alaa El Aswany, l'extrémisme religieux est sans doute fils de la pauvreté, de l'humiliation et de la frustration, mais il est aussi largement financé par l'argent du pétrole saoudien, avec la complicité du régime égyptien.

Les maux dont souffre l'Egypte ont finalement tous leur source principale dans le système politique qui sévit dans le pays. La troisième partie, sous le titre "Liberté de parole et répression politique", regroupe plusieurs textes consacrés à la répression policière. Cette partie conclut sur la nécessité d'un changement total d'un régime incapable de se réformer et plongeant le pays dans la médiocrité. La liberté et la démocratie sont indispensables à la renaissance de l'Egypte.

Même ceux qui connaissent de longue date Alaa El Aswany, qui admirent son courage, son entêtement calme et poli à défendre les valeurs auxquelles il croit, ne peuvent pas s'empêcher de s'étonner de l'extraordinaire clairvoyance dont il a fait preuve – presque seul contre tous – dans la description de l'état social et politique de l'Egypte. Si les romans qu'il écrivait à la même époque semblaient montrer une situation sans issue, les articles de l'homme d'action se terminaient tous sur une note optimiste : l'annonce de l'avènement inéluctable du changement souhaité.

Qu'en est-il aujourd'hui ? Pas un jour, depuis l'abdication du président Moubarak, Alaa El Aswany n'a cessé de lutter pour que la révolution se poursuive jusqu'à son terme. Il continue à écrire chaque mardi dans le quotidien *El Masri El Yom*, toujours sans concession contre la tentative de dévoiement qui est en cours. Il est inquiet, vigilant, mais ne cesse pas pour autant d'être persuadé que l'Egypte sera bientôt un Etat démocratique.

C'est pourquoi, à tous – auteur, éditeur et traducteur – il nous a semblé indispensable d'ajouter à notre sélection initiale cinq articles publiés au cours de ces derniers mois. La situation qu'ils décrivent est, à bien des égards, inquiétante. Le vieux régime n'est pas mort avec le départ du dictateur et de ses principaux séides. Il y a des hauts et des bas. Le peuple uni, toutes tendances confondues, s'est divisé. Des alliances inquiétantes se dessinent. Certains sont pris de lassitude... il faut sans cesse ranimer la flamme et parfois le peuple en masse redescend dans la rue. Le pouvoir intérimaire, en grande partie constitué d'éléments anciens, est encore mal installé. Il recule, tergiverse, se rebiffe. On a des incertitudes sur ce que sera la constitution, des inquiétudes sur la façon dont vont se passer les élections, mais une chose reste certaine, c'est que "la démocratie est la solution".

Gilles Gauthier

INTRODUCTION

Pourquoi les Egyptiens ne se soulèvent-ils pas?!
C'était la question qui revenait sans cesse aussi bien en Egypte qu'à l'étranger. Toutes les conditions d'une révolution se trouvaient pourtant réunies : cela faisait trente ans que Hosni Moubarak accaparait le pouvoir à coups de référendums truqués et il préparait maintenant l'accession au pouvoir de son fils Gamal. La corruption dans les milieux gouvernementaux atteignait des niveaux jamais connus dans l'histoire de l'Egypte. Un petit groupe d'hommes d'affaires, pour la plupart amis de Gamal Moubarak, régnait arbitrairement, et dans leur intérêt exclusif, sur l'économie du pays. Avec moins de deux dollars par jour, quarante millions d'Egyptiens – la moitié de la population – vivaient au-dessous du seuil de pauvreté. Dans tous les domaines, depuis la santé et l'éducation jusqu'à l'économie et la politique extérieure, l'Egypte s'effondrait. Un petit nombre de riches vivaient comme des rois dans leurs palais et leurs jardins secrets et voyageaient en avion privé pendant que les pauvres, incapables de subvenir aux besoins de leurs familles, se suicidaient ou mouraient dans des bousculades à la recherche de pain bon marché ou de bouteilles de gaz. Un gigantesque appareil policier coûtant des milliards constituait le pire système de répression au monde. Des gens étaient quotidiennement torturés dans

les locaux de la police et souvent on violait sous leurs yeux leurs femmes ou leurs filles pour que des hommes reconnaissent des crimes que, la plupart du temps, ils n'avaient pas commis.

Pourquoi donc les Egyptiens ne se soulevaient-ils pas contre toutes ces iniquités?

A cela il y avait en gros trois façons de répondre :

Certains considéraient que la longue répression subie par les Egyptiens leur avait laissé un héritage de lâcheté et de soumission tel que – quoi qu'il arrive – ils ne se soulèveraient jamais.

D'autres admettaient qu'une révolution était plausible, mais que de nombreux facteurs retardaient sa venue; en premier lieu, la force de la répression et l'absence d'une organisation capable de conduire les masses. Les Egyptiens étaient exclusivement préoccupés par leur pain quotidien et par la recherche de solutions individuelles à la crise. Avec l'accentuation de la répression et de la pauvreté, beaucoup avaient choisi l'exil, qu'il soit géographique ou historique. Certains s'étaient exilés géographiquement vers les Etats pétroliers du Golfe pour y travailler, dans des conditions généralement humiliantes, et en étaient revenus avec de quoi s'assurer une vie acceptable. Les autres avaient choisi de se réfugier dans l'histoire : ceux-là s'accrochaient au passé et vivaient en imagination dans ce qu'ils considéraient comme l'âge d'or de l'islam. Ils portaient des tuniques blanches et se laissaient pousser la barbe. Ils s'étaient donné le nom d'"ancêtres" et fuyaient dans les gloires du passé la dure réalité. Financée par des fonds saoudiens et avec la bénédiction du régime égyptien, cette interprétation wahhabite*

---

* L'islam sunnite reconnaît quatre écoles de jurisprudence religieuse : le malékisme, le chaféisme, le hanafisme et le hanbalisme. C'est au sein de cette dernière école, considérée

de l'islam, qui ordonne au musulman l'obéissance à celui qui gouverne, aussi oppressif et corrompu soit-il, avait connu une forte diffusion.

Pour les partisans de cette explication, tous ces éléments éloignaient le moment où une révolution pourrait éclater en Egypte.

D'autres encore – dont je faisais partie – postulaient que les Egyptiens n'étaient pas moins enclins aux révolutions que les autres peuples, qu'au contraire ils en avaient plus accompli au cours du XXe siècle que certains peuples occidentaux, mais qu'ils avaient cette particularité d'être moins portés qu'eux à la violence et plus favorables aux solutions médianes. Les Egyptiens étaient un vieux peuple dont l'histoire s'étendait sur cinq mille ans et, par conséquent, adoucis de la sagesse des vieillards, ils se tenaient, dans la mesure du possible, à l'écart des problèmes pour se contenter de vivre et d'élever leurs enfants. Ce n'était qu'une fois convaincus que les solutions médianes n'étaient pas possibles qu'ils avaient recours à la révolution. Le peuple égyptien était comme le chameau. Il pouvait supporter les coups, les humiliations et la faim pendant une longue période, mais lorsqu'il se révoltait, c'était d'une façon soudaine et avec une force irrépressible.

comme la plus stricte et littéraliste qu'est née au début du XVIIIe siècle, dans la péninsule arabique, une tendance encore plus rigoriste, le wahabisme. Allié depuis le début à la dynastie des Al Saoud, le wahabisme est devenu la doctrine officielle de l'Arabie saoudite. Le salafisme, lui, se définit comme un mouvement de renaissance de l'islam, par un retour à la foi des origines. Même si leur histoire n'est pas exactement la même, ces deux conceptions intransigeantes de la religion se recoupent largement pour être l'aliment spirituel et la source d'inspiration de vastes secteurs largement abreuvés par l'argent – public ou privé – provenant de la rente pétrolière.

J'étais convaincu que la révolution approchait, qu'elle était imminente, et je n'étais pas d'accord avec de nombreux amis égyptiens et occidentaux qui m'accusaient d'un optimisme impénitent et d'un romantisme planant loin de la réalité.

Pas un seul jour je n'ai cessé d'avoir foi dans le peuple. Rien pourtant ne venait étayer cette confiance. Les mouvements protestataires, qui ne réunissaient qu'un nombre très faible de participants, n'avaient que peu d'impact, ce qui encourageait les responsables du régime à prendre toujours plus de mesures visant à décupler leurs fortunes au détriment de la population. Le régime faisait ce qu'il voulait des Egyptiens... et il chargeait son gigantesque appareil de sécurité d'écraser les opposants.

Je me souviens d'avoir rencontré, dans un dîner au domicile d'un ami, le précédent ministre des Finances, qui venait d'adopter des dispositions fiscales augmentant les souffrances des pauvres. Un des participants lui avait demandé :

— Ne craignez-vous pas que le peuple se révolte?

Le ministre avait répondu en riant :

— Il n'y a pas de danger. Ici, en Egypte, nous ne sommes pas en Grande-Bretagne. Nous avons dressé les Egyptiens à tout accepter.

Du président Moubarak jusqu'au plus petit responsable, c'était cette vision hautaine, pleine de mépris pour leur peuple qui dominait dans le discours des responsables du régime.

Lorsque, dans ces conditions, j'avais lu sur Internet l'appel aux internautes à manifester le 25 janvier 2011, je n'y avais pas prêté beaucoup d'attention. Je me disais : cela va être une petite manifestation comme les autres qui ne dépassera pas les trois cents ou quatre cents personnes, entourées de milliers de policiers de la Sécurité centrale qui les empêcheront de bouger. Le matin du 25 janvier, je m'étais réveillé tôt comme d'habitude et m'étais plongé jusqu'à midi dans la rédaction de mon nouveau roman. Puis je m'étais assis pour déjeuner et avais allumé la télévision. C'était un miracle : des milliers d'Egyptiens étaient sortis dans les rues pour demander la chute du régime et le départ du président Moubarak.

Je me suis alors habillé rapidement et j'ai rejoint la révolution à laquelle j'allais participer jusqu'à la fin. En dehors de quelques courtes heures pour dormir d'un sommeil souvent interrompu, pour me laver et pour rassurer ma famille, j'ai vécu dix-huit jours dans la rue. Les gens que j'ai vus place Tahrir étaient des êtres nouveaux qui ne ressemblaient plus en rien à ceux avec qui j'étais jusque-là quotidiennement en rapport, comme si la révolution avait recréé des Egyptiens d'une qualité supérieure. Il n'est pas équitable d'appeler cette révolution la révolution des Jeunes. Les jeunes l'ont commencée et ils l'ont conduite, mais le peuple égyptien tout entier s'y est associé. Sur la place Tahrir, j'ai vu l'incarnation de l'Egypte tout entière : des gens de tous les âges et de toutes les conditions, des coptes et des musulmans, des jeunes, et des dames, des vieillards et des enfants, des femmes voilées et d'autres tête nue, des riches et des pauvres, un million de personnes rassemblées, vivant ensemble comme les membres d'une même famille, avec un sens profond de la solidarité et un comportement plein de politesse, comme si la révolution qui avait libéré les Egyptiens de la peur les avait également guéris de leurs travers sociaux. C'était un moment unique d'humanité : des milliers de femmes dormaient dehors sans que personne n'en harcèle une seule. On pouvait laisser ses affaires dans la rue en étant certain que personne ne viendrait les voler. Les chrétiens formaient des cordons afin de protéger les musulmans qui priaient contre les attaques des policiers du régime. La prière des musulmans et la messe des chrétiens pour les âmes des martyrs avaient lieu en même temps. Au micro, un jeune chantait avec sa guitare des chansons contre Moubarak, des milliers de personnes dansaient joyeusement, et les croyants barbus eux-mêmes ne pouvaient pas se retenir de se balancer en cadence. Dans cette atmosphère de complète tolérance, les manifestants acceptaient et respectaient tous ceux qui étaient différents d'eux. Nous pouvions ne pas avoir les mêmes tendances, les mêmes idées, mais ce qui comptait, c'était notre but unique : faire tomber la dictature et arracher la liberté de l'Egypte. J'aurais besoin de tout un livre pour exprimer mon expérience de la révolution. Tous les soirs, je parlais devant un million de personnes. Je n'oublierai jamais leurs regards pleins de colère et de détermination. D'une seule voix, un cri retentissait comme le tonnerre, "A bas Hosni Moubarak". La place Tahrir était devenue semblable à la Commune de Paris. On avait renversé le pouvoir du régime et, à la place, on avait instauré le pouvoir du peuple. On avait créé des commissions de toutes sortes, comme celle du nettoyage ou celle chargée d'installer des toilettes et des salles d'eau. Des médecins bénévoles avaient construit des hôpitaux de campagne. Des commissions de surveillance assumaient la protection des manifestants contre les attaques des nervis armés par le régime. D'autres se chargeaient de l'alimentation et de la distribution des couvertures aux occupants de la place.

Je n'oublierai jamais les braves mères de famille qui venaient à l'aube, les bras chargés de paniers pleins de nourriture.

Un soir où, fatigué, j'avais jeté par terre un paquet de cigarettes vide, une dame de plus de soixante-dix ans s'approcha de moi et me dit d'abord qu'elle m'admirait et qu'elle avait lu tout ce que j'avais écrit. Je la remerciai chaleureusement. Elle me montra ensuite du doigt le paquet vide et ajouta d'un ton sérieux :

— Ramassez ce paquet de cigarettes.

J'allai le jeter dans la poubelle et je revins vers la dame, honteux comme un enfant pris en faute. Elle me dit :

— Nous construisons une Egypte nouvelle. Il faut que nous soyons propres, n'est-ce pas?

Pendant dix-huit jours, Hosni Moubarak et le ministre de l'Intérieur, Habib Adli, ont perpétré tous les crimes possibles pour venir à bout de la révolution. Les policiers ont lancé sur les manifestants des bombes lacrymogènes interdites par les conventions internationales et tiré des balles en caoutchouc. Puis l'ordre a été donné de tuer les manifestants. J'étais au milieu de centaines de milliers d'entre eux, lorsque commença la fusillade. Les francs-tireurs se tenaient sur les terrasses du ministère de l'Intérieur et ils utilisaient des fusils modernes équipés de rayons laser avec lesquels il leur suffisait d'une seule balle pour atteindre, en plein milieu, la tête du manifestant et le tuer sur le coup. En moins d'une demi-heure, deux jeunes tombèrent à mes côtés. Le plus extraordinaire, c'est que personne ne reculait. J'essayai de toutes mes forces d'éloigner les jeunes du ministère de l'Intérieur pour qu'ils ne soient pas victimes des tirs, mais plus personne ne craignait pour sa vie et pour sa sécurité. C'était comme si des millions de gens s'étaient fondus en un bloc humain gigantesque luttant pour arracher sa liberté, sans égard pour les épreuves et les pertes humaines. Lorsque tous ces crimes eurent échoué à arrêter la révolution, le régime mit à exécution le plan de secours qu'il tenait en réserve. Ordre fut donné à tous les policiers de se retirer si bien qu'il n'en resta plus un seul dans toute l'Egypte, puis les portes des prisons furent ouvertes pour en laisser sortir trente mille dangereux criminels que l'on avait armés et auxquels on avait donné l'ordre d'attaquer les maisons et d'allumer des incendies. L'objectif était que les Egyptiens, effrayés, quittent la manifestation et rentrent chez eux pour protéger leurs maisons des incursions des malfaiteurs, mais ce plan infâme les rendit plus déterminés que jamais à poursuivre leur révolution. Dans toutes les rues d'Egypte, les gens constituèrent des comités populaires qui prirent en charge la protection des habitants contre les bandits et les hommes de main*. Jour après jour, la révolution avançait et le régime vacillait. Le dix-huitième jour, je me trouvais près de la place Tahrir en train de discuter avec les manifestants, lorsque j'entendis une immense clameur puis des cris bouleversés : "Moubarak a abdiqué."

Pour célébrer la démission de Moubarak et la fin de la dictature, des millions d'Egyptiens s'abandonnèrent à leur joie dans une énorme fête qui dura toute la nuit.

La révolution égyptienne a pris le monde de court et a poussé les cercles occidentaux à réviser les analyses politiques superficielles et erronées qui avaient longtemps eu cours concernant l'Egypte. Dès le premier jour, le mouvement a reçu un vaste soutien mondial. Tous les peuples occidentaux ont proclamé leur solidarité avec les revendications du peuple égyptien, bien que certains de leurs gouvernements aient longtemps hésité entre aider la révolution ou soutenir leur allié, le dictateur Moubarak.

---

* En arabe égyptien : *beltagui*. C'est à l'origine un voyou de quartier, un "gros bras" prêt à exécuter toutes sortes de basses besognes, au service de celui qui le paie.

En fin de compte, la question essentielle reste posée : pourquoi l'Egypte s'est-elle soulevée de cette manière inattendue ? Quels étaient les problèmes et les contradictions de la société égyptienne qui ont rendu cette révolution inéluctable ?

Peut-être ce livre apporte-t-il la réponse.

PREMIÈRE PARTIE

LA PRÉSIDENCE ET LA SUCCESSION

LA CAMPAGNE ÉGYPTIENNE
CONTRE LA SUCCESSION HÉRÉDITAIRE

Ce sont-là des moments que connaissent les gens du spectacle.

A peine la représentation terminée et les lumières éteintes, les machinistes enlèvent à toute vitesse le décor de la représentation qui vient de prendre fin, pour le remplacer par le décor de la pièce suivante. C'est précisément ce qu'on appelle un changement de décor. Ce travail nécessite de l'entraînement, de la dextérité et il implique avant tout une connaissance précise des exigences du nouveau spectacle

Comme tous les Egyptiens, j'ai suivi le congrès du Parti national démocratique et j'ai été stupéfait par l'extrême capacité des grands responsables à l'affabulation et au mensonge. Ils parlent de réalisations qui n'existent que dans leurs rapports et dans leur imagination, tandis que des millions d'Egyptiens vivent dans un dénuement total. Mais j'ai également eu le sentiment que l'Egypte en était maintenant au moment d'un changement de décor prévu à courte échéance, mais qui avait achoppé, ce qui lui avait fait prendre du retard. Il y avait de nombreuses raisons à cela :

Premièrement : à plus de quatre-vingts ans, le président Moubarak gouverne l'Egypte depuis trente ans et – avec tout mon respect – il ne peut pas, du fait de son âge et des lois de la nature, rester indéfiniment à son poste. Il y a quelques jours, Emad

Adib, journaliste émérite et proche de la présidence, est intervenu dans le débat public avec une déclaration unique en son genre : il souhaitait – assurait-il – que le président soit libéré de ses fonctions et il demandait que les présidents puissent se retirer en toute sécurité, c'est-à-dire sans que leur soient demandés de comptes, tant au plan politique que judiciaire, pour des faits accomplis pendant l'exercice du pouvoir.

Il n'est pas imaginable qu'Emad Adib, ose s'aventurer à tenir des propos aussi précis et d'une telle importance, sans qu'il y ait été autorisé ou en ait même été mandaté. Ces signaux ajoutent à la confusion de la scène politique dans notre pays. Nous ne savons pas, en effet, si le président va se retirer ou s'il va rester à son poste. Nous avons souvent l'impression qu'il existe deux volontés différentes au sommet de l'Etat : l'une qui va dans le sens du maintien, l'autre dans celui de l'abdication.

Deuxièmement : au cours des dernières années, le régime égyptien s'est évertué à préparer Gamal Moubarak à hériter de son père le gouvernement de l'Egypte. Ces efforts n'ont pas été limités à l'intérieur du pays, ils ont également été déployés à l'étranger, au point que le principal objectif de la politique extérieure égyptienne est devenu d'acquérir le soutien des pays occidentaux à Gamal Moubarak – les intérêts de l'Egypte, ses richesses et son honneur étant le prix à payer pour leur approbation.

Le régime égyptien sait que la clef du cœur de l'occident se trouve entre les mains d'Israël.

Si Israël est satisfait, les pays occidentaux le sont tous immédiatement. Par ses services rendus à Israël dans le but d'assurer la transmission héréditaire du pouvoir, le régime égyptien a dépassé ses propres performances. Entre l'année 2005 et aujourd'hui, Israël a reçu de notre pays tout ce qu'il n'avait pas pu obtenir depuis les accords de Camp David : retour de l'ambassadeur égyptien, contrats de fourniture de gaz, de pétrole et de ciment, et, mieux encore, tentative de convaincre ou de contraindre les Palestiniens à se plier à toutes les exigences de l'Etat hébreu. L'affaire alla même jusqu'à la fermeture du terminal de Rafah, comme contribution au siège des Palestiniens et au châtiment du mouvement Hamas jusqu'à ce que ce dernier se plie à la volonté israélienne.

En échange de ces services, le régime égyptien a obtenu un soutien international implicite à la transmission héréditaire du pouvoir. Souvenons-nous de la conférence de Charm el Cheikh qui s'est tenue après les massacres de Gaza : les présidents occidentaux y ont glorifié le président Moubarak, officiellement remercié pour ce qu'ils ont appelé "ses efforts en faveur de la paix". Souvenons-nous également de la façon dont le président Obama – celui-là même que le peuple américain avait élu pour qu'il lutte en faveur des droits de l'homme et de la démocratie dans le monde entier – s'est répandu en louanges sur le président Moubarak, allant jusqu'à le considérer comme un chef sage avançant dans le sens de la démocratie. La dualité des critères a toujours été une caractéristique des gouvernements occidentaux.

La moindre fraude électorale en Iran (le premier ennemi d'Israël) entraîne immédiatement une mobilisation politique et une campagne médiatique en Occident, en défense de la démocratie, tandis que le truquage des élections en Egypte, l'état d'exception qui y sévit, les incarcérations, la torture, les modifications de la constitution en faveur de la transmission héréditaire, la suppression du contrôle des élections par les juges, tout cela n'y suscite absolument aucune préoccupation. Le régime égyptien, en effet, est un important et fidèle allié d'Israël et des Etats-Unis.

Troisièmement : autant la campagne en faveur de la transmission héréditaire a remporté de succès au niveau international, autant elle a largement échoué en Egypte. En effet, les Egyptiens n'ont jamais accepté l'idée que leur pays passe du statut de république à celui de monarchie où un dauphin est appelé à hériter du trône occupé par son père. J'ajouterai également à cela que Gamal Moubarak lui-même – avec tout mon respect pour sa personne – est peut-être un grand expert de la banque et des affaires, mais qu'il n'a aucune sorte de don ou d'expérience dans le domaine politique.

Des dizaines de rencontres ont été organisées, au cours desquelles Gamal Moubarak a prononcé des discours couverts d'éloges par les membres hypocrites du Parti national démocratique et les scribes du pouvoir. On a également planifié à son intention de nombreuses visites dans les villages et les quartiers populaires, au cours desquelles quelques familles de miséreux ont été choisies, en coordination avec les services de sécurité, pour être photographiées en train de serrer sa main et de chanter ses louanges. Mais toutes ces campagnes n'ont pas converti les Egyptiens à l'idée de la transmission héréditaire. Au contraire, elles ont soulevé leur refus, leur désapprobation et, parfois, leurs sarcasmes.

Quatrièmement : la situation dans laquelle se trouve actuellement l'Egypte est littéralement catastrophique : pauvreté, maladie, oppression, corruption, chômage, absence de contrôle sanitaire, effondrement du système éducatif. Quelqu'un aurait-il pu imaginer que les Egyptiens allaient boire l'eau des égouts ? Le nombre de martyrs du régime égyptien, victimes de naufrages de ferry-boats, d'incendies dans les trains et d'effondrements d'immeubles, dépasse celui de tous les conflits armés auxquels notre pays a participé. Tout cela a entraîné le développement de mouvements de protestation et de grèves à un niveau que l'Egypte n'avait jamais connu depuis la révolution de juillet 1952. Les scribes du régime disent que ces protestations ne reflètent pas tant une véritable volonté de réformes radicales qu'elles n'expriment des revendications professionnelles étroites. Mais ce qui leur échappe, c'est que la plupart des révolutions dans l'histoire ont été déclenchées par des mouvements de protestation qui n'avaient pas, fondamentalement, la révolution pour but. La révolution n'est ni un mot d'ordre ni un objectif préalablement fixé, mais une situation dans laquelle se trouve une société à un moment donné, où tout peut être la cause d'un embrasement. C'est incontestablement cette situation que nous vivons actuellement. Tous les Egyptiens savent parfaitement que l'ancien état des choses n'est plus viable ni acceptable et que le changement approche inévitablement.

Notre devoir national nous impose d'œuvrer à un changement démocratique et pacifique, faute de quoi l'Egypte sera menacée par un déferlement d'anarchie que personne ne souhaite, car s'il se produisait, il incendierait tout. Peut-être est-ce ce sentiment du danger qui a poussé l'insigne professeur Mohamed Hassanein Heykal à faire connaître son projet transitoire de transformation démocratique.

Quelles que soient les divergences que nous pouvons avoir par rapport aux détails du projet du professeur Heykal, il n'en reste pas moins un point de départ excellent et objectif pour une véritable réforme démocratique. De plus, les Egyptiens commencent à prononcer les noms d'importantes personnalités, comme le docteur Mohamed El Baradei, le ministre Amrou Moussa ou le docteur Ahmed

Zoueil, dont ils souhaiteraient l'élection à la présidence de la République. Chacun d'entre eux est, de loin, un candidat plus légitime que Gamal Moubarak.

Dernier point : voici quelques jours, a débuté en Egypte une campagne contre la transmission héréditaire du pouvoir. Dès que cette campagne a été lancée, des dizaines de personnalités publiques, d'association et de partis s'y sont associés. J'ai assisté à l'assemblée fondatrice de cette campagne et l'enthousiasme et la sincérité des personnes présentes m'ont rendu optimiste.

Le docteur Hassan Nafaa a été choisi comme coordinateur de la campagne. C'est une personnalité respectable dont la présence ajoute une grande crédibilité à tout ce que nous faisons. Les membres de cette campagne sont porteurs d'orientations politiques diverses qui vont des Frères musulmans, des socialistes et des Nassériens, comme Abdelhalim Qandil, aux libéraux comme Ayman Nour et Oussama Ghazali Harb.

En dépit de nos divergences politiques et intellectuelles, nous nous sommes regroupés pour accomplir notre devoir national. Notre but est clair et légitime : nous voulons empêcher que la grande Egypte se transmette héréditairement du père au fils, comme si elle était un bout de terre ou un élevage de volailles. Nous voulons rendre aux Egyptiens leur droit naturel à choisir celui qui les gouvernera. Nous voulons instaurer la justice et la liberté parmi les Egyptiens. L'Egypte a les capacités d'un grand pays, mais elle est complètement en panne à cause de la dictature. Si la démocratie est instaurée, il faudra peu d'années pour que notre pays renaisse des mains de ses fils.

Cher lecteur, je vous invite à vous associer à la campagne égyptienne contre la transmission héréditaire du pouvoir. Si vous refusez l'oppression et la dictature, si vous aspirez à la vie honorable que vous méritez, vous et vos enfants, venez nous rejoindre. Avec la permission de Dieu, nous allons construire l'avenir de l'Egypte et nous n'allons pas attendre que ce soit eux qui le fassent à leur guise et en fonction de leurs intérêts. Le temps est venu de quitter nos sièges de spectateurs et de produire nous-même le prochain spectacle.

La démocratie est la solution.

TROIS ARGUMENTS FALLACIEUX
POUR SOUTENIR GAMAL MOUBARAK

La semaine dernière, j'ai écrit sur le lancement de la campagne égyptienne contre la transmission héréditaire du pouvoir, qui a pour objectif d'interdire au président Moubarak de donner notre pays en héritage à son fils. L'Egypte n'est ni une ferme ni un élevage de volailles, appartenant à une personne, quelle qu'elle soit et quelle que soit sa position.

Des intellectuels patriotes, des partis et des organisations de toutes les tendances politiques et intellectuelles se sont associés à cette opération et ils ont tous ensemble décidé de déployer leurs efforts pour arracher le droit des Egyptiens à choisir le prochain président de la République, au moyen d'élections honnêtes. Dès que l'article a été publié, j'ai été submergé de dizaines de lettres de lecteurs, provenant de l'intérieur de l'Egypte ou de l'étranger, proclamant tous leur soutien à la campagne et m'interrogeant sur la manière de s'y associer. Je remercie ces chers lecteurs de leur enthousiasme et je les rassure : dans quelques jours, nous allons publier le manifeste fondateur de la campagne et nous annoncerons les modalités de la participation. Nous escomptons, si Dieu le veut, un succès total, mais en même temps, nous savons que le chemin n'est pas facile. Le régime égyptien a créé une officine *ad hoc* en charge de la transmission héréditaire, composée de journalistes, d'hommes politiques, de responsables des médias ainsi que de professeurs de droit, dont l'unique mission est de préparer le peuple égyptien à en accepter l'idée. Personne n'a de respect pour ces propagandistes, car ce sont des hypocrites qui ont trahi la loyauté qu'ils devaient à leur métier et à la nation, et aux intérêts de laquelle ils ont préféré leurs intérêts propres. Les promoteurs de Gamal Moubarak ne disposent que de trois arguments fallacieux sur lesquels ils reviennent sans cesse et que l'on peut résumer ainsi :

Premièrement : ils disent que Gamal Moubarak est un jeune homme poli et très instruit auquel il n'y a pour le moment pas d'alternative comme candidat à la présidence de la République, d'autant plus qu'il sera le premier président civil de l'Egypte depuis la révolution, ce qui sera un pas vers la démocratie. Pourquoi donc ne l'accepterions-nous pas, à condition qu'il s'engage à ne faire que deux mandats présidentiels?

Nous disons comme eux que Gamal Moubarak est une personne vraiment polie et qui a un bon niveau d'éducation. Nous reconnaissons également qu'il parle couramment l'anglais... mais nous ne comprenons pas quel lien cela peut avoir avec la présidence de la République. Suffirait-il donc d'être poli et bien éduqué pour accéder à ces fonctions?

Il existe en Egypte des centaines de milliers de personnes polies, qui ont obtenu des diplômes de l'enseignement supérieur et qui ont un excellent niveau en anglais et en français. Sont-ils donc tous aptes à la présidence? Que Gamal Moubarak soit la seule alternative à notre disposition, ce n'est pas vrai. Il y a en Egypte assez de compétences et de cerveaux pour répondre aux besoins de dix pays. Avec l'accélération du rythme des manœuvres en faveur de l'héritage, les Egyptiens se sont mis à penser à des personnalités importantes aptes à assumer la présidence comme Ahmed Zoueil, Mohamed El Baradei, Amrou Moussa, Hicham Bestouissi, Zacharia Abdelaziz, ainsi que de nombreux autres, tous bien plus capables que Gamal Moubarak d'assumer la présidence. Quant à l'allégation selon laquelle Gamal Moubarak serait un président civil, elle est également fallacieuse car ce qui définit la nature du régime, ce n'est pas le métier du Président, mais la façon dont il a obtenu le pouvoir. Il y a des institutions militaires despotiques qui placent une personnalité civile à la présidence de la République, comme cela est arrivé en Syrie avec Bachar El Assad. En revanche, il existe des régimes démocratiques où des militaires ont quitté le service pour se présenter à des élections libres et sont devenus ministres ou présidents, comme par exemple Colin Powel aux Etats-Unis et Charles de Gaulle en France. Si Gamal Moubarak accède à la présidence de l'Egypte, cela ne mettra pas fin au régime militaire existant, mais cela apportera une calamité supplémentaire : nous aurons simultanément le despotisme et la transmission héréditaire du pouvoir. Qu'est-ce qui empêchera ensuite Gamal Moubarak de transmettre la présidence de l'Egypte à son fils ou au fils de son frère ? Ceux qui affirment que Gamal Moubarak se contentera de deux mandats présidentiels trompent l'opinion publique et n'ont pas de respect pour le bon sens des gens. Qu'est-ce qui pourra contraindre Gamal Moubarak à abandonner docilement le pouvoir ? Le président Hosni Moubarak s'était engagé lui aussi, après son accession au pouvoir, à se contenter de deux mandats, puis il est revenu sur cette promesse et il est resté trente ans de suite au pouvoir.

Deuxièmement : on dit que les Egyptiens ne sont pas préoccupés par la question de la démocratie et que, par ailleurs, ils n'ont pas les qualités nécessaires pour la pratiquer, compte tenu de la prégnance de l'analphabétisme. Ils affirment que s'il y avait des élections libres, les Frères musulmans les emporteraient et s'empareraient du pouvoir.

L'Egypte est maintenant submergée par les grèves et les mouvements de protestation, comme cela n'avait pas eu lieu depuis la Révolution de 1952. Cette contestation sociale généralisée annonce un changement inévitable et elle n'est pas du tout étrangère à la démocratie. Les mouvements de protestations continus expriment la revendication par le peuple égyptien d'une justice qui ne peut advenir que grâce à des réformes démocratiques. Quant à l'allégation que les Egyptiens ne sont pas qualifiés pour la démocratie, elle révèle, au-delà de son indécence, une ignorance fautive de l'histoire de l'Egypte. L'expérience démocratique en Egypte a commencé avant celle de nombreux pays européens, en 1866, lorsque le khédive Ismaïl fonda la première chambre de députés qui, au début, était consultative, mais dont, rapidement, les membres se battirent pour arracher de véritables compétences. De 1882 à 1952, les Egyptiens ont lutté et sacrifié des milliers de martyrs pour deux objectifs : l'indépendance et la constitution. La libération de l'Egypte de l'occupation britannique a toujours été liée dans la conscience des Egyptiens à l'instauration de la démocratie. Le sens de la démocratie est l'égalité, la justice et la liberté ainsi que ces droits de l'homme dont il n'est pas possible qu'un peuple les mérite plutôt qu'un autre. Quant à ceux qui affirment que l'analphabétisme interdit la démocratie, on peut leur répondre que cela n'a pas été le cas de l'Inde qui, avec un niveau élevé d'analphabétisme, est parvenue à bâtir démocratiquement un grand pays, en peu d'années. De la même façon, le niveau d'analphabétisme avant la révolution n'a pas empêché le parti Wafd de remporter d'écrasantes victoires toutes les fois que des élections honnêtes étaient organisées. Les paysans égyptiens analphabètes ont toujours voté pour le Wafd contre les propriétaires terriens du parti libéral constitutionnel. Les gens n'ont pas besoin d'avoir un doctorat en droit pour savoir que le pouvoir dans leur pays est oppressif et corrompu. Au contraire, le sentiment des gens simples est souvent plus proche de la vérité que les théories des intellectuels et leurs interminables discussions. De toutes façons, il y a, en Egypte, quarante millions de gens éduqués et ce chiffre est largement suffisant pour garantir la réussite de l'expérience démocratique. Quant aux Frères musulmans, le régime égyptien a sciemment surestimé leur rôle et leur influence pour s'en servir comme épouvantail, afin d'effrayer les Etats occidentaux et les conduire à approuver le despotisme et la transmission héréditaire du pouvoir. Le nombre et l'influence des Frères musulmans ne sont pas tels qu'ils puissent remporter la majorité à des élections honnêtes auxquelles le peuple participerait. Et supposons que cette victoire soit possible ! Ne serait-elle pas alors le choix libre des Egyptiens qu'il faudrait respecter, si nous sommes véritablement démocrates ? Quel que soit notre degré de divergence avec les Frères musulmans, ne sont-ils pas, en fin de compte, des citoyens égyptiens qui ont le droit de remporter des élections et de participer au pouvoir, pour autant qu'ils respecteraient les règles démocratiques ? Seule la réforme démocratique est capable de mettre fin à l'extrémisme religieux. Au contraire, dans une dictature, même si le mouvement extrémiste est réprimé et écrasé, des germes d'extrémisme resteront toujours cachés sous la surface, attendant la première occasion pour ressurgir.

Finalement, nos propagandistes s'interrogent : pourquoi toute cette offensive contre Gamal Moubarak? N'a-t-il pas, en tant que citoyen égyptien, le droit de présenter sa candidature à la présidence de la République? La réponse est : Gamal Moubarak aura le droit de se porter candidat lorsque nous aurons un régime démocratique donnant l'égalité des chances à tous les candidats, lorsque l'état d'exception sera abrogé, lorsque seront rétablies les libertés publiques, lorsque sera modifiée la constitution de façon à permettre une concurrence loyale, lorsque des élections honnêtes sous un contrôle judiciaire indépendant auront lieu, et en présence d'observateurs internationaux neutres, sans interférence de la police ou des hommes de main et sans fraude. Alors, et alors seulement, Gamal Moubarak aura le droit de se présenter à la présidence. Quant à sa candidature à l'ombre de l'appareil de répression et de fraude actuellement existant, ce ne sera que la répétition de la même misérable et stupide comédie : Gamal Moubarak se fera choisir comme candidat par le parti et le pouvoir agitera quelques comparses provenant des partis chimériques fabriqués par la sécurité d'Etat, puis la fraude électorale agira. La victoire de Gamal Moubarak, acquise de cette façon, ne sera qu'un viol illégitime et illégal de la présidence de la République.

L'Egypte se trouve maintenant à un carrefour, au plein sens du terme, et, avec la permission de Dieu, les Egyptiens vont arracher leur droit à la justice et à la liberté pour pouvoir vivre dans leur pays en citoyens respectables. Ils choisiront, en totale liberté et indépendance, la personne qui convient pour la présidence de l'Egypte.

La démocratie est la solution.

L'ART DE PLAIRE AU PRÉSIDENT

Je n'aurais pas pu croire à cette histoire si je n'en avais pas été personnellement témoin sur un enregistrement de la chaîne Mihouar*.

Pendant le dernier congrès du Parti national démocratique, lorsque Mme Suzanne Moubarak arriva dans la salle, entourée de ses gardes du corps, les ministres et les responsables se précipitèrent pour venir la saluer, puis Aïcha Abd el Hadi, ministre du Travail s'approcha de la première dame et se mit à la suivre. Le sujet dont elle parlait ne semblait pas parvenir à intéresser Mme Moubarak qui, cependant, continuait à l'écouter avec un sourire poli.

Puis, tout à coup, devant les personnes présentes, les objectifs des photographes et les caméras de télévision, la ministre Aïcha Abd el Hadi s'est inclinée vers la main de Mme Suzanne Moubarak pour la lui baiser. C'était là un spectacle étonnant.

Que les hommes baisent la main des femmes est une coutume française qui n'est pas répandue en Egypte. Les Egyptiens baisent la main de leur mère ou de leur père en signe de respect et, en dehors de cela, dans notre pays, baiser la main est considéré comme contraire à l'honneur et à la dignité des gens.

En 1950, le parti Wafd, las d'être resté plusieurs années hors du pouvoir, fut appelé à former le

---

* Chaine de télévision généraliste.

nouveau gouvernement. Le leader du parti, Mustapha Nahhas, rencontra alors le roi Farouk et s'inclina pour lui baiser la main. C'était là un geste honteux qui poursuivit Mustapha Nahhas jusqu'à sa mort.

Qu'est-ce qui peut ainsi pousser une ministre du gouvernement à s'incliner pour baiser une main?

Il est vrai qu'Aïcha Abd el Hadi n'aurait jamais pu rêver de prendre la responsabilité d'un ministère et ce, pour une raison simple : elle n'avait pas terminé ses études secondaires. Elle qui avait échoué à obtenir le niveau du brevet élémentaire était parvenue à devenir ministre... dans un pays qui compte des dizaines de milliers de docteurs.

La ministre sait que sa nomination ne repose pas sur ses compétences ou sur sa capacité de travail, mais simplement sur le fait que le Président et sa famille sont satisfaits d'elle. Elle est donc capable de tout pour préserver cette bonne opinion, entre autres, baiser la main du Président, celle de son épouse et de ses enfants. La question que nous nous posons est : peut-on s'attendre à ce que cette ministre se batte pour la dignité des Egyptiens et le respect de leurs droits, comme l'impliquent ses fonctions de ministre du Travail? La réponse est absolument négative : les milliers d'Egyptiens qui travaillent dans les pays du Golfe se voient dépouillés de leurs biens par des sponsors, ils sont mal traités dans l'exercice de leur profession et sont souvent injustement emprisonnés et torturés. Ils attendent du gouvernement de leur pays que celui-ci défende leurs droits, mais Mme Aïcha Abd el Hadi, qui baise des mains, ne fait rien pour eux.

Bien au contraire, il y a deux ans, la ministre avait annoncé qu'elle s'était entendue avec les autorités saoudiennes pour exporter des milliers de servantes égyptiennes, afin qu'elles travaillent dans les maisons saoudiennes. Cet accord aberrant avait stupéfait les Egyptiens.

Premièrement, parce qu'il y a en Egypte des centaines de milliers de personnes ayant reçu une formation supérieure, qui sont les premières à chercher des contrats de travail dans le Golfe.

Deuxièmement, parce que l'envoi d'Egyptiennes pour travailler comme servantes est contraire à la plus élémentaire dignité nationale et les expose à des humiliations, voire à des agressions sexuelles.

Troisièmement, parce qu'un grand nombre de ces Egyptiennes ont fait des études secondaires et supérieures, mais elles sont obligées d'accepter de travailler comme servantes, sous la pression de la pauvreté et du chômage.

Quatrièmement, parce que les autorités saoudiennes qui sont très strictes pour tout ce qui concerne la religion et qui imposent que les femmes soient accompagnées d'un homme de leur proche parentèle* pour le grand et le petit pèlerinage**, font cette fois-ci le contraire. Elles exigent que les servantes égyptiennes aillent seules et sans accompagnateur en Arabie saoudite.

Prenant la défense de cet accord, la ministre Aïcha Abd el Hadi a déclaré que le travail domestique n'était pas honteux et elle a conseillé à ses

---

* Le *mahram* est une personne de sexe masculin pubère qui, par ses liens de parenté, est autorisé à rester en présence d'une femme. Une femme, lorsqu'elle voyage par exemple, ou dans diverses autres occasions doit obligatoirement être accompagnée d'un *mahram* selon les conceptions les plus strictes de l'islam, notamment celle de la doctrine wahabite.
** Le *hadj*, appelé ici grand pèlerinage, est obligatoire une fois au moins dans une vie. Il s'accomplit au moment de l'*Aïd el Adha*. La Omra, pèlerinage facultatif, s'accomplit à n'importe quel moment de l'année, mais fréquemment pendant le mois de ramadan.

détracteurs de se débarrasser de ces susceptibilités qui n'avaient pas de sens.

Je me souviens qu'un intellectuel égyptien, le docteur Iman Yahia avait alors décidé de répondre à la ministre d'une façon concrète et inventive en publiant en première page du journal *Al Karama** l'annonce suivante : "Recherche bonne à tout faire saoudienne pour famille égyptienne aisée. Très bon salaire."

L'annonce était accompagnée d'un numéro de téléphone. Pendant les semaines qui suivirent, il fut abreuvé d'insultes par des dizaines de Saoudiens qui considéraient que cette annonce était outrageante pour leur pays. Sous la pression de l'opinion publique, Aïcha fut obligée de revenir sur l'envoi de servantes en Arabie saoudite. Mais elle recommença par la suite en annonçant, le mois dernier, qu'elle avait conclu un nouvel accord pour envoyer des servantes égyptiennes, au Koweït cette fois-ci.

Je ne comprends pas l'insistance de quelques responsables du Golfe à vouloir faire venir d'Egypte des servantes, plutôt que ces médecins, ces ingénieurs ou ces professionnels compétents, à qui revient pourtant le mérite de la renaissance que connaît actuellement le Golfe. L'emploi des Egyptiens comme personnel de service procure-t-il de la jouissance à certains habitants de ces pays?

Je ne comprends pas non plus le secret de l'enthousiasme que met cette étrange ministre à exporter des servantes dans les pays du Golfe! Mais ce que je comprends, c'est que celui qui a perdu quelque chose ne peut pas l'offrir et que quiconque s'abaisse à baiser publiquement la main des gens n'est pas en mesure de défendre l'honneur de qui que ce soit.

* La dignité.

Cette histoire de la ministre baisant la main de Suzanne Moubarak reflète les relations qui existent entre les ministres et hauts responsables d'une part, et le président Moubarak et sa famille d'autre part.

Dans l'enregistrement de l'émission de la chaîne Al Mihouar que j'ai visionné, Alaa el Din Hilal, responsable de l'information au Parti national démocratique et professeur de sciences politiques, semble étrangement embarrassé. Le hasard avait voulu qu'il se trouve au beau milieu du chemin de Mme Suzanne Moubarak. Très décontenancé, il ne savait que faire : s'il tournait le dos à la première dame, il craignait que cela soit interprété comme de l'irrespect pour son rang, ce qui aurait eu des conséquences désastreuses. Mais il ne pouvait pas non plus s'aventurer à s'adresser à elle et à lui parler, tant qu'elle n'en avait pas exprimé le désir. Et s'il décidait de s'éloigner soudainement du chemin de la dame, cela semblerait également un comportement inconvenant.

Donc que faire? Le grand responsable semblait troublé, hagard. Il était là à se dandiner d'un pied sur l'autre jusqu'à ce qu'un des gardes du corps ne le repousse pour déblayer la route de Mme Moubarak.

Cette soumission absolue au Président et à sa famille est une caractéristique commune à tous les ministres en Egypte.

On se souvient peut-être de la façon dont Hani Helal, le ministre de l'Enseignement supérieur, s'est fait apostropher en public, lors des festivités de l'université américaine, par Gamal Moubarak qui lui a interdit de s'asseoir à ses côtés à la tribune, puis lui a fait signe du doigt de partir immédiatement. Le ministre Hani Helal n'a alors pas été vexé par la remontrance publique, mais il a été pris de panique parce que Gamal Moubarak était irrité contre lui.

Dans les pays démocratiques, le ministre arrive à son poste à la suite d'élections honnêtes et c'est à ses électeurs qu'il est redevable. Il déploie donc tous ses efforts pour garder leur confiance et leurs voix. Si, dans ces pays-là, un ministre n'est pas d'accord avec le Président, il présente immédiatement sa démission, car il sait qu'il reviendra à son poste s'il gagne les prochaines élections. Au contraire, dans les régimes despotiques, l'opinion des gens n'a absolument aucune importance pour le ministre qui n'accède à ses fonctions ni par la compétence, ni par le travail, mais par son allégeance au Président. Par conséquent tout son avenir politique est suspendu à la moindre parole de l'épouse du Président.

Il est impossible de trouver en Egypte un ministre qui discute les propos du président Moubarak ou qui ne soit pas d'accord avec lui, ou même qui émette des réserves au sujet d'une seule de ses paroles. Tous glorifient le Président et font l'éloge de son génie et de ses grandes réalisations que nous, les Egyptiens, n'avons pas vues, dont nous ne nous sommes pas rendu compte (tout simplement parce qu'elles n'existent pas). J'ai entendu, il y a quelques années, un éminent responsable économique de l'Etat affirmer à la télévision que le président Moubarak, même s'il n'avait pas étudié l'économie, jouissait d'une "inspiration économique" qui le faisait parvenir, dans ce domaine, à des idées grandioses, éblouissantes, que même des professeurs d'économie pouvaient difficilement appréhender!

La façon dont sont octroyés les postes en Egypte éloigne automatiquement les personnes compétentes et les fortes personnalités qui tiennent à leur dignité et ont le sens de l'honneur. Au contraire, les postes sont généralement accordés à des gens sans envergure, à des courtisans hypocrites et à des collaborateurs des services de sécurité. Tout cela a conduit à l'effondrement de la situation de l'Egypte qui est parvenue à son plus bas niveau dans la plupart des domaines.

L'instant où Aïcha Abd el Hadi s'est inclinée pour baiser la main de Mme Suzanne Moubarak porte en lui-même l'explication complète de la perte des droits des Egyptiens, à l'intérieur et à l'extérieur de leur nation. Lorsqu'aura lieu une véritable réforme démocratique, seront élus des responsables compétents et respectables qui ne baisent pas les mains et ne font pas une cour hypocrite au président et à sa famille. Alors, et alors seulement, l'Egypte renaîtra.

La démocratie est la solution.

LES CAMÉLÉONS ATTAQUENT EL BARADEI

L'histoire commença d'une manière banale :

Dans la rue, un chien attaqua un passant et lui mordit le doigt. L'homme cria sous l'effet de la douleur et les gens accoururent et s'agglutinèrent autour de lui. Vint à passer un policier qui enquêta sur l'incident et décida d'arrêter le propriétaire du chien et de le conduire au tribunal, sous l'inculpation d'abandon de chien sans collier sur la voie publique et de mise en danger de la vie des passants. Le policier demanda qui était le propriétaire du chien et une des badauds lui répondit :

— Le chien appartient au Général gouverneur de la ville.

Le policier, plongé dans une grande perplexité, passa subitement d'un extrême à l'autre. Au lieu d'arrêter le propriétaire du chien, il se tourna vers la victime, celui qui avait subi le dommage, et se mit à lui faire des remontrances d'une voix forte :

— Ecoutez, le chien de son Excellence le Général, est une créature d'une grande distinction et d'une exquise politesse. C'est vous qui l'avez provoqué, vous qui avez soufflé sur son honorable visage la fumée de votre cigarette, ce qui a contraint le pauvre chien à mordre votre doigt pour se défendre. Je vous arrête sous l'accusation de provocation du chien.

Cela est le résumé d'une très belle nouvelle du grand écrivain russe Anton Tchekhov (1860-1904), "les Caméléons". Le sens de cette histoire, c'est que certaines personnes, comme les caméléons, changent de couleur sans honte et passent d'un extrême à l'autre, au service de leurs petits intérêts étroits.

Je me suis souvenu de cette histoire en observant la campagne malfaisante menée ces jours-ci par les scribes du régime contre le docteur Mohamed El Baradei. Pendant des années, cet homme a été officiellement célébré au point que l'Etat égyptien l'a décoré de l'Ordre du Nil, la plus haute décoration du pays. Les scribes du régime faisaient alors de la surenchère pour rappeler ses qualités et ses réalisations (d'ailleurs incontestables). Mais lorsque les voix des Egyptiens se sont élevées pour demander qu'El Baradei soit candidat à la présidence de la République, les scribes du régime, à l'instar du policier de la nouvelle de Tchekhov, sont passés d'un extrême à l'autre et l'ont frappé d'anathème. Ils ont tenté de le rabaisser, de le noircir. Sans revenir sur la déchéance professionnelle et morale des scribes du régime égyptien, on peut expliquer la panique qu'ils éprouvent l'égard de Mohamed El Baradei de la façon suivante :

Premièrement : il est difficile que les Egyptiens trouvent maintenant un meilleur candidat à la Présidence de la République que Mohamed El Baradei qui est docteur en droit de l'université de New York et jouit d'une expérience internationale et politique que n'avait pas le président Moubarak lui-même, au moment de son accession au pouvoir. Il possède de vastes relations internationales et jouit de l'estime du monde entier. Outre le prix Nobel de la paix, il a reçu de nombreuses autres grandes récompenses internationales. Et surtout, El Baradei ne doit pas son succès à des interventions ou à une quelconque proximité avec le pouvoir. Il a fait ses preuves par lui-même, par son talent et son application au travail et cela en fait un vrai modèle pour des millions de jeunes en Egypte.

Deuxièmement : dans l'ensemble des positions qu'il a prises, El Baradei a prouvé qu'il disait ce en quoi il croyait et qu'il faisait ce qu'il disait. En dépit des énormes pressions américaines auxquelles il eut à faire face, il rendit public, en 2003, un rapport dans lequel il déclarait devant le Conseil de sécurité des Nations Unies que l'Agence internationale de l'énergie atomique, qu'il présidait, n'avait pas trouvé en Irak de trace d'armes de destruction massive, ce qui enlevait toute couverture légale à l'agression américaine contre ce pays. Il mit ensuit les Etats-Unis dans un grand embarras lorsqu'il s'interrogea sur la destination de 377 tonnes d'explosifs disparus d'Irak, après l'invasion américaine. Puis il adopta la même position honnête et courageuse contre la guerre à l'Iran. Tout cela a conduit l'administration américaine à s'opposer avec vigueur au renouvellement de son mandat en 2005. Israël, pour sa part, l'accuse publiquement d'être aligné sur les pays arabes et islamiques.

Troisièmement : Après avoir atteint le sommet de la réussite professionnelle, El Baradei avait la possibilité de jouir d'une longue retraite paisible et de vivre comblé d'honneurs en Egypte ou à l'étranger. Il aurait pu prononcer quelques paroles de convenance à l'intention de Moubarak, comme le font beaucoup de ses semblables. Le régime l'aurait alors aimé, l'aurait approché, lui aurait peut-être offert une position élevée dans l'appareil d'Etat. Mais El Baradei a montré que son amour du pays, et sa fidélité à ses principes étaient plus grands que tous les calculs et tous les intérêts personnels. Des témoins directs m'ont rapporté comment, au cours de rencontres avec de hauts responsables du régime égyptien, il n'a pas hésité à leur dire ce qu'il pensait de leur mauvaise manière d'agir et à leur exprimer la consternation où le plongeait la dégradation catastrophique de la situation dans notre pays. Cette position l'a conduit par la suite à refuser de rencontrer les personnalités officielles. Cette honnêteté morale place le nom d'El Baradei avant celui de nombreux autres qui n'osent jamais s'opposer au président Moubarak ni aux membres de sa famille, fût-ce à propos de football. Son éloignement pendant vingt ans de toute fonction officielle en Egypte est à mettre à son actif, car, de ce fait, il n'a pas participé à la corruption, ne s'est pas sali les mains avec de l'argent impur, n'a pas contribué à leurrer les Egyptiens ni à falsifier leur volonté, ni à les opprimer ; il ne s'est pas comporté d'une façon hypocrite et n'a pas caché la vérité. Bien qu'il ait vécu hors d'Egypte, il ne s'en est pas tenu à l'écart un seul jour. Il a toujours suivi les épreuves de ses compatriotes et a ressenti leurs problèmes. Il suffit pour s'en convaincre de savoir qu'il a fait don de la totalité de sa récompense du prix Nobel – dont le montant dépassait cinq millions de livres égyptiennes – au profit des orphelins de son pays.

Quatrièmement : il y a dans la personnalité du docteur Mohamed El Baradei quelque chose qui plaît aux Egyptiens : un mélange d'humilité et de calme, une pensée rationnelle, la confiance en soi, la dignité… Par toutes ces qualités, El Baradei représente dans l'esprit des Egyptiens la même image paternelle que celle qui était à l'origine de leur affection pour leurs grands leaders, Saad Zaghloul, Mustapha Nahhas et Gamal Abd el Nasser.

Cinquièmement : L'apparition de El Baradei dans le paysage politique enfonce un dernier clou contre le projet de transmission héréditaire du pouvoir du président Moubarak à son fils Gamal. Ce projet reposait sur deux idées promues sans interruption pendant des années. La première était qu'il n'y avait pas d'alternative à Gamal Moubarak comme président de l'Egypte. Or voici qu'El Baradei démontre qu'il existe de bien meilleures options. D'ailleurs, il est impossible de vouloir comparer l'expérience et les compétences de Gamal Moubarak à celles de Mohamed El Baradei. La deuxième idée dont le régime égyptien s'est efforcé de convaincre les pays occidentaux était qu'il n'existait en Egypte que deux choix possibles, pas de troisième : le régime de Moubarak ou celui des Frères musulmans. El Baradei a également démontré l'inanité de cette idée : voici un homme qui gagne l'amour et la considération des Egyptiens, alors qu'il est aussi éloigné du régime qu'il l'est des Frères musulmans.

Sixièmement : Mohamed El Baradei ne sera pas une proie facile pour les manœuvres habituelles du régime égyptien. Le régime ne peut pas fomenter contre lui une affaire de falsification ni un scandale féminin, il ne peut pas le jeter en prison sous l'inculpation d'atteinte à la réputation de l'Egypte ni d'incitation à l'anarchie. Tous ces procédés dégradants, souvent employés par le régime pour se débarrasser d'un opposant, sont inutilisables contre El Baradei qui est précédé d'une réputation d'intégrité et qui est protégé par la large estime internationale dont il jouit.

Finalement, de la même façon que les médecins doués diagnostiquent les plus graves des maladies en peu de mots, le docteur El Baradei a su mettre le doigt sur les points sensibles du régime despotique qui s'agrippe à nous. Les conditions qu'il a posées pour qu'aient lieu des élections présidentielles honnêtes et respectables montrent exactement les étapes que doit franchir notre pays pour parvenir à une démocratie valable. El Baradei a déclaré qu'il n'acceptait pas d'être un comparse dans une comédie électorale frauduleuse et il a annoncé sa participation à la lutte de ses compatriotes pour la justice et la liberté. Sa venue est pour les patriotes une grande chance qu'il ne faut pas laisser passer. Il faut que nous nous associions à sa lutte pour la récupération des droits spoliés des Egyptiens. Le docteur El Baradei arrivera en Egypte le 15 janvier prochain, si Dieu le veut. Il est de notre devoir à tous d'aller accueillir cet homme éminent avec toute la chaleur et l'estime qu'il mérite. Nous voulons ainsi affirmer que son noble message nous est parvenu, que nous l'aimons et que nous allons joindre nos efforts aux siens pour la renaissance de l'Egypte et pour que notre pays retrouve la place qu'il mérite.

La démocratie est la solution.

GAZA VA-T-ELLE PAYER LE PRIX DE LA SUCCESSION HÉRÉDITAIRE EN ÉGYPTE

Après que la nouvelle eut été diffusée par le journal israélien *Haaretz* et confirmée par l'administration américaine, le gouvernement égyptien a finalement reconnu qu'il est en train de construire une muraille d'acier sous la terre, tout au long de la frontière avec Gaza, de façon à murer les tunnels que les Palestiniens utilisent pour faire passer en contrebande de la nourriture et des médicaments. Ce fait intervient dans le cadre du siège étouffant imposé par Israël depuis deux ans, siège auquel l'Egypte s'était associée en fermant aux Palestiniens le terminal de Rafah. Voici quelques observations à ce sujet :

Premièrement : le but du siège de Gaza – tel que le proclame Israël – est d'en finir avec la résistance palestinienne et d'affamer les habitants de Gaza, afin qu'ils s'inclinent devant sa volonté et acceptent ses conditions pour un arrangement final, fondé sur l'abandon définitif de leurs droits. Mais la détermination extraordinaire des Palestiniens a conduit Israël à perpétrer des massacres sauvages, au cours desquels ont été employées des armes interdites par les conventions internationales. Le nombre des victimes s'est élevé à plus de mille quatre cents dont plus de la moitié étaient des femmes et des enfants. Malgré les tueries et en dépit du siège, les Palestiniens ne se sont pas soumis et ont continué à résister avec courage, ce qui a poussé Israël à réfléchir à un moyen de les étouffer définitivement. Le mur d'acier sous la terre est indéniablement une idée israélienne que le gouvernement égyptien, après avoir hésité, a dernièrement fini par accepter ; il s'est mis à le réaliser sous financement et contrôle américain. L'objectif de ce mur est littéralement de tuer les Palestiniens en supprimant la dernière possibilité qui leur restait de se procurer de la nourriture.

Deuxièmement : la fermeture par le gouvernement égyptien du terminal de Rafah et l'interdiction faite aux convois de secours arabes et internationaux d'entrer à Gaza, puis la construction du mur d'acier pour affamer les Palestiniens, sont des crimes ignobles contre nos frères en arabité et en humanité. Ces méfaits, il est vraiment attristant que ce soit le régime égyptien qui les perpètre. La solidarité arabe et le devoir national égyptien envers les musulmans et les chrétiens de Palestine sont des considérations qui ne signifient plus rien pour les responsables égyptiens, et ils s'en moquent publiquement. Mais le régime, dans son zèle à satisfaire Israël, ne se rend pas compte qu'il nuit à l'image de notre pays dans le monde entier. Les derniers massacres de Gaza ont porté un coup fatal à ce qu'il restait de bonne réputation à Israël dans le monde. Fait sans précédent, de nombreuses voix se sont élevées dans les pays occidentaux pour condamner Israël. Au mois d'octobre dernier l'ancien président du Conseil des ministres israélien, Ehud Olmert, prenant la parole à l'université de Chicago, s'est retrouvé cerné par les slogans hostiles des étudiants qui lui criaient au visage : "Bourreau de Gaza, assassin d'enfants." Plusieurs tribunaux occidentaux ont même poursuivi les dirigeants d'Israël pour crimes de guerre à Gaza et au Liban. Cela a été le cas en Belgique, en Norvège, en Espagne et, récemment, en Grande-Bretagne où la police était sur le point d'arrêter Tipsi

Levy, la précédente ministre des affaires étrangères israélienne, si elle ne s'était pas enfuie au dernier moment. Il est vrai que la plupart de ces poursuites légales ont été annulées à la suite d'énormes pressions sionistes sur les gouvernements occidentaux, mais elles montrent clairement que la condamnation universelle d'Israël a atteint un niveau sans précédent. En construisant ce mur, le régime ne met pas seulement en péril sa popularité en Egypte et dans le monde arabe (où elle est au plus bas), mais il souille également sa réputation internationale.

Troisièmement : toutes les explications qu'apporte le régime égyptien pour justifier la construction du mur ne pourraient même pas convaincre un petit enfant. Ils disent que l'Egypte est libre de construire un mur aussi longtemps qu'il est à l'intérieur de ses frontières, en feignant d'ignorer que, selon les usages, la logique et le droit international, cette liberté n'est pas totale, mais limitée par le droit des autres. L'Egypte ne peut pas affamer un million et demi de personnes vivant à ses côtés et prétendre ensuite qu'elle est libre d'agir comme elle le fait. On nous dit que les tunnels sont employés pour faire entrer des armes pour les terroristes, mais nous disons que ces armes peuvent également passer par la Libye ou le Soudan. Le gouvernement égyptien va-t-il donc entreprendre de construire un mur d'acier le long des frontières avec tous ses voisins ? Si le ministre de l'Intérieur, avec ses gigantesques services de sécurité, est incapable de protéger ses frontières, que font ces derniers des huit milliards de livres de leur budget prélevés sur les avoirs du peuple égyptien ?

Le régime brandit maintenant comme slogan : "La sécurité nationale est notre ligne rouge." Nous aussi croyons à ce slogan, nous n'avons pas de différend sur ce point, mais la sécurité nationale, de notre point de vue, implique de définir qui est l'ennemi de l'Egypte. Est-ce Israël ou les habitants de Gaza ? Si Israël est notre ennemi, ce qui est le cas en réalité, ne serait-il pas dans notre intérêt national de soutenir la résistance palestinienne ? Personne n'a-t-il jamais réfléchi à la raison pour laquelle les Palestiniens sont obligés de creuser des tunnels sous la terre ? C'est le seul moyen pour eux de rester en vie. Les Palestiniens auraient-ils creusé des tunnels si l'Egypte avait ouvert le passage de Rafah et autorisé l'entrée de nourriture et de médicaments ? Alors que l'Egypte construit ce mur visant à faire mourir de faim les Palestiniens, devrons-nous les blâmer s'ils font obstacle par la force à son édification ou s'ils essaient de le démolir ? N'est-ce pas de la légitime défense ? Les responsables parlent beaucoup de l'officier égyptien tué par un coup de feu tiré depuis Gaza. Nous sommes nous aussi désolés pour cette victime, mais nous rappelons qu'il n'y a pas un seul indice qu'il ait été tué par une balle du mouvement Hamas et nous rappelons par ailleurs qu'Israël a, de son propre aveu, tué de nombreux officiers et soldats égyptiens sur la frontière. Pourquoi notre gouvernement ne s'est-il pas alors élevé contre cette atteinte à notre sécurité nationale ? Où était cette sécurité nationale, lorsqu'Israël a reconnu avoir tué pendant la guerre des centaines de prisonniers égyptiens et les avoir enterrés dans des fosses communes, sans que les responsables de notre pays ne prennent une seule mesure contre les criminels de guerre israéliens ? Les responsables égyptiens disent qu'ils ferment le terminal de Rafah par crainte d'une émigration massive de Palestiniens en Egypte. C'est là un prétexte ridicule et stupide : ce qui a poussé les Palestiniens à affluer vers ce passage, c'était leur besoin pressant de nourriture. Ils ont acheté ce qu'il leur fallait, avec leur argent, chez des commerçants égyptiens et sont ensuite revenus d'où ils étaient partis. Et puis, qu'espérons-nous des Palestiniens, après leur avoir fermé avec un mur d'acier la dernière chance de vie qui leur restait? Pourra-t-on leur faire des reproches s'ils se ruent par milliers et s'ils balaient par la force le terminal de Rafah pour fuir la famine? Ce mur, en plus d'être vraiment ignoble, d'être une flétrissure honteuse et indélébile sur le front du gouvernement, constitue un danger pour notre sécurité.

Mais, en fin de compte, qu'est-ce qui pousse le régime égyptien à une telle soumission à la politique israélienne?

Il y a deux raisons à cela. La première, c'est que le régime considère que toute victoire du mouvement Hamas renforce les Frères musulmans, ce qui menace le pouvoir en Egypte. C'est là une grave erreur, car la victoire de la résistance ne pourrait que renforcer l'Egypte, et ne constituerait absolument pas un danger pour elle. De plus, la taille et l'importance du mouvement des Frères musulmans ne sont pas telles qu'ils puissent constituer une menace contre le régime égyptien, qui agite toujours cette idée pour justifier la dictature. La deuxième raison, c'est que le régime égyptien sait qu'exécuter les désirs d'Israël est le moyen assuré de satisfaire l'Amérique. Israël a obtenu de l'Egypte en quelques années tout ce qu'elle n'avait pas pu obtenir depuis la signature des accords de Camp David : la libération de l'espion Azzam Azzam, des contrats d'achat de gaz et de ciment, l'encerclement des Palestiniens et, dernièrement, cet ignoble mur. Cela nous fait comprendre la satisfaction de l'Amérique à l'égard du régime de Moubarak. Il y a quelques jours, Margaret Scobey, l'ambassadrice américaine au Caire, a déclaré : "Je crois que le niveau de démocratie en Egypte est satisfaisant." Cette déclaration surprenante nous montre bien à quel point le lobby sioniste domine la politique américaine. L'Amérique continuera à être satisfaite du régime dictatorial en Egypte aussi longtemps qu'Israël en sera satisfait. Mme Scobey pourra-t-elle, après cela, continuer à se demander pourquoi les Egyptiens détestent la politique américaine et l'accusent d'être hypocrite et de ne pas appliquer à tous les mêmes critères?

La construction criminelle d'un mur pour affamer les Palestiniens ne peut donc pas être isolée de la question de la réforme démocratique en Egypte. Le régime a donné son accord à la construction du mur, parce qu'il a besoin du soutien américain pour son projet de transmission héréditaire du pouvoir du président Moubarak à son fils Gamal. Nous voyons là un exemple grave des conséquences du régime dictatorial. L'intérêt du régime en Egypte est en contradiction objective avec l'intérêt du peuple égyptien. Si le régime de Moubarak était démocratique, il n'aurait jamais osé s'associer au siège des Palestiniens et à des opérations visant à les affamer. Les régimes démocratiques, et eux seuls, sont capables de mettre leur intérêt en harmonie avec ceux du peuple et de la nation.

La démocratie est la solution.

POURQUOI RÉGRESSONS-NOUS ALORS QUE LE MONDE PROGRESSE?

Il y a quelques mois, le grand savant Ahmed Zoueil a été nommé conseiller scientifique de Barak Obama. Lorsque le docteur Zoueil alla à la Maison Blanche pour rencontrer le président, on lui remit une autorisation d'entrée à son nom, mais il remarqua qu'en bas était écrit le mot "provisoire". Surpris, il interrogea un haut responsable de la Maison Blanche sur les raisons de cette mention.

Le responsable américain sourit et lui dit :
— Docteur Zoueil, vous êtes conseiller du président Obama, n'est-ce pas?
— Oui.
— Le président Obama lui-même est provisoire.

Cette anecdote que me raconta le docteur Zoueil me paraît riche de sens : le président Obama, comme n'importe quel président d'un pays démocratique, occupe ses fonctions pendant quatre ans, qui peuvent être prolongés jusqu'à huit, s'il est réélu. Ensuite, il ne peut pas rester un jour de plus à son poste. Le Président est parvenu à cette fonction parce que le peuple l'a choisi librement et un contrôle sévère s'exerce sur tout ce qui le concerne, lui et sa famille. Comme le Président est redevable au peuple de son poste, et soumis à son contrôle, il déploie tous ses efforts pour tenir les promesses sur la base desquelles les électeurs l'ont choisi. Cela le conduit nécessairement à faire appel aux meilleures compétences du pays, qu'il met à profit au service des gens.

Voilà ce qui se passe dans les pays démocratiques.

Chez nous, en Egypte, le Président s'accroche au pouvoir jusqu'à son dernier souffle, ce qui entraîne obligatoirement une inévitable et dangereuse dégénérescence, quelle que soit la personnalité du Président ou ses bonnes intentions.

Premièrement : en Egypte, le Président n'accède pas au pouvoir par le choix des électeurs, mais grâce à la force de l'appareil de sécurité et à sa capacité à réprimer les opposants. De ce fait, il n'accorde pas une grande importance à l'opinion publique, car il sait que son maintien au pouvoir ne dépend pas de l'amour des gens, mais seulement de la capacité de la Sécurité à le protéger contre toute tentative de renversement. En Egypte, c'est l'appareil de sécurité qui a le dernier mot dans tous les domaines, depuis la nomination des maires dans les petits villages ou celle des doyens des facultés et des présidents des universités jusqu'à l'autorisation de création de partis politiques et l'octroi des autorisations nécessaires aux journaux et aux chaînes de télévision satellitaire, en passant par la nomination et le renvoi des ministres. Combien de personnes compétentes ont vu leurs noms évoqués pour des postes ministériels, avant d'être immédiatement écartés, dès que les services de sécurité eurent signifié leur opposition, et combien de personnes totalement incompétentes ont été promues à des postes élevés grâce à l'appui des services de sécurité !

Parmi tous les pays du monde, l'Egypte se distingue par une situation aberrante : l'Etat y dépense près de neuf milliards de livres pour le ministère de l'Intérieur, montant qui équivaut au double du budget de la Santé (moins de cinq milliards de livres), c'est-à-dire que le régime égyptien dépense pour soumettre les Egyptiens, les emprisonner et les réprimer, le double de ce qu'il dépense pour soigner leurs maladies.

Deuxièmement : il n'existe pas de moyen légal d'entrer en concurrence avec le Président pour son poste. Le maintien au pouvoir du Président est l'objectif qui prime sur tous les autres. De là vient l'inquiétude du régime, dès qu'apparaît une personnalité publique jouissant de la confiance des gens. Il essaie alors rapidement de s'en débarrasser. De ce fait, l'Egypte se trouve constamment privée de personnes hautement compétentes, qui ont été éloignées parce qu'elles présentaient des caractéristiques qui auraient pu les rendre aptes – même d'une façon très hypothétique – à assumer la présidence de la République. Ce qui est arrivé avec le docteur Ahmed Zoueil lui-même en est un excellent exemple : après avoir obtenu le prix Nobel de chimie, ce grand savant est revenu en Egypte pour y proposer un projet d'université de technologie visant à mettre notre pays à l'heure de la science. Mais certains propos et certains rapports de la sécurité ont mis en garde contre sa grande popularité parmi les jeunes, qui étaient nombreux à exprimer leur souhait de le voir président de l'Egypte. C'était la fin du monde ! Ahmed Zoueil vit toutes les portes se fermer devant lui. Le régime se détourna du projet dont il avait voulu faire profiter son pays et le réduisit à l'impuissance. Quelques mois plus tard, le président Obama s'empressa d'en faire son conseiller scientifique pour mettre ses grandes connaissances au profit du développement des Etats-Unis. Ce n'est qu'un exemple parmi ceux de milliers d'Egyptiens talentueux, empêchés par la dictature de mettre leurs capacités à profit dans leur propre pays.

Troisièmement : en Egypte, le Président dispose d'un pouvoir absolu qu'aucune institution ne peut contrôler. Nous ne savons rien de la fortune du président Moubarak et de sa famille, ni quel montant atteint le budget de la présidence de la République, ni quels en sont les différents chapitres. Est-il légitime que l'Etat dépense des millions de livres sur les fonds publics pour les villas et les palais du Président, alors que des millions d'Egyptiens vivent dans des logements misérables et précaires, privés de toutes les nécessités de base ? La totale exemption dont jouit le Président par rapport au contrôle comptable s'étend également aux personnalités importantes. Les organismes de contrôle en Egypte poursuivent les petits fonctionnaires et leur demandent des comptes pour la moindre peccadille, ce qui conduit souvent à leur renvoi ou leur emprisonnement. Toutefois, leur fermeté se relâche en présence des hauts responsables. Ils se contentent alors de faire connaître leurs infractions au Président qui décide seul de les poursuivre ou d'ignorer leurs transgressions. De cette façon, la loi n'est appliquée qu'aux petits et à ceux des grands dont on est mécontent. Non seulement la lutte contre la corruption, ainsi appliquée de manière sélective, est arbitraire et incohérente, mais elle constitue en soi une forme de corruption.

Quatrièmement : C'est le Président seul qui, en Egypte, décide de la nomination ou du renvoi des ministres et il n'estime pas avoir à expliquer ces décisions aux Egyptiens qui en ignorent les raisons. Par ailleurs, la compétence n'est jamais le critère primordial dans le choix de ces hauts responsables, seule importe leur allégeance au Président. Nous avons vu comment s'est opérée la nomination d'Ahmed Zaki Badr au portefeuille de l'Education, alors qu'il n'avait aucune réalisation à son actif ni aucune expérience dans le développement de ce secteur. Sa seule prouesse, au titre de président de l'université d'Aïn Shams, est d'avoir, pour la première fois dans l'histoire des universités égyptiennes, fait appel dans l'enceinte inviolable de l'université à un groupe d'hommes de main, armés de couteaux et de cocktails Molotov, pour attaquer les étudiants qui y manifestaient. Or, c'est apparemment ce comportement inique, suffisant dans n'importe quel pays démocratique pour être immédiatement démis de ses fonctions et traduit en justice, qui a motivé sa nomination au ministère.

Ajoutons à cela que le choix des ministres et leur remplacement ont souvent lieu d'une façon irrationnelle que personne ne comprend. Par exemple, les fonctions de Premier ministre, poste politique le plus important après celui de Président, sont actuellement occupées par un homme qui n'a jamais fait de politique de sa vie. Le ministre de la Sécurité sociale était initialement responsable de la Poste et le ministre de l'Information était au départ spécialisé dans la vente d'encyclopédies scientifiques. Quant au précédent ministre de l'Habitat, Mohamed Ibrahim Soliman, il vient d'être placé par décret présidentiel à la tête d'une société pétrolière. Visiblement, lorsque le Président aime certains responsables et a confiance en leur fidélité, il leur distribue des postes importants sans se préoccuper outre mesure de leurs aptitudes et de leur expérience. Le régime écarte des personnes hautement qualifiées quand il a des doutes sur leur loyauté ou qu'il craint leur popularité, alors qu'il octroie les postes à ses partisans, même s'ils sont incompétents.

Quant aux membres de l'assemblée du peuple, comme ils appartiennent au parti au pouvoir et ont obtenu leurs sièges par la fraude électorale, ils exécutent les instructions du gouvernement, au lieu de jouer leur rôle de contrôle. Le ministre égyptien ne se considère pas responsable devant le peuple, car il sait très bien que son maintien à son poste ne dépend pas de ses réalisations, mais de la satisfaction qu'éprouve le président à son égard. Cela nous permet de comprendre pourquoi les ministres font de la surenchère dans leurs louanges du Président, dans leur célébration de sa sagesse et dans l'éloge de ses merveilleuses décisions historiques. À tel point que la ministre du Travail, Aïcha Abd el Hadi, n'a pas éprouvé la moindre gêne à s'incliner en public et devant les médias pour baiser la main de Mme Suzanne Moubarak.

C'est pour toutes ces raisons que nous régressons chaque jour, tandis que le monde autour de nous progresse. L'Egypte est riche de millions de gens instruits et de milliers de personnes dévouées, avec des compétences rares, des personnes capables de susciter, en peu d'années, une vaste renaissance, si on leur donnait leur chance. C'est donc la dictature qui est la cause originelle du retard de l'Egypte et des Egyptiens.

La démocratie est la solution.

LA SEULE FAÇON
DE FAIRE PARTIR BATISTA

Le docteur Jalal Amin vivait avec Joan, sa femme anglaise, et ses enfants, dans une belle maison, entourée d'un joli jardin, dans la banlieue de Maadi. Au cours de l'été 1971, le docteur Jalal décida de partir avec sa famille à Beyrouth pour une mission professionnelle d'une durée d'un an. Il eut alors l'idée de louer sa maison et trouva facilement un locataire, un diplomate du Panama qui s'appelait M. Batista. Le docteur Jalal signa avec lui un contrat limité à un an, au terme duquel Batista s'engageait à quitter les lieux.

Tout était en ordre, mais lorsque le docteur Jalal revint en Egypte, à la fin de l'année, une surprise l'attendait. M. Batista refusa de quitter la maison, prenant pour prétexte que le docteur Jalal ne l'avait pas prévenu par lettre recommandée, comme le stipulait le contrat. Le docteur Jalal essaya de convaincre Batista qu'ils s'étaient mis d'accord dès le début sur une durée d'un an non renouvelable et il lui rappela qu'il l'avait appelé au téléphone avant la fin de la période, ce qui était une façon amicale de le prévenir qu'il devait quitter la maison. Batista demanda un délai, puis un autre, et continua à louvoyer et à faire traîner les choses en longueur. A la fin, il annonça clairement qu'il ne sortirait pas de la maison. Le docteur Jalal fut contraint de louer un appartement meublé dans lequel il vécut avec sa famille, mais il était tourmenté par un sentiment d'injustice, qui se mua progressivement en violente colère.

Un soir de Noël, le docteur Jalal dit à sa femme : "Demain, nous dormirons chez nous." Durant toute la nuit, le docteur Jalal appela son locataire Batista en raccrochant chaque fois sans prononcer un seul mot. Il fit cela des dizaines de fois ce qui empêcha Batista de dormir et l'épuisa nerveusement. Tôt le matin, le docteur Jalal loua trois charrettes dans lesquelles il plaça ses bagages et tout son déménagement, puis il frappa à la porte de sa maison. Batista alla lui ouvrir. Le docteur Jalal lui demanda d'évacuer immédiatement les lieux. Batista fit semblant d'accepter puis, après avoir réussi à l'attirer vers le perron, il ferma toutes les portes de l'intérieur. Le docteur revint alors à sa voiture, prit le cric et, sans hésiter, brisa la porte de verre dont les éclats le blessèrent. Le sang couvrit son visage et ses vêtements, mais, en dépit de cela, il prit la maison d'assaut et y fit mettre ses bagages, sans rencontrer de résistance de la part de Batista, frappé de frayeur par ce qui arrivait. La femme du docteur Jalal le rejoignit et l'accompagna à l'hôpital où on lui banda ses blessures, mais il revint de nouveau à la maison avec ses pansements au visage. Il entra, s'allongea sur son lit et annonça à Batista qu'il devait partir immédiatement.

Batista appela Police-Secours et un officier de police tenta de résoudre l'affaire à l'amiable. Batista demanda un nouveau délai, mais le docteur Jalal refusa et insista pour qu'il quitte immédiatement la maison, tout en lui proposant de prendre à sa charge entièrement les frais d'hôtel jusqu'à ce qu'il trouve un autre logement. Lorsque Batista protesta en se prévalant du contrat qu'il tendit à l'officier, le docteur Jalal demanda à voir le document, le prit des mains de l'officier et le déchira en petits morceaux qu'il jeta par terre. L'officier, en colère contre le docteur Jalal, quitta les lieux en menaçant de faire remonter l'affaire au plus haut niveau. Mais le docteur Jalal (qui avait préparé le terrain pour la bataille en lançant de nombreux appels téléphoniques à tous les responsables qu'il connaissait) n'y prêta pas attention et resta allongé sur son lit, malgré ses blessures, son épuisement et les bandages qui lui couvraient le visage. Batista comprit alors qu'il n'y avait rien d'autre à faire que se soumettre. Il prit ses bagages, quitta la maison et la laissa à ses propriétaires.

J'ai lu cette anecdote dans le livre *Le Parfum de l'âge*, récemment publié par la maison d'édition Dar el Shorouk, deuxième tome de l'autobiographie de Jalal Amin qui a ajouté à la littérature arabe un précieux morceau d'humanité. J'ai été surpris par la façon dont le docteur Jalal s'était comporté avec Batista : d'abord parce que Jalal Amin est un des plus grands penseurs arabes, ensuite parce que je le connais de près (il a été mon ami et mon maître pendant vingt ans) et que c'est une des personnes les plus aimables que j'ai connues. Comment l'affaire en était-elle venue au point qu'il se comporte avec une telle violence ?

En fait le docteur Jalal savait pertinemment que c'était là le seul moyen de récupérer la maison dont il avait été dépossédé. Il avait de nombreuses fois parlé à Batista d'une manière amicale et lui avait accordé délai après délai, mais Batista avait refusé de partir. Quant à avoir recours à la justice, compte tenu de la lenteur des procédures, cela lui aurait fait perdre des années avant qu'il ne rentre dans ses droits.

Je ne peux pas m'empêcher ici de faire la comparaison entre ce qui est arrivé à la maison de Jalal Amine et ce qui arrive à l'Egypte tout entière. Le régime qui règne sur l'Egypte est exactement comme le locataire Batista. Il s'accroche au pouvoir sans aucun droit depuis trente ans, en utilisant la répression et la fraude, et nous, nous demandons au régime depuis des années d'accorder aux Egyptiens leur droit naturel de choisir ceux qui les gouvernent. Mais lui, comme Batista, demande délai sur délai pour appliquer la réforme démocratique. Il fait traîner en longueur et tergiverse pour pouvoir continuer à monopoliser le pouvoir. Qui plus est, il œuvre à le rendre héréditairement transmissible du président Moubarak à son fils Gamal. A cause de la dictature et de la corruption, les conditions se sont détériorées en Egypte qui se trouve au fond de l'abîme dans tous les domaines. Des millions d'Egyptiens souffrent de la pauvreté et du chômage et vivent dans des conditions infrahumaines. Les grèves et les manifestations se succèdent chaque jour avec plus de force, comme si c'était la société tout entière qui faisait entendre sa protestation contre ce qui se passe.

Compte tenu de la montée de ce mécontentement généralisé, nous nous demandons pourquoi le changement tarde à venir. La réponse est que ce qui manque aux Egyptiens, c'est de se rendre compte, comme Jalal Amine, que les droits ne s'octroient pas, mais qu'ils s'arrachent. A un certain moment, il faut que l'opprimé prenne la décision d'arracher son droit, quels que soient les sacrifices.

Je n'appelle pas à la violence, mais à faire pression par tous les moyens pacifiques pour arracher les droits spoliés des Egyptiens. L'Egypte passe actuellement par un moment de profondes transformations et elle est prête au changement plus qu'à n'importe quel autre moment dans le passé. Les Egyptiens ont ressenti un grand espoir lorsque le docteur Mohamed El Baradei est apparu et a rendu publique sa participation au combat national pour la démocratie et la justice sociale.

J'ai personnellement rencontré l'ancien directeur de l'Agence internationale de l'énergie atomique et cela a renforcé mon admiration pour lui. J'ai pu toucher de près son humilité, sa sincérité, son esprit équilibré et sa grande sensibilité aux souffrances des Egyptiens. Ce qui le préoccupe, ce n'est pas sa candidature à la présidence de la République, car il est personnellement aussi éloigné que possible de l'amour du pouvoir, et sa situation professionnelle et sociale est telle qu'il n'en a pas besoin. D'ailleurs, dans le cadre de la scandaleuse constitution actuelle qui réserve le poste de président de la République au président et à ses fils, n'importe quel candidat ne peut être qu'un simple figurant insignifiant dans la triste comédie de la transmission héréditaire du pouvoir, rôle indigne qu'aucune personne qui se respecte ne peut accepter. Le seul objectif d'El Baradei est la réforme et son espoir est de voir son pays à la place qu'il mérite. Il a, voici plusieurs jours, annoncé la fondation d'une association qui milite pour la suppression de l'état d'urgence, pour la tenue d'élections propres et respectables, sous un strict contrôle judiciaire et sous observation internationale, et pour la réforme de la constitution de façon à ce qu'elle garantisse des chances égales et une compétition juste pour l'élection à la présidence de la République.

L'idée dont part El Baradei, c'est que la réforme démocratique est le seul chemin vers la réforme économique et la réalisation de la justice sociale. Il est vraiment réjouissant que sa popularité augmente de jour en jour d'une manière sans précédent. Des dizaines de milliers d'Egyptiens lui ont proclamé leur soutien et leur confiance complète. La campagne de signatures se poursuivra jusqu'à ce qu'elle atteigne le chiffre d'un million de noms. A ce moment-là, il faudra que nous passions à l'étape de la confrontation. Pour avoir nos droits, il n'y a ni intérêt ni utilité à implorer le régime qui ne répondra pas à notre requête.

Mais si un million de citoyens égyptiens descendaient manifester dans la rue ou proclamaient la grève générale, ne serait-ce qu'une seule fois, le régime entendrait immédiatement les revendications du peuple. Autant le changement est possible et proche, autant il a un prix que nous devrons payer. Nous ne remporterons la bataille du changement que si nous avons la ferme intention de récupérer nos droits quels que soient les sacrifices. C'est la seule façon de faire partir Batista.

La démocratie est la solution.

QU'ATTENDENT LES ÉGYPTIENS DE EL BARADEI?

Le régime politique égyptien affronte maintenant une situation critique. Le président Moubarak (auquel nous souhaitons une bonne santé) peut se trouver à n'importe quel moment obligé de prendre sa retraite. Malgré les grands efforts déployés par le régime pour lancer Gamal Moubarak, ce dernier a totalement échoué à convaincre les Egyptiens de son aptitude au poste de président. Ajoutons à cela que, fondamentalement, la plupart des Egyptiens refusent l'idée de la transmission héréditaire du pouvoir, que ce soit à Gamal Moubarak ou à n'importe qui d'autre, et ils tiennent à leur droit naturel de choisir celui qui les dirigera. En même temps, le docteur Mohamed El Baradei a réussi à s'imposer comme leur véritable chef dans la campagne pour le changement. Le large appui populaire dont bénéficie aujourd'hui El Baradei constitue un phénomène politique exceptionnel, comme il y en a eu peu de semblables dans notre histoire, si ce n'est avec Saad Zaghloul, Gamal Abd el Nasser et Mustapha Nahhas. Parmi les partisans d'El Baradei, on trouve des personnes qui appartiennent à différents courants de pensée et différentes orientations politiques : des islamistes et des coptes, des socialistes et des libéraux, des nassériens et des wafdistes et, ce qui est encore plus important, des millions d'Egyptiens ordinaires qui ont vu en lui le chef incarnant leurs rêves de justice et de liberté. Dans le contexte de cette crise du régime et de ce vaste soutien à El Baradei, il peut être intéressant de nous interroger sur ce que l'on attend de lui. Cela peut se résumer de la façon suivante :

Premièrement : comme directeur de l'Agence internationale pour l'énergie atomique, le docteur El Baradei a occupé l'une des plus importantes fonctions de l'Organisation des Nations unies. Les activités de ceux qui occupent ces postes élevés ne se terminent pas avec la retraite. Aussitôt qu'ils ont quitté leurs responsabilités, ils sont submergés de demandes de conférences ou de participation à divers événements internationaux. Les Egyptiens attendent du docteur El Baradei qu'il reste définitivement dans son pays et qu'il donne la priorité à la conduite du combat national, car le chef qui lutte pour les droits de la nation doit rester présent sur le champ de bataille. Je suis pour ma part persuadé que le docteur El Baradei se souvient de ce qu'avait fait Mustapha Nahhas, en prenant la tête du Wafd en 1927 : aussitôt installé dans ses nouvelles fonctions, cet avocat célèbre abandonna le barreau, ferma son cabinet et prononça sa phrase fameuse :

"Aujourd'hui, je suis devenu l'avocat de toute la nation. Il ne convient plus désormais que je plaide pour des individus devant les tribunaux."

Deuxièmement : avant l'apparition de El Baradei, avaient été créés de nombreux mouvements nationaux pour le changement, dont le plus important était le mouvement Kifaya* auquel revient le très grand mérite d'avoir brisé, chez les Egyptiens, le

---

* *Kifaya* veut dire "ça suffit". C'est le nom d'un mouvement d'opposition démocratique au régime du président Moubarak. Ce mouvement est né, à l'écart des partis de l'opposition officielle, en 2004.

mur de la peur. Les membres de Kifaya ont défié l'état d'urgence et encaissé les coups de la Sécurité centrale. Ils ont supporté les incarcérations et la torture. Ce sont eux qui ont arraché, pour la nation tout entière, le droit de manifester et le droit de grève. Ce sont eux les véritables pères des nombreux mouvements de protestation qui secouent maintenant le pays, d'une extrémité à l'autre. Mais, dans leur ensemble, les mouvements pour le changement, y compris le mouvement Kifaya, ont toujours souffert d'un manque de communication avec les larges masses égyptiennes. Dans le cas d'El Baradei, en revanche, c'est le contraire qui s'est produit. Sa popularité est née dans la rue avant de s'étendre à l'élite. Elle n'est pas apparue chez de grands intellectuels ou des personnalités politiques, mais parmi les dizaines de milliers de citoyens ordinaires qui l'ont aimé et ont eu confiance en lui. Ce vaste soutien populaire lui impose de ne pas se couper des gens. Ceux qui, maintenant, l'entourent sont les meilleurs et les plus sincères des patriotes, mais il faut que sa porte reste ouverte à tous. Le docteur El Baradei est devenu le leader de tous les Egyptiens à quelque courant qu'ils appartiennent. Aussi chaque Egyptien a-t-il le droit de le rencontrer et de lui exprimer ses idées, et son devoir à lui est de l'écouter. Le succès de la grande mission du docteur El Baradei est intimement lié à sa communication avec les gens ordinaires.

Troisièmement : l'annonce par le docteur El Baradei de la fondation d'une association nationale pour le changement est un acte éminemment politique, et je m'attends à ce que des centaines de milliers, voire des millions d'Egyptiens la rejoignent dès que l'ouverture de la campagne d'adhésion sera annoncée, mais celle-ci n'a pas encore été ouverte. Les gens sont nombreux en Egypte et hors d'Egypte à vouloir se joindre au mouvement, mais ils ne savent pas ce qu'ils doivent faire. Il faut que leur soit proposée une possibilité de participation plus grande qu'à travers la collecte des mandats actuellement en cours. Le large soutien dont jouit El Baradei a rassemblé autour de lui un échantillon des meilleurs cerveaux et des meilleures compétences égyptiennes. Tous attendent avec impatience le jour où leur sera confiée une mission au service de leur pays. Nous attendons du docteur El Baradei qu'il se hâte, dès son retour de l'étranger, de choisir un siège pour l'association nationale, de lancer une campagne d'adhésion et de constituer diverses commissions spécialisées mettant à profit, pour la réalisation de la réforme que nous souhaitons, toutes les compétences dont nous disposons.

Quatrièmement : nous attendons du docteur El Baradei qu'il se prépare à un violent affrontement avec le régime actuel. Son rôle de conciliateur politique s'est transformé en rôle de leader national et il est naturel que le régime dictatorial lutte avec la plus grande férocité pour défendre ses acquis. Il est donc inutile de vouloir éviter ou retarder un affrontement inévitable, qui a d'ailleurs commencé la semaine dernière, lorsqu'un des partisans d'El Baradei, le médecin Taha Abd el Tawab, a été convoqué au local de la sécurité d'Etat de la province du Fayoum, pour y être dépouillé de ses vêtements, battu, torturé et humilié d'une manière odieuse et inhumaine. Ce crime, qui est une pratique quotidienne dans les locaux de la sécurité d'Etat, acquiert cette fois-ci une signification nouvelle. Il s'agit d'un message du régime pour faire comprendre à ceux qui demandent la réforme que personne n'échappera au châtiment, même s'il jouit d'une position sociale élevée.

Aussitôt que le docteur El Baradei a connu ces faits – alors qu'il se trouvait en Corée – il a publié un communiqué de presse, dans lequel il condamnait avec vigueur l'agression commise contre le docteur Taha Abd el Tawab, et il exprimait à ce dernier sa complète solidarité. Mais cet acte odieux n'est que le commencement de la guerre contre El Baradei, au cours de laquelle le régime utilisera toutes ses armes, légales et illégales, pour venir à bout de l'espoir de liberté des Egyptiens. Nous attendons du docteur El Baradei qu'il utilise sa vaste expérience du droit international pour faire juger par des tribunaux internationaux les bourreaux qui emprisonnent et torturent des innocents.

Cinquièmement : depuis le début, le docteur El Baradei a résolument refusé d'être candidat à la présidence de la République au nom d'un parti reconnu et il a également refusé de présenter, à la commission *ad hoc*, une demande d'autorisation de création d'un nouveau parti. La semaine dernière, la nouvelle a filtré d'un accord secret entre le régime, le Tagammou et le Wafd, ainsi que la confrérie des Frères musulmans, au terme duquel ces organisations s'abstiendront d'aider El Baradei en échange de quelques sièges à l'assemblée du peuple, lors des prochaines élections truquées. Ce pacte déplorable, par ce qu'il révèle du niveau auquel sont tombés certains hommes politiques égyptiens, nous confirme combien le docteur El Baradei a été sage et clairvoyant lorsqu'il a refusé de travailler avec eux. Cela lui a permis de préserver intacte l'image dont il jouit dans l'opinion publique, loin de la corruption du régime et de ceux qui affectent de s'y opposer, alors qu'ils en sont secrètement les complices contre les droits du peuple. Les Egyptiens attendent du docteur El Baradei qu'il s'en tienne à sa position de principe et qu'il refuse toute sorte de pourparlers ou de compromis. Ce que demandent les Egyptiens, ce n'est pas un réajustement politique limité, mais une réforme radicale et globale. Chaque citoyen qui signe un mandat à El Baradei pour changer la constitution retire par là-même sa confiance au régime actuel. Les adjurations et les requêtes pleines de fioritures ne servent à rien, car les droits ne s'octroient pas, ils s'arrachent. Notre capacité à faire régner la justice est toujours liée à notre disponibilité à nous sacrifier pour elle. Cent pétitions éloquentes adressées au régime ne convertiront pas les responsables à la démocratie, mais si un million de manifestants descendent dans les rues, le gouvernement se trouvera obligé de satisfaire leur revendication de réformes.

Dernier point : alors que l'Egypte tout entière attend que le docteur El Baradei rentre de son voyage, j'ai pensé qu'il était de mon devoir de lui communiquer ce qui vient à l'esprit des Egyptiens qui l'aiment, qui placent en lui leurs plus grands espoirs et qui, comme moi-même, sont entièrement persuadés que Mohamed El Baradei ne les abandonnera pas.

La démocratie est la solution.

QUAND LE PRÉSIDENT MOUBARAK VA-T-IL FINIR PAR COMPRENDRE CETTE VÉRITÉ?

Le Shah Mohammad Reza Pahlavi est resté au pouvoir en Iran de 1941 à 1979. Il était en relation étroite avec les Services secrets anglais et américains à qui revenait le mérite de son retour sur le trône après que son Premier ministre, le leader patriotique Mohamed Mossadeg l'eut forcé à s'exiler au début des années cinquante. Le règne du Shah s'est caractérisé par une brutale répression des opposants. La SAVAK, la police secrète iranienne, a tué et torturé des milliers d'Iraniens jusqu'au déclenchement de la révolution, en 1979. D'un point de vue neutre et objectif, le Shah d'Iran était donc un dictateur sanguinaire aux mains tachées du sang de ses sujets. Il était par ailleurs, au sens littéral du mot, un agent des Etats-Unis et de l'Occident.

Il y a deux ans, j'ai rencontré au Caire, chez des amis communs, sa veuve, Mme Farah Pahlavi, dont la personnalité ouverte, sympathique et modeste m'a plu et dont l'intelligence aiguë et la grande culture ont retenu mon attention. Nous avons longuement parlé et elle m'a appris qu'elle était en train d'écrire ses mémoires dont elle m'a promis de m'envoyer un exemplaire, dès leur publication chez Dar El Shorouk, ce qu'elle ne manqua pas de faire. En commençant la lecture, je fus frappé par le fait que Mme Farah Pahlavi considérait son défunt mari, le Shah d'Iran, comme un héros national ayant fait de grandes choses pour son pays et qu'elle voyait dans la révolution iranienne un simple complot fomenté par une bande de crapules et de personnes malveillantes. En décrivant leurs derniers moments, avant que la révolution ne les oblige, elle et son mari, à quitter l'Iran, elle écrit : "Nous partons la tête haute, assurés d'avoir travaillé pour l'intérêt du pays et, si nous nous sommes trompés, au moins n'avons-nous pensé qu'à l'intérêt public." Je fus extrêmement surpris par ces propos, et je me demandais comment cette femme cultivée et intelligente pouvait ignorer – ou fermer les yeux sur – les crimes odieux accomplis par le Shah d'Iran contre son peuple?

On dira que l'amour d'une femme pour son mari la rend toujours aveugle aux fautes de ce dernier. Or nous ne parlons pas ici d'écarts personnels mais des crimes épouvantables accomplis par le Shah contre les droits de millions d'Iraniens. Le plus étrange est que ces mémoires fourmillent de détails montrant que le Shah lui-même croyait qu'il rendait de grands services au peuple et qu'il sacrifiait son repos et sa vie pour la nation. Cela nous amène à la question de l'opinion que les dictateurs ont d'eux-mêmes : L'histoire nous enseigne que tous se considéraient comme de grands héros et étaient dans un état permanent d'auto-intoxication qui les amenait à justifier tout ce qu'ils faisaient de mal, y compris les crimes qu'ils perpétraient.

Ce fossé permanent entre le dictateur et ce qui se passe dans la réalité est une caractéristique décrite avec force détails dans la littérature internationale : la solitude du dictateur! Le dictateur vit totalement isolé de la vie des citoyens et ne sait pas ce qui se passe réellement dans son pays. Après quelques années de pouvoir dictatorial, se forme autour de lui un cercle de riches amis et de parents, vivant dans un luxe qui les éloigne tout à fait de la vie des gens ordinaires. De cette façon, le dictateur perd toute sensibilité envers les pauvres. Il ne vit absolument pas dans la vie réelle dont la seule image qui lui parvient provient des rapports que lui transmettent les différents services de sécurité.

Ces services estiment toujours de leur intérêt d'embellir l'image sombre des événements pour éviter la colère du dictateur. Souvent, ils se font de la concurrence pour gagner sa confiance et écrivent des rapports se contredisant les uns les autres. Ils inventent parfois des complots imaginaires qu'ils prétendent avoir déjoués de façon à convaincre celui qui gouverne de leur importance. J'ajouterai à cela que les ministres qui travaillent avec le dictateur ne sont pas élus et, par conséquent, n'attachent aucune importance à ce que les gens pensent d'eux. La seule chose importante pour eux est de conserver la satisfaction de celui qui les a nommés et peut les démettre à n'importe quel moment. Ils ne le mettent donc jamais face à la réalité et lui disent toujours ce qu'il lui plaît d'entendre. Il est très rare que, dans un gouvernement despotique, les ministres s'aventurent à exprimer leurs opinions véritables. Ils sont toujours dans l'attente des instructions et des orientations du Président. Ils considèrent tout ce que fait le Président et tout ce qu'il dit, voire ce qu'il pense, comme le comble de la sagesse, du courage et de la grandeur. De cette façon, l'isolement du dictateur par rapport à la réalité est total jusqu'au moment où, à la fin, il se réveille avec une catastrophe qui ébranle son pays ou une révolution qui met fin à son pouvoir. L'isolement du dictateur est un phénomène qui se répète tout au long de l'histoire, et c'est un des plus grands vices de ce type de régimes. Lorsque la Révolution française a éclaté, en 1789, et que les masses affamées et en colère ont assiégé le palais de Versailles, la reine Marie-Antoinette demanda la cause de cette manifestation. Un de ses serviteurs lui répondit :

— Ils sont en colère, parce qu'ils ne trouvent pas de pain, Majesté.

Et la reine rétorqua :

— Qu'ils mangent de la brioche !

Cette phrase célèbre attribuée à Marie-Antoinette montre le degré d'isolement auquel parvient le despote. Non seulement Marie-Antoinette était une femme forte et intelligente, mais c'était elle qui exerçait le pouvoir effectif à travers les décisions de son mari ; toutefois, après des années de despotisme, elle s'était mise à vivre, de fait, dans un autre monde, éloigné du réel.

J'ai pensé à cela en suivant ce qui se passe en Egypte. Le président Moubarak est allé subir une opération chirurgicale en Allemagne. Je souhaite naturellement la guérison à toute personne malade, mais je ne vois pas dans la maladie du Président un événement exceptionnel. Chacun peut être atteint de maladie, et, par ailleurs, l'âge avancé du Président le prédispose à avoir de temps en temps des ennuis de santé. Cependant les scribes du régime ont accueilli cet événement comme si c'était la fin du monde. L'un d'entre eux a même écrit que c'était l'Egypte, qui était malade de la maladie du président, comme si la grande Egypte s'était incarnée, et comme si elle se résumait à Hosni Moubarak. Cette hypocrisie avilissante et de bas étage a duré tout aussi longtemps que le traitement et lorsque, grâce à Dieu, l'opération chirurgicale a réussi, le cortège de l'hypocrisie s'est ébranlé avec tambours et trompettes.

Des ordres ont été donnés à quelques chanteurs et chanteuses pour qu'ils préparent des chansons dédiées aux festivités du retour du bienheureux

Président. Je ne sais pas comment un artiste véritable peut accepter de devenir un chantre stipendié, à l'image de ces mendiants qui tournent dans la foule les jours de fêtes des saints*. Ces hypocrites ont-ils pensé à ce qu'ils allaient faire lorsque le Chef d'Etat irait à nouveau en Allemagne pour un examen de contrôle ? Composeront-ils d'autres chansons à son retour ? Le président Moubarak peut-il croire à toute cette hypocrisie ?

Ne lui vient-il pas à l'esprit, fût-ce un court instant, que tous ces baladins et tous ces mirlitons ne l'aiment pas, mais défendent les privilèges qu'ils ont acquis sous son règne ? Le président Moubarak ne sait-il pas que nombre de ces hypocrites sont, à toutes les époques, restés collés au pouvoir et que leurs idées et leurs opinions ont toujours pris la couleur du moment ? Ils étaient des socialistes sincères dans la période nassérienne et, lorsque les vents ont changé et que l'Etat s'est converti à l'économie libérale, ils sont devenus les plus grands défenseurs de la privatisation et de la liberté du marché !

Quelle image se fait le président Moubarak de ce qui se passe en Egypte ? Sait-il que plus de la moitié des Egyptiens vivent sous le seuil de pauvreté ? N'est-il pas angoissé à l'idée que des millions de ses compatriotes vivent dans un habitat précaire, sans eau, ni électricité, ni égouts ? N'est-il pas préoccupé par l'extension du chômage, de la pauvreté, de la maladie et du désespoir ? Sait-il que l'Egypte est au plus bas degré de la décadence dans tous les domaines ? A-t-il entendu parler de ces pauvres qui meurent dans des files d'attente pour obtenir

---

* Le *mawlid* est la fête d'un saint homme. Certaines de ces fêtes, comme le *mawlid* de sayyidna Al Hussein ou comme celui de Sayyida Zeineb, au Caire, sont fréquentées par des dizaines de milliers de personnes.

du pain ou une bouteille de gaz? A-t-il entendu parler de ces convois de la mort dans lesquels des milliers de jeunes Egyptiens meurent noyés, en tentant de fuir la misère? Quelqu'un lui a-t-il dit que des milliers d'employés dorment sur le trottoir avec leurs enfants depuis un mois, devant l'assemblée du peuple, parce que leur vie est devenue impossible? A-t-il pensé au fonctionnaire qui touche cent livres par mois avec lesquelles il doit faire vivre toute sa famille, alors que le kilo de viande atteint soixante-dix livres? Bien sûr, je ne sais pas à quoi pense le président Moubarak, même si je crois, compte tenu du phénomène de l'isolement des dictateurs, qu'il a une image complètement coupée de la réalité de ce qui se passe en Egypte.

La situation en Egypte est telle qu'une violente explosion peut avoir lieu à tout moment. Si cela arrive, qu'à Dieu ne plaise, nous en paierons tous ensemble un prix exorbitant. Je souhaite que le président Moubarak termine son règne par la réalisation d'une véritable réforme démocratique, une modification de la constitution permettant une concurrence loyale entre les candidats et la tenue d'élections libres et honnêtes pour que les Egyptiens puissent choisir de nouveaux visages de personnes honorables, qui auront pour responsabilité de faire cesser les tourments de l'Egypte et d'ouvrir les portes de l'avenir. Quand Moubarak finira-t-il par comprendre cette vérité?

La démocratie est la solution.

FALSIFIER LES ÉLECTIONS EST-IL CONSIDÉRÉ COMME UN PÉCHÉ MORTEL ?

Au cours des mois prochains, des élections parlementaires et présidentielles vont avoir lieu en Egypte. Dans le passé, le régime a essayé d'utiliser les juges pour couvrir la fraude électorale, mais les juges qui sont honnêtes ont refusé de trahir leurs principes. Leur message a été clair : ou bien ils contrôlaient sérieusement ou bien ils se retiraient et laissaient le régime assumer seul la honte de la fraude.

Cette fois-ci, le régime a d'emblée décidé d'abolir le contrôle judiciaire et il a annoncé son refus d'une quelconque mission d'observation internationale.

Tout cela confirme que les prochaines élections seront frauduleuses. Les Egyptiens savent déjà parfaitement que les membres du parti au pouvoir remporteront la majorité des sièges au parlement et que l'élection présidentielle sera une farce qui permettra au président Moubarak de conserver le pouvoir ou d'en faire hériter son fils Gamal. Mais la question qui se pose est de savoir qui est responsable de la fraude électorale.

Comme c'est le ministère de l'Intérieur qui conduit les élections, la responsabilité lui en incombe au premier chef, mais le ministre, en réalité, ne fait qu'appliquer des instructions. C'est le président de la République lui-même qui prend la décision de frauder.

La décision de frauder se transmet ainsi du président au ministre de l'Intérieur et elle est ensuite exécutée par des milliers d'officiers, d'agents de police et de fonctionnaires de toutes les provinces d'Egypte. Ce sont ces fraudeurs qui empêchent les gens de voter et qui ont recours à des hommes de main pour rosser les électeurs n'appartenant pas au parti au pouvoir, ce sont eux qui remplissent les urnes, puis les ferment et annoncent ensuite les résultats frauduleux.

Tous ces fraudeurs, comme la plupart des Egyptiens maintenant, prient à heures régulières, jeûnent pendant le ramadan, donnent la *zakat**, vont en pèlerinage à La Mecque et demandent à leurs épouses et à leurs filles de se voiler. Mais, malgré leur empressement à appliquer les commandements de la religion, ils participent à la fraude électorale sans même avoir le sentiment de désobéir à la religion et sans que l'idée du péché les empêche de dormir. La plupart du temps, ils considèrent qu'ils appliquent les instructions de leurs chefs, ni plus ni moins, et pour eux, la question des élections n'a absolument rien à voir avec la religion. Mais si nous imaginons qu'au lieu de donner pour l'instruction de truquer les élections, le président de la République ordonnait aux officiers et aux fonctionnaires de boire de l'alcool ou de manger pendant les journées de ramadan, ils se révolteraient à coup sûr et refuseraient d'exécuter ses ordres, parce qu'il est interdit à une créature d'obéir à des ordres qui le font désobéir à son créateur.

Pourquoi ces fonctionnaires considèrent-ils que falsifier les élections n'est rien de plus qu'exécuter des instructions alors qu'ils considèrent que boire de

---

* Aumône légale qui fait partie des obligations religieuses et dont le montant est proportionnel aux revenus.

l'alcool ou manger pendant les journées de ramadan représente une grave transgression? La réponse va nous faire appréhender la distance énorme qui existe entre la vérité de l'islam et la façon dont nous le comprenons.

Vous pouvez choisir le chapitre que vous voulez dans les livres de doctrine, vous ne trouverez pas un mot sur la falsification des élections. Ce sont tous, en effet, de vieux livres écrits à des âges où cette pratique était inconnue et, comme la porte de l'interprétation* est fermée depuis des siècles, tout ce que font maintenant la plupart des docteurs en jurisprudence religieuse, ne va pas au-delà de la rumination des avis doctrinaires, prononcés il y a mille ans. J'ajoute à cela que, dans l'histoire de l'islam, nombre de ces docteurs étaient les alliés des pouvoirs despotiques et que, s'ils expliquaient aux gens comment appliquer les règles de la religion dans de nombreux domaines de la vie, ils ignoraient sciemment les droits politiques des musulmans. Certains d'entre eux tordaient même le cou à la vérité et expliquaient la religion d'une façon visant à soutenir les despotes et à les dispenser d'avoir à rendre des comptes.

* Dans l'islam sunnite, ce sont les *fouqaha* (les docteurs en jurisprudence religieuse) qui dans leurs livres de *fiqh* (jurisprudence religieuse) donnent l'interprétation légitime des textes. Si l'*Ijtihad* (effort fait par le croyant pour atteindre la vérité en interprétant les textes) est considéré comme une des sources de la jurisprudence (aux côtés du Coran, de la Sunna, de l'analogie et du consensus), l'islam sunnite considère néanmoins que les grands *fouqaha* du passé ont tout dit et que par conséquent les portes de l'*Ijtihad* sont fermées. Il ne reste donc plus aux *fouqaha* modernes qu'à répéter, en le mettant plus ou moins au goût du jour, ce qu'ont dit les *fouqaha* du passé, sans y ajouter aucune *bidaa* (innovation blâmable). C'est contre cette vision orthodoxe et officielle de la religion que se dressent aujourd'hui de nombreux croyants à la recherche d'une pensée plus autonome.

Il y a, en Egypte, des dizaines de cheikhs célèbres appartenant à différentes écoles – depuis les cheikhs d'Al Azhar jusqu'aux cheikhs salafistes, en passant par les nouveaux prédicateurs – qui exhortent chaque jour les Egyptiens dans des milliers de mosquées et sur des dizaines de chaînes satellitaires, en abordant tous les aspects de la vie des musulmans, à commencer par le mariage et le divorce, le port de l'or et de la soie*, la manière de se laver de ses impuretés, mais aucun ne dit un mot sur la fraude électorale. J'ai connu, il y a quelques mois, un jeune prédicateur célèbre qui m'a semblé être un jeune homme bien élevé. Lorsqu'il m'a demandé la permission d'assister à la causerie que j'anime chaque semaine, je lui ai dit qu'il serait le bienvenu. Là, trouvant les participants en train de parler de la démocratie, de l'état d'urgence, et d'affirmer le droit des Egyptiens à choisir ceux qui les gouvernent, il est parti sans participer au débat. Je ne l'ai plus jamais revu !

La religion, chez ce prédicateur, n'a absolument aucun lien avec la chose publique. Pour lui, elle se réduit à la pudeur des femmes, à l'accomplissement des obligations, et aux bonnes mœurs. La discussion sur les droits de l'homme ou les libertés publiques ne l'enthousiasme donc pas et il sait par ailleurs qu'aborder ces sujets en Egypte a un coût élevé qu'il n'a pas envie de payer.

Je me suis tourné vers les livres de religion pour comprendre comment l'islam juge la fraude électorale. J'y ai vu que les péchés se divisaient en péchés véniels et péchés mortels. Le péché mortel est la désobéissance majeure qui encourt une punition de Dieu dans ce monde et dans l'autre. Même si

---

* Selon certaines interprétations, le port de vêtements de soie serait illicite.

les docteurs en jurisprudence divergent quant aux péchés mortels, tous sont d'accord sur le fait que le faux témoignage est l'un des plus graves, contre lequel le Coran, dans plusieurs versets, met vivement en garde. Par exemple : "Ceux qui font des faux témoignages..." (Sourate de la Séparation du bien et du mal à partir du verset 72). Egalement : "Abstenez-vous de l'infamie, des idoles et abstenez-vous du mensonge" (Sourate du Pèlerinage à partir du verset 30)

Le faux témoignage est le mensonge volontaire fait lors d'un témoignage dans l'intention d'infirmer la vérité. Lorsqu'une personne fait devant un juge un témoignage contraire à la vérité, il commet une faute grave car, par son témoignage mensonger, il conduit à nier le droit des uns pour le faire reconnaître d'une façon erronée aux autres. Dans leur exécration du faux témoignage, certains docteurs sont allés jusqu'à le comparer à la non reconnaissance de l'unicité divine* et ils ont affirmé que ce péché n'était pas effacé par la contrition, ni même par le pèlerinage à La Mecque, sauf après que le faux témoin aura rendu aux gens leurs droits spoliés par son témoignage mensonger, ou, à tout le moins, jusqu'à ce qu'il ait reconnu son crime devant eux et qu'il ait sollicité leur pardon. Or ce faux témoignage que l'islam considère comme un des péchés les plus abominables équivaut ni plus ni moins, dans notre vie contemporaine, à la fraude électorale.

Le fonctionnaire qui participe à la fraude électorale fait un faux témoignage concernant des résultats mensongers. Il empêche le candidat qui y a droit d'obtenir le poste qu'il mérite, tandis qu'il le donne à une personne qui ne le mérite pas. De mon point de vue, la fraude électorale est même

---

* *Al shark billah*, le fait d'associer à Dieu d'autres divinités.

bien pire que le faux témoignage, car ce dernier dépouille de son droit un individu et une famille, alors que la fraude électorale dépouille de son droit la nation tout entière. Si les fraudeurs du ministère de l'Intérieur comprenaient que, du point de vue religieux, ils sont de faux témoins, ils refuseraient à coup sûr de s'y associer, mais, comme beaucoup d'Egyptiens, ils considèrent que les élections démocratiques et l'alternance au pouvoir sont des questions secondaires qui n'ont pas de lien avec la religion. Cette compréhension bornée de la religion nous prédispose au despotisme et nous fait plus docilement accepter l'oppression. C'est ce qui explique que la dictature soit plus répandue dans les pays islamiques que dans les autres.

Les peuples ne se développent que dans deux cas seulement et pas trois : ou bien s'ils comprennent la religion d'une façon correcte, c'est-à-dire s'ils considèrent qu'en premier lieu elle défend les valeurs humaines que sont la vérité, la justice et la liberté ; ou bien s'ils partent d'une idée morale qui place sous l'autorité de la conscience humaine les critères de l'honneur et de la probité. Quant aux peuples qui considèrent que la religion est séparée des valeurs humaines, leurs capacités sont paralysées et ils sont condamnés à prendre du retard sur la caravane de la civilisation.

La vision bornée qui ignore l'esprit de la religion et la transforme en une liste de formalités à remplir conduit l'homme à une religiosité factice et formelle, et elle détruit le sentiment naturel de la conscience. Cela peut pousser l'homme à adopter les pires comportements, tout en étant convaincu de l'intégrité de sa piété qu'il considère limitée à l'accomplissement des obligations religieuses.

La situation de l'Egypte est si catastrophique qu'il n'est plus possible de la taire. Des millions d'Egyptiens vivent dans des conditions inhumaines. La pauvreté, le chômage, la maladie, la répression, la corruption ont atteint un niveau sans précédent.

Tous ces opprimés ont droit à une vie humaine honorable. Le changement que nous demandons viendra à la fois du sommet de la pyramide politique et de sa base. Il est de notre devoir de faire pression sur le régime pour qu'il permette des élections intègres, mais, en même temps, il faut que nous expliquions aux gens que s'ils participent à la fraude électorale, ils commettent un grave péché et un crime infâme contre les droits du pays.

Lorsque le Président donnera l'ordre de truquer les élections et qu'il ne trouvera plus d'officiers de police ou de fonctionnaires du ministère de l'Intérieur acceptant de polluer leur honneur et leur foi en participant à la fraude, alors, commencera le futur de l'Egypte.

La démocratie est la solution.

AVONS-NOUS BESOIN
D'UN DICTATEUR ÉQUITABLE?

Mercredi dernier a été une mauvaise journée pour Gordon Brown, le chef du Parti travailliste et Premier ministre de Grande-Bretagne. M. Brown était en tournée électorale dans la ville de Rochdale, dans le comté de Manchester. Alors qu'il parlait avec les gens dans la rue, Gillian Duffy, une citoyenne britannique, fonctionnaire retraitée de soixante-sept ans, le prit vivement à partie devant les caméras de télévision au sujet des émigrés venant de l'Europe de l'Est qui, selon elle, prenaient le travail des Britanniques.

Le Premier ministre essaya de la convaincre du bien-fondé de la politique de son gouvernement envers les émigrés, mais Gillian se cramponnait à son point de vue et Brown ne put rien faire de mieux que terminer habilement l'entretien en interrogeant Gillian sur ses enfants et ses petits-enfants, avant de lui serrer amicalement la main et de vite retourner à sa voiture pour aller à un autre rendez-vous.

Mais, pour son malheur, Gordon Brown oublia de fermer le petit micro qui était accroché à sa veste et qui continua donc à transmettre ses propos sur les chaînes de télévision. Dès qu'il fut dans sa voiture, irrité par la véhémence de son interlocutrice, il dit à ses collaborateurs : "Quelle calamité! Qui a eu l'idée de me faire rencontrer cette femme? Une extrémiste!"

Les paroles de Brown furent transmises à l'ensemble des médias et, une heure plus tard, le scandale faisait le tour du pays : le chef du gouvernement avait parlé d'une façon méprisante d'une citoyenne britannique et l'avait accusée d'extrémisme, simplement parce qu'elle n'était pas d'accord avec lui. Les médias mirent de l'huile sur le feu en informant Mme Gillian Duffy de ce que pensait d'elle son Premier ministre, ce qui la mit très en colère.

Gordon Brown se trouva ainsi mis en difficulté quelques jours à peine avant la tenue des élections générales prévues pour le 5 mai. Le Premier ministre téléphona à Gillian Duffy pour lui transmettre ses excuses, mais cela ne suffit pas. Brown apparut sur l'écran de la télévision britannique face à un journaliste cinglant qui lui fit d'abord écouter un enregistrement de ce qu'il avait dit à propos de Gillian Duffy, puis lui demanda : "Désapprouvez-vous ces propos ?" Le Premier ministre lui répondit que, en effet, il les regrettait et, qu'à l'avenir, il ne recommencerait plus. Il présenta ensuite ses excuses à Gillian Duffy devant le peuple britannique.

Mais cela ne suffit toujours pas à effacer l'acte inqualifiable qu'il avait accompli et il n'eut pas d'autre recours que de revenir à Rochdale, de se rendre chez Mme Gillian Duffy et d'y passer quarante minutes à se disculper. Finalement, Gillian accorda son pardon au Premier ministre, mais elle refusa de l'annoncer avec lui devant les médias. Gordon Brown sortit seul et déclara à nouveau qu'il avait eu tort et qu'il se repentait, mais qu'il se sentait soulagé, car la citoyenne offensée avait accepté ses excuses.

Au moment même où le Premier ministre britannique sollicitait avec insistance le pardon d'une citoyenne britannique ordinaire pour le simple fait de l'avoir traitée d'extrémiste, dans une conversation privée enregistrée par erreur, des milliers de citoyens en Egypte dormaient depuis des mois dans la rue, devant le conseil des ministres et l'assemblée du peuple, avec leurs épouses et leurs enfants. Toutes ces personnes passant la nuit en plein air sont les délégués de millions d'Egyptiens pauvres dont la condition s'est détériorée au point qu'ils n'ont plus de quoi subvenir aux dépenses de leurs enfants. Mais le président du Conseil des ministres égyptien, Ahmed Nazif, ne s'est pas donné la peine d'aller rencontrer ces pauvres gens ni de les écouter ou d'essayer de les aider de quelque façon que ce soit. Il les a abandonnés pour partir avec sa nouvelle épouse se détendre à Hurgada.

Quant aux jeunes qui ont manifesté pour la révision de la constitution, en réclamant la liberté et l'abrogation de l'état d'exception, ils ont été frappés, jetés à terre et incarcérés par les forces de la sécurité centrale (l'armée d'occupation de l'Egypte). Certains députés du parti au pouvoir ont même demandé que l'on tire sur eux.

Cette étonnante contradiction entre les attitudes du Premier ministre en Egypte et en Grande-Bretagne ne peut que nous amener à nous interroger : pourquoi les autorités britanniques se comportent-elles avec tout ce respect, alors que les autorités égyptiennes traitent leurs concitoyens comme des criminels ou des animaux. ? La différence, ici, n'est pas d'ordre moral, mais d'ordre politique.

Rien ne prouve que Gordon Brown soit moralement meilleur qu'Ahmed Nazif, mais Brown est un Premier ministre élu dans un régime démocratique et, par conséquent, il sait qu'il est au service du peuple, qui est la source de tous les pouvoirs, et il sait également que s'il perd la confiance des électeurs, cela signifie la fin de son avenir politique. La différence fondamentale, c'est qu'Ahmed Nazif, lui, n'est pas élu, mais nommé par le président Moubarak et, par conséquent, ce qui lui importe, ce n'est pas la confiance des gens, mais seulement la satisfaction du président. Quant au président Moubarak lui-même, personne non plus ne l'a élu et, malgré cela, il tient le pouvoir entre ses mains, depuis trente ans, par la répression et des élections truquées. La confiance des Egyptiens ne le préoccupe donc pas beaucoup, aussi longtemps qu'il est capable de les soumettre grâce à son appareil de sécurité. Si Gordon Brown gouvernait la Grande-Bretagne, grâce à la fraude et à l'état d'exception, il ne se serait pas excusé auprès de Mme Gillian Duffy. Le plus probable, c'est qu'il aurait ordonné son arrestation et l'aurait fait envoyer dans le local le plus proche de la sécurité d'Etat où on l'aurait battue, accrochée par les pieds comme une bête à l'abattoir, soumise à des décharges électriques dans les parties sensibles et peut-être même aurait-elle été jugée par un tribunal d'exception sous l'inculpation d'incitation au désordre, offense aux représentants de l'Etat et menace contre l'ordre public. C'est la façon dont les dirigeants accèdent au pouvoir qui définit leur comportement pendant la durée de leur mandat. Cette réalité bien établie dans le monde développé est encore ignorée de certains Egyptiens qui jugent leurs dirigeants sur la politique qu'ils mènent lorsqu'ils sont au pouvoir, sans beaucoup s'arrêter sur la façon dont ils y sont parvenus.

Certains Egyptiens rêvent toujours d'un dictateur équitable, dont la volonté soit au-dessus des lois mais qui emploie son pouvoir tyrannique pour faire régner la justice. L'idée d'un dictateur juste rejoint tout à fait celle du bandit d'honneur et de la prostituée vertueuse. Ce ne sont là que des expressions chimériques et vides de sens. Car comment un dictateur serait-il juste, puisque la dictature est en elle-même une atroce oppression ? Le concept du dictateur juste s'est sans doute insinué dans l'esprit des Arabes à travers de longs siècles de despotisme. Il est juste de rappeler ici que le véritable islam a offert, longtemps avant l'Europe, un bel exemple de démocratie. Quoi de plus convaincant que le Prophète qui n'avait pas désigné de successeur pour laisser aux musulmans la liberté de choisir qui les gouvernerait ? Ensuite, trois des quatre premiers califes orthodoxes* furent choisis par les gens et totalement soumis au contrôle populaire, comme cela arrive, aujourd'hui, dans le plus démocratique des Etats. Dès sa prise de pouvoir, Abou Bakr el Sadiq, premier dirigeant de l'islam fit la déclaration suivante : "Ô vous que je gouverne, je ne suis pas meilleur que vous. Si ce que je fais est bien, acceptez-moi comme votre chef, si ce que je fais est mal, soulevez-vous contre moi. Obéissez-moi aussi longtemps que j'obéis à Dieu et à son Prophète, mais si je désobéis à Dieu et à son Prophète, vous n'avez nulle obligation de m'obéir."

Ce magnifique discours a, de nombreux siècles avant les constitutions modernes, défini les relations démocratiques entre le dirigeant et les citoyens. Mais la démocratie du premier islam prit rapidement fin et de longs siècles de dictature lui succédèrent. Les docteurs en jurisprudence des sultans ont alors mis la religion au service des dirigeants et dépouillé les musulmans de leurs droits politiques. Ils ont, à cette fin, développé deux idées extrêmement dangereuses : la première est que "le pouvoir est à qui a remporté la victoire", ce qui donne une légitimité

---

* Le mot orthodoxe dans son sens premier signifie "qui se trouve dans la voie droite". C'est à peu près le sens du mot *rachid* dont on qualifie les quatre premiers califes (successeurs du Prophète à la tête de la communauté).

à tous ceux qui s'en saisissent par la force aussi longtemps qu'ils sont capables de le conserver, également par la force. La seconde est que "les musulmans ont l'obligation d'obéir à celui qui dirige, même s'il est corrompu et les opprime". Ces deux idées ont ouvert une faille entre la conscience des musulmans et la démocratie. Elles les ont prédisposés à la soumission et rendus plus capables que les autres peuples d'accepter la dictature.

La dégradation de la situation de l'Egypte est arrivée à son comble et la plupart des Egyptiens demandent un changement qui leur garantisse la justice, la dignité et la liberté. Il faut que nous sachions que le changement ne pourra jamais se réaliser à travers une personne, aussi bonnes soient ses intentions et aussi vertueuses soient ses mœurs. Le changement se réalisera à travers un régime nouveau et juste démontrant par ses actes qu'il considère les Egyptiens comme des citoyens de pleine capacité et de plein droit et non pas comme des sujets ou des esclaves dépendant de la bienfaisance de leur chef. Lorsque les Egyptiens auront la possibilité d'élire, de leur propre et libre volonté, ceux qui les gouverneront ou les représenteront à l'assemblée du peuple, alors ils seront tous égaux devant la loi. C'est alors seulement que commencera le futur. C'est alors seulement que le Président de l'Egypte veillera à la dignité de chaque citoyen, exactement comme cela s'est produit en Grande-Bretagne la semaine dernière.

La démocratie est la solution.

UNE HISTOIRE POUR LES PETITS…
ET POUR LES GRANDS

Le grand éléphant se tenait sous un arbre énorme au bord de la rivière, là où il avait l'habitude de rencontrer ses collaborateurs. Mais cette fois, il était allongé par terre, incapable de se lever sur ses quatre pattes, avec sa trompe qui pendait à son côté, et il avait l'air tellement épuisé qu'il devait faire un grand effort pour garder les yeux ouverts et suivre ce qui se passait autour de lui. Devant lui, se tenaient ses quatre assistants : l'âne, le cochon, le loup et le renard qui semblait tendu et prit la parole le premier :

— Chers frères, notre grande forêt traverse des circonstances difficiles. Notre seigneur le grand éléphant est encore épuisé par sa dernière maladie et je viens d'apprendre que tous les animaux de la forêt se dirigeaient vers nous dans une marche de protestation conduite par la girafe.

L'âne se mit alors à braire bruyamment :

— Pourquoi donc cette girafe est-elle toujours en train de faire du remue-ménage ?

Le cochon se mit à grogner en signe de protestation, pendant que la puanteur qui émanait de son corps se répandait autour de lui :

— Je propose que nous tuions cette girafe pour avoir la paix.

Le renard regarda l'âne et le cochon avec mépris :

— Je n'ai jamais entendu de bêtises pareilles… Le problème, ce n'est pas la girafe. Tous les animaux protestent. Il faut que nous négociions avec eux pour parvenir à une solution satisfaisante.

Alors le loup hurla :

— Désolé, mon cher renard. Nous ne négocierons avec personne. Le grand éléphant, seigneur de la forêt est toujours là, que Dieu lui accorde la santé, et c'est son fils le petit éléphant Daghfal qui lui succédera sur le trône.

Le renard sourit :

— Parlons franchement. Daghfal n'est pas capable de gouverner. Il passe tout son temps à s'amuser d'une manière irresponsable. Regardez-le faire maintenant.

Ils se tournèrent tous vers l'endroit où se trouvait Daghfal, le petit éléphant. Ils le virent en train de se vautrer joyeusement dans l'herbe, en remuant ses deux larges oreilles et en aspirant de l'eau avec sa trompe pour s'en arroser le corps. Effectivement, il semblait dans un état de joie et d'insouciance qui ne s'accordait pas avec la gravité des moments que vivait la forêt.

Le renard poursuivit :

— Tout ce que je vous demande est de rester silencieux et de me laisser m'entendre avec les animaux en colère.

Alors le loup haussa le ton :

— Depuis quand prenons-nous en compte ces sales animaux? C'est à nous de décider ce que nous voulons. Quant à eux, ils n'ont rien d'autre à faire que d'obéir à nos ordres.

Le renard sourit :

— Cher loup, il serait sage de comprendre que la situation dans la forêt a changé. Les animaux ne sont plus ce qu'ils étaient hier. Aujourd'hui, ce n'est pas la sévérité qui nous permettra de faire face à la situation.

— Au contraire, nous avons besoin de sévérité aujourd'hui plus que jamais dans le passé. C'est nous qui possédons tout. Nous avons une armée bien entraînée de chiens féroces, capable de mettre au pas le premier animal qui lèvera la tête pour nous affronter.

Ces propos déplurent au renard, mais, tout à coup, dans tous les coins de la forêt, retentirent les cris des animaux. C'était un méli-mélo où l'on entendait les lapins, les poulets, les vaches, les bufflesses, les moutons, les chats et même les singes qui avaient eux aussi participé à la marche. Ils étaient accourus de partout avec, à leur tête, la gracieuse girafe, qui avançait d'un pas nonchalant. Ils s'approchaient de l'endroit où était allongé le grand éléphant. Tout à coup, le loup cria d'une voix effrayante :

— Qui êtes-vous et que voulez-nous?

La girafe lui répondit d'un ton ferme :

— Nous sommes les habitants de cette forêt. Nous avons des griefs que nous voulons exposer au roi éléphant.

— Ce n'est pas le moment de présenter des revendications. Le roi est fatigué et il est occupé. Partez!

La girafe remua son long cou de droite à gauche et répondit :

— Nous ne partirons pas avant d'avoir exposé nos griefs.

— Vous osez nous défier?

Le renard intervint alors :

— Bon, Madame la Girafe, calmez-vous un peu. Quels sont ces griefs?

— Cette forêt est notre propriété à tous, mais nous sommes dépossédés de ses richesses. Vous gouvernez la forêt seulement dans votre intérêt et vous ne faites aucun cas des autres animaux. Les nombreuses richesses de la forêt vont toutes aux ânes, aux cochons, aux loups et aux renards. Quant aux autres animaux, ils travaillent honnêtement toute la journée et, malgré cela, ils ne rapportent pas assez de nourriture pour leurs enfants.

Ces paroles déplurent au loup, mais la girafe poursuivit avec véhémence :

— La situation dans la forêt est catastrophique dans tous les domaines. Vous souffrez d'indigestion et nous mourons de faim. A partir d'aujourd'hui, nous ne pouvons plus accepter cette situation.

Les animaux révoltés se mirent à approuver de leurs clameurs la girafe qui les conduisait. Le loup tendit la tête en avant et cria :

— Partez, je ne veux pas entendre ces mots, allez, partez!

— Nous ne partirons pas! répondit la girafe avec beaucoup de détermination.

Alors le loup leva la tête et poussa un long hurlement : aussitôt apparurent des dizaines de chiens bien entraînés qui se mirent à regarder les animaux d'un air menaçant. La vue de ces chiens aurait autrefois suffi à semer la frayeur dans le cœur des habitants de la forêt, mais, cette fois-ci, ils continuèrent à leur faire face sans bouger. L'âne s'en étonna :

— Ils n'ont pas peur de ces féroces chiens de garde. Mon Dieu, que s'est-il passé dans la forêt?

La girafe reprit :

— Cher Loup, il faut que vous et vos collègues compreniez que nous n'avons plus peur de vous. Nous ne craignons plus rien et nous n'avons pas peur de mourir. Ou bien vous nous accordez nos droits, ou bien nous serons obligés de vous combattre.

Les chiens de garde s'avancèrent et se placèrent en demi-cercle en position de combat, prêts à attaquer. Ils avaient la bouche ouverte, laissant voir leurs crocs acérés et menaçants. Leur aspect était véritablement effrayant, mais la girafe leur dit sans trembler :

— Vous, les chiens de garde, votre cas est étrange. Vous nous combattez pour protéger l'éléphant et ses collaborateurs, alors que vous êtes des nôtres et pas des leurs. Comme nous, vous souffrez de l'oppression et de la pauvreté. Vos droits sont spoliés comme les nôtres. Pourquoi soutenez-vous contre nous l'éléphant oppresseur ? Il vous emploie et lorsqu'il n'aura plus besoin de vous, il vous jettera au milieu de la route.

Certains chiens eurent l'air d'hésiter. La girafe et tous les animaux derrière elle s'empressèrent d'attaquer. Les chiens entrèrent dans le combat avec férocité. Beaucoup de sang coula et des morts tombèrent des deux côtés. Etrangement, un grand nombre de chiens, ébranlés par les propos de la girafe, ne participèrent pas au combat, ce qui permit aux animaux de vaincre les autres. Lorsque le renard comprit que la défaite était assurée, il s'enfuit sans laisser de trace. Le loup qui était resté prostré par terre s'élança tout à coup sur la girafe et la mordit à la poitrine de ses crocs puissants, mais, malgré la violente douleur et son sang qui coulait abondamment, elle fit un effort sur elle-même, se concentra puis elle asséna, sur la tête du loup, un solide coup de pied qui lui brisa aussitôt le crâne. Quant à l'âne et au cochon que leur stupidité rendait incapables d'agir, les animaux se ruèrent sur eux et en vinrent rapidement à bout. C'est ainsi que les animaux révoltés se trouvèrent face à face avec le roi éléphant et Daghfal, son éléphanteau de fils. La girafe s'approcha d'eux et leur dit :

— Nous allons vous traiter honorablement, parce que vous avez été, un jour, un bon éléphant. Nous vous laisserons partir en paix avec votre fils Daghfal, le petit éléphant. Partez maintenant et ne revenez plus jamais dans cette forêt. Toutes les avanies que nous avons subies sous votre règne corrompu et oppressif… cela suffit comme ça !

Le vieil éléphant secoua la tête et releva laborieusement sa trompe avec un semblant de gratitude.

La girafe se tourna vers les animaux et leur cria :

— Chers animaux, l'ère de l'oppression est finie et ne reviendra plus.

Les voix des animaux s'élevèrent dans un vacarme qui exprimait avec enthousiasme leur joie d'être libres.

La démocratie est la solution.

UN DÎNER IMPROMPTU
AVEC UNE PERSONNALITÉ IMPORTANTE

Un ami m'invita un jour à dîner dans un restaurant connu de Zamalek, qui se trouve dans un bateau sur le Nil. Je m'assis avec mon ami à la table qui nous était réservée.

Le garçon s'empressa de venir nous demander si nous souhaitions boire quelque chose avant de manger. Mon ami demanda un jus de citron, moi une bière glacée sans alcool, et nous échangeâmes quelques mots. Mais bientôt je lus la surprise sur son visage. Il se rapprocha de moi et me chuchota :

— Nous avons de la chance. Savez-vous qui est ici?

— Qui?

— Gamal Moubarak!

Je tournai lentement la tête pour le voir. Mon ami remarqua que j'étais impressionné par cette coïncidence. Il me dit :

— Voulez-vous vous mettre à ma place pour mieux le voir?

L'offre était tentante. Je m'assis donc à sa place et je vis Gamal Moubarak, assis avec sa femme Khadija. Il portait un blazer bleu marine et une chemise blanche sans cravate, tandis que sa femme était vêtue d'une élégante robe bleue. Je fus étonné de ne pas voir de gardes du corps autour d'eux. Je ne pouvais pas distinguer le plat que mangeait Khadija, mais Gamal, lui, attaquait avec appétit une pizza napolitaine.

Je me mis à les observer pendant quelques minutes puis, à ma grande surprise, Gamal Moubarak me regarda et me sourit. Je secouai la tête pour le saluer et il fit un geste de la main pour me demander d'approcher. Je m'excusai auprès de mon ami et me dirigeai vers la table de Gamal, mais un homme qui avait l'air féroce me coupa la route de son corps volumineux. Je remarquai qu'un énorme tromblon était accroché sous sa veste. Gamal lui dit quelque chose que je n'entendis pas et il recula pour me laisser passer. Gamal Moubarak sourit et me dit :
— Je suis heureux de cette occasion.
— Je le suis encore plus.
— Savez-vous que Khadija et moi, nous sommes de vos lecteurs.
— C'est un honneur pour moi.
Le garçon arriva et je lui demandai un demi-poulet grillé et des pommes frites, avec une autre bouteille de bière glacée et sans alcool. Je demandai à Gamal des nouvelles de la santé du président Moubarak et il me répondit à voix basse :
— Dieu soit loué.
Nous parlâmes ensuite du restaurant et nous exprimâmes tous les trois notre admiration pour le talent de son propriétaire libanais. Mais je luttais contre une impérieuse pulsion interne qui finit par l'emporter :
— Monsieur Gamal, je vous remercie pour votre amabilité et votre générosité, mais il y a une chose que je voudrais vous dire et je crains que cela ne gâche cette agréable rencontre.
— Parlez en toute franchise.
— La situation en Egypte est extrêmement mauvaise. Nous sommes arrivés au fond d'un gouffre.
Il me regarda avec intérêt et me répondit :
— C'est vrai, nous avons de nombreux problèmes. Mais c'est le prix à payer pour le développement.

— Où est ce développement?
— Le gouvernement a réalisé, au cours de ces dernières années, des taux de développement encore jamais atteints
— Avec tout mon respect, où est le développement dont nous parlons, alors que la moitié des Egyptiens vivent au-dessous du seuil de pauvreté? N'avez-vous pas entendu parler des jeunes qui se suicident à cause de la pauvreté et du chômage?
— Nous avons des études détaillées sur tous ces problèmes à la commission des politiques du parti.
— Monsieur Gamal, presque tout ce que vous racontent ceux qui vous entourent dans cette commission est faux. Ce sont des opportunistes qui vous poussent, dans leur intérêt, à hériter du pouvoir.
Gamal Moubarak resta silencieux, l'air pensif :
— Qu'entendez-vous par hériter du pouvoir?
— Hériter du pouvoir du président Moubarak
— N'ai-je pas le droit de faire de la politique comme n'importe quel citoyen? Si je me présente à la présidence et si je gagne les élections, cela sera-t-il un héritage?
— Vous savez bien que les élections en Egypte ne sont qu'une apparence, qu'elles sont falsifiées. Serez-vous fier de parvenir à la présidence par la répression et la fraude?
— Dans le monde entier, les élections ne sont pas exemptes d'irrégularités. Je pense aussi que vous exagérez sur cette question de répression.
— Monsieur Gamal, vivez-vous dans le même pays que nous? Il y a une différence entre des irrégularités et la fraude organisée qui se produit en Egypte. Quant à la répression, il suffit de se connecter à Internet pour lire les récits affligeants des arrestations, des tortures et de la répression dont sont victimes les Egyptiens. Avez-vous entendu parler de Khaled Saïd qui a été tué par la police à Alexandrie?

Khadija intervint alors :

— J'ai été très peinée pour ce jeune homme.

Gamal me dit :

— J'ai fait une déclaration dans laquelle j'ai demandé que l'affaire soit portée en justice.

— A quoi sert cette déclaration ? Ce qu'il faut, c'est abroger l'état d'exception à l'abri duquel on torture des milliers d'Egyptiens.

Gamal mit sa fourchette et son couteau à côté de son assiette et but une gorgée du jus d'orange qui était posé devant lui. Et soudain il dit d'un ton brusque :

— Il est facile de parler, mais difficile d'agir. Votre métier, c'est d'écrire des histoires et des articles, mais moi, je travaille douze heures par jour depuis des années pour réformer le pays.

Son changement de ton me déplut, et je décidai de continuer jusqu'au bout :

— D'abord, l'écriture est un métier très difficile. Ensuite, même si vous déployez de grands efforts, ce qui importe, c'est le résultat de ces efforts. Ecoutez, Monsieur Gamal, quelle est exactement votre fonction ?

— Je suis secrétaire de la commission des politiques du Parti national démocratique.

— Auriez-vous obtenu ce poste si vous n'étiez pas le fils du Président ?

Il me regarda avec une franche colère et je sentis, pour la première fois, qu'il regrettait de m'avoir fait asseoir à sa table. Khadija regarda son mari en souriant pour faire baisser la tension, ce qui ne l'empêcha pas de hausser le ton :

— C'est votre droit, bien sûr, de penser que nous ne faisons rien de bon à la commission des politiques du parti, mais, grâce à Dieu, nombreux sont ceux qui l'apprécient, en Egypte et à l'extérieur.

— De quelle appréciation parlez-vous ? Les rédacteurs en chef des journaux du gouvernement vous louent, parce que c'est vous qui êtes leur dispensateur de faveurs. Les pauvres, qui se massent pour vous recevoir dans vos tournées, ont été rassemblés par le parti et les services de sécurité. Quant à la presse mondiale, elle est pleine de critiques sérieuses à l'idée d'un pouvoir héréditaire. Avez-vous lu ce qu'a écrit l'an dernier Joseph Mayton dans le *Guardian*?

— Je l'ai lu.

Khadija demanda :

— Qu'a-t-il écrit?

Gamal Moubarak se retourna vers elle :

— Joseph Mayton a écrit que je n'étais absolument pas capable d'être Président et que j'incarnais tout ce qui allait mal en Egypte. Bon, c'est son opinion. Il y a de nombreux journaux dans le monde qui écrivent sur moi des choses justes.

— Malheureusement, la plupart des journaux qui vous célèbrent sont des journaux israéliens. Vous êtes-vous demandé pourquoi? La longue louange qu'a publiée sur vous, cette semaine, le journal israélien *Maarev* mérite d'être considérée avec attention.

— Que voulez-vous dire?

— Pensez-vous qu'Israël souhaite du bien à l'Egypte?

Khadija intervint spontanément :

— Non, bien sûr.

Gamal Moubarak réfléchit un peu :

— Supposons qu'Israël ait toujours de mauvaises intentions à l'égard de l'Egypte... que voulez-vous dire?

— Cette insistance israélienne pour que vous héritiez du pouvoir reflète la crainte que fait naître en Israël l'idée d'une démocratisation de l'Egypte. Ils savent très bien que l'Egypte a la possibilité d'être un grand pays et que, si elle devenait démocratique, elle se développerait et, avec elle, le monde arabe.

Gamal soupira et, faisant signe de se lever, me dit :
— Quoi qu'il en soit, j'ai été enchanté !
— Avant que vous ne partiez, j'ai une dernière question.
— Rapidement, s'il vous plaît.
— Aimez-vous l'Egypte, Monsieur Gamal ?
— Bien sûr !
— Alors, l'amour de l'Egypte vous impose de faire passer son intérêt avant le vôtre. Je voudrais que vous me promettiez maintenant d'abandonner définitivement l'idée d'hériter du pouvoir, et que vous me promettiez de travailler avec les Egyptiens en faveur de la réforme démocratique.

Gamal Moubarak me regarda et ses lèvres se mirent à bouger, mais sa voix s'interrompit soudain et j'entendis une sonnerie continue. Puis une lumière aveuglante éclaira l'endroit. J'ouvris difficilement les yeux et je trouvai devant moi ma femme qui, comme d'habitude, lorsqu'elle me réveillait le matin, tenait un pot de miel. Elle me dit bonjour en souriant, puis ajouta :
— Qui était ce Monsieur Gamal à qui tu parlais en dormant ?
— Gamal Moubarak. Nous nous sommes mis d'accord pour soutenir la démocratie.

Ma femme éclata de rire :
— Gamal Moubarak a-t-il une seule fois aidé la démocratie ? Réveille-toi et ouvre la bouche.

J'ouvris la bouche et avalai une grande cuillerée de miel.

La démocratie est la solution.

QUELQUES RÉFLEXIONS AUTOUR DE LA SANTÉ DE M. LE PRÉSIDENT

Dans les années quatre-vingt, je préparais aux Etats-Unis mon magistère en médecine dentaire. En même temps, j'étais interne à l'hôpital de l'université de l'Illinois, à Chicago. Les malades qui fréquentaient cet hôpital étaient des Américains pauvres, la plupart de couleur. Chaque malade avait un dossier médical précis sur lequel étaient consignés son histoire médicale, son état de santé et les résultats de ses analyses. La première chose que nous apprenions, en tant que médecins, était que ce dossier était confidentiel et que personne ne pouvait y avoir accès, sans la permission de son titulaire.

L'état de santé de n'importe quelle personne est considéré aux Etats-Unis comme un secret personnel protégé par la loi. A la même époque, le président des Etats-Unis, Ronald Reagan, eut un brusque ennui de santé à la suite duquel il fut transporté à l'hôpital où on l'opéra, en urgence, pour lui extraire une petite tumeur intestinale. Dès le premier jour, furent rendus publics tous les détails concernant le malade, le type de chirurgie auquel il avait été soumis ainsi que les possibles effets secondaires.

De plus, la télévision américaine invita un groupe de médecins et les interrogea sur l'influence que les médicaments prescrits au Président pouvaient avoir sur sa capacité de concentration intellectuelle et sur son état psychologique. Le plus surprenant, c'est que les médecins confirmèrent que ces médicaments allaient le rendre incapable de prendre des décisions pendant une période de trois semaines, après laquelle il retrouverait son état normal. J'avoue que je trouvai là un étrange paradoxe : il est impossible à qui que ce soit d'être informé, sans son autorisation, de l'état de santé d'un simple citoyen américain pauvre qui fréquente l'hôpital universitaire, alors que, lorsque le chef de l'Etat tombe malade, le peuple américain a le droit de tout savoir sur sa maladie, sur les remèdes qu'il prend, etc.

Cette notion est un des principes de base d'un régime démocratique.

Le citoyen ordinaire n'occupe pas un emploi public et, par conséquent, sa santé ou sa maladie ne concernent personne d'autre que lui, et sa vie privée est protégée par la loi. Quant au chef de l'Etat, c'est un fonctionnaire public, élu par les citoyens pour remplir une mission donnée, pendant une période précise. A n'importe quel instant, ces citoyens peuvent lui ôter leur confiance et lui faire immédiatement perdre son poste. Dans un régime démocratique, le président est le serviteur du peuple au plein sens du terme : dès qu'il prend ses fonctions, il perd son statut de personne privée et sa vie est entièrement mise à nu.

L'opinion publique a le droit de connaître les plus infimes détails de son existence, à commencer par la source et le montant de sa fortune, ses relations sentimentales, et même son état de santé, les maladies dont il souffre, car les décisions que prend le Président affectent le destin de millions de gens et la moindre faille dans son raisonnement, le moindre trouble dans son état personnel peut conduire à une catastrophe dont la nation et les citoyens tous ensemble paieront le prix.

Je me suis souvenu de tout cela en observant le bruit que provoque maintenant en Egypte la santé du président Moubarak. De nombreux journaux étrangers ont publié des informations signalant que son état de santé se dégradait. Pour réagir à ces articles, le chef de l'Etat est apparu plusieurs fois en public, à l'occasion de manifestations officielles, et le gouvernement égyptien a lancé une contre-offensive au cours de laquelle, niant totalement la maladie du Président, ses responsables proclamèrent qu'il était en excellente santé. Ils ajoutèrent même, qu'à plus de quatre-vingt-deux ans, ses collaborateurs s'essoufflaient à le suivre et que sa vitalité était telle qu'ils étaient souvent incapables de l'accompagner dans ses nombreuses activités. Les articles de la presse occidentale sur la maladie du président Moubarak n'en continuèrent pas moins à se multiplier. Instruction fut donc donnée aux rédacteurs en chef des journaux gouvernementaux d'organiser une campagne de presse tous azimuts pour assurer que l'état de santé du chef d'Etat était excellent et pour attaquer avec force les allégations occidentales – preuve formelle d'un complot sioniste colonialiste dans le but de faire douter l'Egypte de l'état de santé de son Président.

Nous souhaitons, bien sûr, au président Moubarak, comme à tout le monde, une excellente santé et une longue vie. Mais la question que nous nous posons est la suivante : au lieu de ces campagnes de presse et de ces accusations de complot lancées contre la presse mondiale, pourquoi le gouvernement égyptien n'a-t-il pas recours à des moyens objectifs pour informer, d'une façon convaincante, sur l'état de santé du chef de l'Etat? La différence entre ce qui s'est passé au sujet de la maladie du président américain et ce qui s'est passé au sujet de la maladie du président Moubarak, c'est exactement la différence qui existe entre un régime démocratique et un régime dictatorial. Dans un régime démocratique, on considère que le chef de l'Etat reste une personne ordinaire qui peut tout à fait être atteinte de maladie, comme les autres créatures de Dieu et cela n'est pas une gêne pour lui, cela ne diminue absolument pas son prestige.

Dans un régime dictatorial, en revanche, le chef d'Etat n'est pas présenté aux gens comme une personne ordinaire, mais comme un guide inspiré, un chef sans égal pour sa sagesse et son courage, un personnage légendaire, comme il y en a eu peu dans l'histoire de la nation. Il en découle que la maladie, avec tout ce qu'elle suggère de douleur, de souffrance et de faiblesse humaine, ne cadre pas avec l'image d'un président légendaire situé au-dessus des communs mortels. Dans un régime démocratique, la maladie du Président peut faire naître de l'inquiétude pour le futur de ce dernier, mais pas pour celui de la nation. Si le Président se retire, le régime démocratique donne aux citoyens la possibilité de choisir, en toute simplicité, qui lui succédera. Mais dans un régime dictatorial, le futur de la nation et des citoyens est entre les mains du seul Président et, par conséquent, sa maladie représente un véritable danger pour la cohésion et le salut de la nation. En effet, si la maladie éloigne du pouvoir la personne du Président, le pays tout entier entre dans un périple inconnu, dont personne ne connaît la durée ni les conséquences. Une autre différence importante est que le Président élu démocratiquement sait en permanence qu'il doit sa position au peuple qui l'a choisi au cours d'élections libres. Ceux qui l'ont mis à ce poste ont donc le droit de connaître son état de santé pour vérifier s'il est capable d'accomplir sa mission avec compétence.

Mais en Egypte, le Président accède au pouvoir à travers des référendums ou des élections de pure forme et il le conserve par la force, si bien qu'il ne se sent pas redevable au peuple de son poste. Au contraire, les scribes du régime et les responsables hypocrites affirment que c'est le Président qui, en sacrifiant sa tranquillité pour eux, accorde une grande faveur aux Egyptiens. C'est donc à eux qu'il revient de s'efforcer de montrer qu'ils méritent leur grand Président. Dans cette position inversée, les Egyptiens n'ont le droit de connaître à son sujet que ce que lui-même veut bien leur faire savoir, et selon ce que sa Seigneurie estime convenir au peuple. Il suffit que le Président nous assure qu'il va bien pour que nous remerciions Dieu et nous abstenions de prononcer un seul mot à ce propos par la suite. Les responsables considèrent que poser avec insistance la question de la santé du Président est une bévue qui tient de l'impertinence et de la mauvaise éducation, mais qui peut également dévoiler que l'on est un traître travaillant pour des services étrangers hostiles.

Il y a deux ans, dans des conditions semblables, le grand journaliste Ibrahim Issa écrivit plusieurs articles dans lesquels il s'interrogeait sur le bien-fondé des rumeurs selon lesquelles le Président était malade. Ces articles furent considérés comme des crimes contre la nation. Ibrahim Issa fut traduit devant un tribunal qui le condamna à une peine de prison et il fallut une grâce présidentielle pour lui éviter ce sort. Le message était clair : "Attention à ne pas parler plus qu'il ne le faut de la maladie du Président, car cela pourrait le fâcher et si le Président se fâche contre toi, c'est un sort terrible qui t'attend. Seul son pardon peut te sauver de sa colère parce que sa volonté en Egypte est au-dessus de la loi, et même parce que, en réalité, c'est elle la loi."

La réaction du régime à ce qu'a publié la presse internationale sur le thème la santé du président Moubarak révèle une véritable crise dans le concept de pouvoir en Egypte. Une fois de plus, le régime confirme qu'il ne considère pas les Egyptiens comme des citoyens, mais comme des sujets qui n'auront jamais le droit de choisir librement celui qui les gouvernera et n'ont donc absolument pas le droit de savoir si le Président est malade ni s'il a l'intention de rester à son poste ou de se retirer, ni même ce qui arrivera s'il abandonne son poste pour une raison ou pour une autre. Le peuple égyptien, du point de vue du régime dictatorial, n'est capable ni de choisir ni de questionner, ni de savoir. Cette dénaturation du concept de pouvoir tient moins à la personnalité de celui qui dirige qu'à la nature du régime en place. Lorsque les Egyptiens auront arraché leur droit naturel à choisir qui les dirigera, alors et alors seulement, le dirigeant passera du statut de chef légendaire irremplaçable à celui de simple fonctionnaire au service du peuple. Les Egyptiens auront alors le droit de connaître avec précision et clarté son état de santé. Ce jour-là, l'Egypte renaîtra et l'avenir commencera.

La démocratie est la solution.

POURQUOI LES ÉGYPTIENS NE PARTICIPENT-ILS PAS AUX ÉLECTIONS?

Lorsque, en 1919, les Egyptiens se sont soulevés contre l'occupation britannique, Saad Zaghloul se rendit à Paris pour exposer les revendications de la nation égyptienne devant la conférence de paix réunie à la suite de la Première guerre mondiale. Le gouvernement anglais manœuvra alors habilement en envoyant en Egypte une commission d'enquête présidée par Lord Milner, le ministre des colonies. Les Egyptiens se rendirent immédiatement compte qu'il s'agissait d'un stratagème. Ils comprirent que toute coopération avec la commission Milner détruirait la crédibilité de Saad Zaghloul en tant que dirigeant mandaté par le peuple égyptien.

A son arrivée au Caire, la commission Milner fut accueillie par un boycott total. Aucun homme politique égyptien n'accepta de coopérer avec elle, à tel point que Mohamed Saad Pacha, alors président du Conseil des ministres, démissionna de ses fonctions pour ne pas être contraint d'avoir à traiter avec le responsable britannique. On raconte qu'un jour Lord Milner s'était perdu dans les rues du Caire. Son chauffeur avait voulu demander son chemin à un passant et celui-ci lui avait répondu : "Dis à ton patron de le demander à Saad Pacha, à Paris."

Le résultat de cette unanimité fut l'échec de la commission Milner. Le gouvernement britannique fut obligé de se soumettre à la volonté égyptienne et de négocier directement avec Saad Zaghloul.

A chaque page, sans exception, de l'histoire de l'Egypte nous retrouvons, chez le peuple égyptien, cette conscience politique aiguë. Les intellectuels et les politiciens analysent tout à partir de théories et d'idées préconçues. Ils parlent beaucoup, se lancent dans des controverses inextricables et ne tombent jamais d'accord, tandis que les gens ordinaires, même s'ils sont moins instruits, jouissent souvent d'un instinct politique sain qui leur permet de se faire avec sagacité une opinion perspicace et d'adopter avec une incroyable simplicité la position juste.

Quarante ans après le décès de Gamal Abd el Nasser, nous continuons à discuter de ses fautes et de ses réalisations, mais le peuple égyptien s'est exprimé au moment de sa mort, lorsque des millions de personnes sont descendues dans la rue pour l'accompagner à sa dernière demeure.

Ces gens simples qui fondaient en larmes de tristesse, comme des enfants, avaient tout à fait conscience de ses fautes. Ils savaient bien que leur chef défunt était à l'origine d'une cruelle défaite de l'Egypte et de la nation arabe, mais ils se rendaient compte également que c'était un grand dirigeant, d'une fidélité rare à ses principes, et qui avait mis tous ses efforts et toute sa vie au service de sa nation. Au moment où nous autres intellectuels, nous hésitons face à la multiplicité des options, il nous revient d'être toujours à l'écoute de l'opinion du peuple.

Les gens du peuple ne sont pas, comme le prétendent les dirigeants égyptiens, une populace qui ne sait pas où se trouve son intérêt. Ils sont au contraire dotés d'une boussole infaillible qui les guide vers la position juste. Si nous avons souffert de voir de nombreux intellectuels se détourner de la ligne nationale et se transformer en soutiens et propagandistes du régime dictatorial, il nous faut bien prendre conscience de ce que la chute des intellectuels commence toujours par leur mépris du peuple.

Nous ne pouvons pas comprendre notre pays sans comprendre le peuple et nous ne pouvons pas comprendre le peuple, si nous ne respectons pas ses capacités et ses idées, si nous n'écoutons pas l'opinion des gens et leurs préférences. Nous ne pouvons pas comprendre le peuple, si nous le considérons comme composé d'individus à la compréhension et aux qualifications déficientes et non pas de personnes jouissant d'une expérience de la vie dont nous devons tirer un enseignement.

Dans quelques semaines, vont avoir lieu des élections à l'assemblée du peuple auxquelles le régime a exclu d'accorder la moindre garantie d'honnêteté. Il a refusé de lever l'état d'exception, il a refusé de réviser les listes électorales pour en enlever les noms des personnes décédées (qui votent toujours pour le parti au pouvoir), il a refusé le contrôle judiciaire et même le contrôle international. Toutes les indications se recoupent pour signaler que le prochain scrutin sera aussi frauduleux que les précédents.

Dans de telles conditions, le peuple égyptien a depuis longtemps fait le choix de boycotter les élections. Malgré les tentatives désespérées du régime, le taux de participation n'a jamais dépassé 10 % des électeurs. Ne faut-il donc pas se demander pourquoi les Egyptiens ne vont pas voter?

Ce boycott n'est en rien un comportement négatif, comme le répètent hypocritement les scribes du régime. C'est au contraire une position lucide, efficace et juste. Du moment que les élections sont truquées et qu'il est impossible d'empêcher la fraude, le boycott devient le choix approprié, qui interdit au régime de prétendre représenter le peuple qu'il gouverne.

Nous pouvons donc comprendre l'insistance avec laquelle les autorités font pression sur les Egyptiens pour qu'ils participent au prochain scrutin. La pièce est déjà écrite et mise en scène, la distribution des rôles est complètement terminée. Il ne leur manque plus que les figurants pour commencer la représentation. Le peuple égyptien n'a absolument pas une attitude négative. Au contraire, il agit sagement, fort d'une expérience acquise au cours de longs siècles. La preuve en est dans son attachement à participer à toutes les élections respectables.

L'an dernier, lorsque je suis allé voter au club sportif dont je suis membre, j'ai trouvé une multitude de gens qui avaient pris un jour de congé pour venir faire une longue queue afin de pouvoir choisir les membres du nouveau conseil d'administration. L'idée m'est venue de demander à ceux des membres que je connaissais s'ils participaient aux élections parlementaires ou présidentielles.

La plupart de ceux que j'interrogeais me dévisageaient d'un air moqueur et confirmaient qu'ils ne participaient jamais aux élections organisées par le gouvernement, parce qu'elles étaient truquées. Certains ajoutaient qu'ils n'avaient d'ailleurs pas de carte électorale. La réalité en Egypte est aussi claire que le soleil. Un régime dictatorial, oppressif et incapable, a monopolisé le pouvoir pendant trente ans par la répression et par la fraude et il a, dans tous les domaines, conduit le pays à la décadence. Ce régime appelle les citoyens à participer à des élections truquées pour se conférer une légitimité formelle et factice.

Le boycott des prochaines élections est donc la position correcte. Les Egyptiens ordinaires boycotteront les élections, car ils ne sont pas en quête de places, ne rêvent pas de devenir députés, ne craignent pas de perdre leurs investissements et n'ont aucune relation amicale avec les services de sécurité.

Cela fait des semaines qu'on lit dans les journaux des débats tournant autour du boycott ou de la participation aux élections, alors que la seule question est de savoir s'il existe la plus petite garantie que de véritables élections auront lieu. Le régime s'est-il engagé à ce qu'il n'y ait pas de fraude? Même s'il s'y était engagé, est-ce que le régime a une seule fois respecté ses engagements? Quel intérêt cela aurait-il pour un parti de participer aux élections tout en sachant, à l'avance, qu'elles seront truquées? Certains disent qu'ils le feront pour démasquer le régime, mais celui-ci a-t-il besoin de l'être une fois de plus?

Et puis, que sont ces partis? Qu'ont-ils fait depuis des décennies pour les millions de pauvres? Qu'ont fait les partis pour interdire la torture, la répression et la corruption? Absolument rien. La plupart sont des marionnettes dont le régime tire les ficelles. Plusieurs de leurs dirigeants travaillent en totale coopération avec les services de sécurité. D'autres sont tellement appréciés par le régime (auquel ils prétendent s'opposer) que certains de leurs membres sont nommés au conseil consultatif. Quelle valeur peut-on donc accorder à leurs prises de position s'ils participent à des élections frauduleuses, en échange d'un ou deux sièges dans une assemblée qui a perdu toute légitimité?

Dans ces conditions, il est vraiment regrettable que la confrérie des Frères musulmans ait fait, elle aussi, ce choix douteux. Il semble que le destin des Frères soit de ne jamais rien apprendre de leurs erreurs. Tous ceux qui ont étudié leur histoire sont étonnés par l'écart énorme entre leurs positions nationales contre l'occupation étrangère et leur attitude face à la dictature.

Les Frères ont joué un remarquable rôle de leader dans la guerre de Palestine, en 1948, et ont donné un magnifique exemple de sacrifice et de courage en conduisant la résistance contre les Anglais dans les villes du canal, en 1951. Mais, d'une façon tout à fait regrettable, les mêmes ont, la plupart du temps, pris sur le plan intérieur des positions qui faisaient passer l'intérêt de la confrérie avant celui de la nation. Ils se sont rangés sans aucune exception derrière la dictature. Ils ont aidé le roi Farouk et Ismaïl Sidqi, le bourreau du peuple; ils ont soutenu Abd el Nasser quand celui-ci a supprimé la vie parlementaire; ils ont aidé Anouar el Sadate et fermé les yeux sur ses mesures répressives et, au sujet de la transmission héréditaire du pouvoir par le président Moubarak à son fils Gamal, certains d'entre eux ont laissé échapper des déclarations très souples et très inconsistantes que l'on peut lire de gauche à droite ou de droite à gauche.

Si les Frères musulmans participent aux prochaines élections, ils accorderont à ce régime oppresseur une légitimité factice dont il a le plus urgent besoin, et ils joueront dans la pièce un rôle de comparse dont l'ensemble des Egyptiens paieront le prix.

Celui qui appelle à la participation à des élections frauduleuses est soit un idiot qui ne comprend pas ce qui se passe autour de lui, soit quelqu'un qui cherche à obtenir une place à n'importe quel prix, soit un agent du régime qui exécute ses instructions. Le boycott des prochaines élections est la position saine qu'a adoptée le peuple égyptien, et, par conséquent, tous ceux qui iront voter seront en contradiction avec la volonté du peuple.

Lorsque de véritables élections auront lieu en Egypte, nous y participerons tous. Mais maintenant, laissons-les jouer tous seuls leur pièce stupide et ennuyeuse... sans figurants.

La démocratie est la solution.

# DEUXIÈME PARTIE

LE PEUPLE ET LA JUSTICE SOCIALE

NOTRE CONSEIL AU BOUCHER

Ma famille possédait, rue Al Mawarid, à Sayyeda Zeinab, un appartement inoccupé où je logeais à l'époque des examens universitaires pour pouvoir me concentrer sur mes révisions. J'ai assisté là à d'admirables scènes de la vie populaire égyptienne.

Devant chez nous, au premier étage d'une vieille maison délabrée, habitait un boucher que l'on appelait le *maallem** Jalal. Il était énorme, extrêmement laid et totalement assujetti à l'alcool dont il éclusait, chaque soir, la pire sorte et la plus dévastatrice. Lorsqu'il était saoul, c'était un taureau déchaîné. Dès qu'il rentrait chez lui, peu avant l'aube, les gens de la rue étaient réveillés par les hurlements de sa femme qui appelait au secours, parce qu'il la rouait de coups. Certains habitants dont je faisais partie avaient pitié de la pauvre femme et allaient sur le trottoir d'en face, d'où ils pouvaient voir la chambre du *maallem* Jalal et là, ils lui criaient de bons conseils :

— Eloigne le diable, *maallem*!
— Allez, réconciliez-vous!

Le père Aoud El Allaf était à la tête de cette mission de bons offices. C'était un homme maigre de plus de soixante-dix ans, mais doué d'une grande

---

* Le *maallem*, c'est, étymologiquement, celui qui enseigne. En Egypte, ce titre s'applique principalement aux artisans.

sagesse et d'un grand courage. Un soir, Jalal se disputa comme d'habitude avec sa femme, mais ce jour-là, la dispute prit un autre tour : il sortit tout à coup un grand couteau dont la lame brillante nous remplit de frayeur, nous qui étions sur le trottoir d'en face pour voir ce qui se passait et rétablir le calme. Les hurlements de la femme déchiraient le calme de la nuit :

— Au secours, il va m'égorger!

Et le boucher lui répondait d'une voix rauque qui ressemblait à un mugissement :

— Je vais t'achever. Fais ta prière.

Lorsque la situation en fut à ce point, Aoud El Allaf et nous tous derrière lui, nous mîmes à courir jusqu'à l'appartement du boucher et frappâmes à grands coups contre la porte jusqu'à ce qu'il nous ouvre. Nous nous précipitâmes à l'intérieur, mîmes sa femme à l'abri en faisant un cercle autour d'elle, puis nous lui arrachâmes son couteau et entreprîmes de le calmer. Nous ne partîmes pas avant d'avoir fait la paix entre eux.

Le lendemain, le boucher alla faire des reproches à Aoud :

— Tu trouves ça bien, toi, de te mêler de ce qui se passe entre un mari et sa femme?

— Oui, c'est bien, si celui-ci était sur le point de la tuer, répliqua immédiatement Aoud.

— Et même si je l'avais tuée... c'est ma femme, mon vieux. J'ai le droit de lui faire ce que je veux.

— Bien sûr que non. Tu la tues... et tu dis que c'est ton droit?

— Je ne permets à personne de se mêler de ce qui se passe chez moi.

Aoud regarda alors le boucher bien en face, puis lui dit calmement :

— Si tu ne veux pas qu'on se mêle de ce qui se passe chez toi, conduis-toi d'une façon respectable.

Je me suis rappelé cet incident en suivant l'affaire du docteur Aiman Abd El Nour – que je ne connais pas personnellement et avec lequel je ne suis pas d'accord sur de nombreux sujets, mais dont je défends les droits de citoyen. Le gouvernement l'avait autorisé à fonder un parti, le Ghad*, dont le premier acte politique fut de demander qu'ait lieu une réforme constitutionnelle et que le président de la République soit choisi parmi plusieurs candidats. Il se passa alors quelque chose de mystérieux et la position du gouvernement à son égard changea du tout au tout. En dix minutes, son immunité parlementaire lui fut enlevée, il fut emprisonné, battu, humilié, on menaça sa femme, si elle prenait sa défense, de lui coller une affaire de mœurs. Les journaux gouvernementaux découvrirent tout à coup qu'Aiman Nour était le plus mauvais citoyen d'Egypte et du monde arabe et il n'y eut point vice qu'on ne le lui attribuât. Les scribes hypocrites du régime assurèrent même qu'il n'avait obtenu son doctorat que par la fraude!

Quel est le secret de ce retournement? Le gouvernement affirme qu'il met Aiman Nour en jugement parce qu'il a présenté des mandats falsifiés pour pouvoir fonder son parti. Mais cet argument ne convaincrait même pas un jeune enfant. Le président d'un parti n'est pas un expert en écritures apte à découvrir à l'œil nu si le tampon qu'il y a sur le mandat est falsifié ou authentique. Par ailleurs un parti, suivant la loi, a besoin de cinquante mandats pour présenter sa demande de légalisation. Or Aiman Nour en avait obtenu cinq mille, c'est dire qu'il n'avait pas besoin de frauder. La vérité, c'est que les services de sécurité ont glissé quelques mandats frauduleux parmi ceux d'Aiman Nour de

---

* Le Ghad ou le parti du lendemain.

façon à pouvoir les utiliser pour le faire condamner en cas de besoin. Il s'agit donc d'un procès politique inique, forgé de toutes pièces, et dont il est impossible de soutenir la légalité. Naturellement, la presse occidentale s'est emparée de l'affaire comme d'un exemple de la façon dont le régime égyptien réprime ses opposants politiques. Les responsables égyptiens sont alors entrés en effervescence, ils se sont agités dans tous les sens et ont proclamé leur refus total de l'ingérence étrangère. J'ai à ce propos quelques observations à faire :

Premièrement : tous les citoyens égyptiens refusent l'ingérence étrangère dans les affaires de leur pays, quelle qu'en soit la cause. Mais il est vraiment étonnant que le régime égyptien refuse l'ingérence étrangère seulement lorsqu'il s'agit de la répression. Car, dans tous les autres domaines, il l'accueille à bras ouverts et même la recherche. Dans le domaine économique et en politique extérieure, le régime égyptien a intégralement exécuté les instructions américaines. De grands responsables ont même exprimé, à plus d'une reprise, leur compassion pour l'armée américaine qui voyait ses pertes augmenter en Irak et ils ont ouvertement donné des conseils pour minimiser ces pertes. De la même façon, le gouvernement égyptien a fait savoir qu'il était prêt à entraîner des membres de la police irakienne – pour frapper la résistance, bien sûr. Que faisaient-ils alors de leur dignité ? L'Egypte a exécuté sans protester toutes les impudentes demandes américaines, comme l'extradition de l'espion israélien Azzam, le retour de l'ambassadeur égyptien en Israël, ou les accords commerciaux QIZ* avec Israël et les Etats-Unis. Les responsables égyptiens n'éprouvent pas la

---

* Les accords QIZ (Qualifiyin Industrial Zones) prévoient que les produits industriels de certaines zones géographiques, en

moindre honte face à une ingérence étrangère dans leurs affaires, au contraire, ils la recherchent et se vantent de leurs relations privilégiées avec l'Amérique. Ils accusent ceux qui réclament une indépendance de la volonté nationale d'être des esprits butés, des survivants de l'époque du totalitarisme.

En revanche si l'ingérence étrangère concerne la répression, les arrestations, la torture et tous les autres crimes perpétrés conte les Egyptiens, alors, et alors seulement, les responsables la refusent et se montrent très attachés à la dignité nationale.

Deuxièmement : les Etats-Unis sont effectivement les derniers à avoir droit à la parole, en matière de démocratie et de droits de l'homme. Les crimes de l'armée américaine à Guantanamo et Abou Ghraib sont toujours présents dans les esprits. Les gouvernements américains, depuis la Deuxième Guerre mondiale ont pris l'habitude, pour garantir leurs intérêts, d'apporter leur appui aux pires dirigeants arabes et aux plus dictatoriaux. Le dossier américain sur l'Amérique latine est encore plus sale : les services secrets américains ont comploté, de l'aveu de leurs responsables, pour faire tomber un gouvernement démocratiquement élu en 1973, au Chili. Le président Salvador Allende a été tué et le pouvoir a été livré à des agents de l'Amérique. Toute cette histoire, qui est connue, nous interdit d'avoir confiance dans les Etats-Unis lorsqu'ils parlent de démocratie. Mais l'honnêteté nous oblige à rappeler que l'Occident, ce n'est pas seulement les Etats-Unis et quelques pays colonialistes. Il y a des centaines d'organisations non gouvernementales occidentales et les personnes qui y sont engagées luttent pour les droits de l'homme, considérés comme des valeurs

---

Egypte, seront exemptés de taxes et de droits de douane en direction des états signataires.

universelles et ils dénoncent les atteintes qui leur sont faites partout dans le monde, y compris dans les Etats occidentaux eux-mêmes. Ces organisations sont respectées et leur voix est écoutée en Occident où elles ont une plus grande influence sur l'opinion publique que les gouvernements eux-mêmes. De toute façon, sur le plan des principes, on ne peut pas considérer qu'emprisonner des innocents et les torturer soit une affaire intérieure au pays, car ces crimes sont perpétrés contre l'humanité tout entière et qu'il est du droit de chacun de les condamner. Quand le régime égyptien détient pendant de longs mois, sans jugement, trois mille citoyens à El Araish, quand ces citoyens sont torturés, reçoivent des décharges électriques et quand les femmes sont violées devant leurs maris et leurs enfants, tous ces crimes abjects ne peuvent pas être considérés comme une affaire intérieure égyptienne. Torturer des innocents et les priver de leur humanité ne sont, en rien, les affaires de la Nation.

Dernier point : j'espère que les responsables égyptiens sont conscients que la situation est devenue insupportable et qu'elle ne peut plus durer. Après un demi-siècle au pouvoir, le président Moubarak se prépare à organiser un nouveau référendum – où, comme d'habitude, il obtiendra 99 % des voix – pour continuer indéfiniment à nous gouverner et après lui Gamal Moubarak et peut-être ensuite le fils de Gamal. Pauvreté, brutale oppression sociale, répression, fraude, châtiment des innocents, tout cela a rendu la vie impossible pour des millions d'Egyptiens.

Dernièrement sont apparus d'importants signaux dont j'espère que les responsables les comprendront, avant qu'il ne soit trop tard. Je voudrais qu'ils s'interrogent : qu'est-ce qui a pu pousser un écrivain connu comme Mohamed El Sayed Saïd à affronter le chef de l'Etat au sujet de la situation douloureuse du pays ? Comment le mouvement égyptien pour le changement s'est-il constitué et comment, en quelques mois, des milliers d'intellectuels patriotes ont-ils pu y adhérer ? Qu'est-ce qui a poussé des professeurs d'université et des citoyens respectables à descendre dans la rue et à encaisser les coups des soldats de la sécurité centrale, simplement pour élever la voix et dire au régime au pouvoir que "cela suffit" ? Pourquoi des milliers d'étudiants se sont-ils rassemblés à l'université du Caire et ont ouvert violemment les portes pour se joindre à la dernière manifestation du mouvement *Kifaya* ? Tous ces indices confirment d'une façon évidente que le changement est une nécessité. C'est une facture que le régime va bientôt avoir à payer, qu'il le veuille ou non. Quant à ceux qui considèrent qu'il est de leur droit de réprimer les Egyptiens, de la même façon que le boucher Jalal avec sa femme, eh bien nous leur disons comme avait dit le sage Aouf Allaf :

— Si vous ne voulez pas d'ingérence dans les affaires de votre maison, conduisez-vous d'une façon respectable.

PAROLES À MÉDITER

Le commandant Mohamed Farid, chef de la sécurité d'Etat pour le secteur de Meshtoul El Souq, dans la province de Cherqieh, a torturé aujourd'hui 23 janvier le citoyen Mohamed Salem pour l'obliger à reconnaître un vol. Cette torture lui a provoqué une fracture de la colonne vertébrale, ce qui a entraîné une paralysie complète des deux jambes, une invalidité totale et une incapacité à contrôler son urine et ses selles.

Association égyptienne
de lutte contre la torture

Une odeur de peau brûlée se répandait du centre de la sécurité de l'Etat à El Araish à la suite de la torture à l'électricité qu'y avaient subie des centaines de prisonniers

Journal *El Ahali*

Les droits de l'homme en Egypte ont connu d'importants progrès, ces derniers temps.

Communiqué
des Affaires étrangères égyptiennes

Nous vous confirmons que Aiman Nour n'a absolument pas été battu. Quant à la blessure sous son œil gauche, elle a été provoquée par le choc de son visage avec le doigt d'un des hommes de la sécurité au cours de son arrestation

Communiqué
de l'Assemblée du peuple

Imaginons, qu'à Dieu ne plaise, que celui qui gouverne l'Egypte ait moins de sagesse que le président Moubarak... il surviendrait une catastrophe.

Mustapha El Faqih

Il faut informer les citoyens avant de couper l'eau.

Président Hosni Moubarak

LA FÊTE DE LA GRANDE DÉBANDADE

Ni le black-out des médias officiels, ni les communiqués du ministère de l'Intérieur, ni les articles des hypocrites, rien ne sera capable d'effacer la monstruosité de ce qui s'est passé au centre du Caire pendant l'Aïd.

Pendant quatre heures, plus de mille jeunes hommes se sont rassemblés entre la rue Adly et la rue Talaat Harb pour agresser les femmes et les outrager toutes, sans distinction. Que ce soient des jeunes filles, des dames ou des femmes âgées, qu'elles soient tête nue ou qu'elles portent le *niqab*, qu'elles marchent seules ou avec des amies, ou même avec leur mari, toutes celles qui, par un malheureux hasard, se trouvaient alors dans ce secteur ont subi le même sort. Des centaines de jeunes hommes enragés les attaquèrent en faisant autour d'elles un cercle de leurs corps. Des dizaines de mains se tendirent pour arracher leurs vêtements jusqu'à ce qu'elles soient complètement nues. Puis ils s'en prirent à leur intégrité, en leur palpant le corps et en profanant leurs parties intimes. Quelques personnes du quartier se mobilisèrent pour sauver une ou deux filles dont les vêtements avaient été déchirés et qui étaient tombées nues par terre, mais, pendant ce temps, les jeunes en manque continuaient à s'en prendre à d'innombrables autres victimes. Ces jeunes filles à qui était fait violence n'étaient pas des prostituées, ni des débauchées. C'étaient des citoyennes égyptiennes ordinaires, comme ma femme ou la vôtre, ma fille ou la vôtre, dont le seul crime était qu'elles croyaient que nous vivions dans un pays respectable et qui étaient sorties se promener, un jour de fête. Ce crime odieux s'est accompli devant des dizaines de témoins et a été filmé par de nombreuses personnes qui en ont diffusé les images sur le réseau Internet. J'ai vu ces images et j'ai été rempli de tristesse pour mon pays. Je n'oublierai jamais la vue de la jeune fille voilée dont les vêtements avaient été complètement déchirés mais à qui les jeunes forcenés avaient oublié d'enlever le voile qui couvrait ses cheveux. Des dizaines de mains palpaient son corps nu. Je n'oublierai pas son visage douloureux, tandis qu'on s'en prenait à son honneur dans la rue, après qu'elle eut résisté autant qu'elle l'avait pu à des dizaines de mains prédatrices, avant de finir par tomber.

Ce qui est arrivé n'est pas un simple crime, c'est une catastrophe morale et sociale sur laquelle nous devons nous arrêter pour comprendre ce qui se passe en Egypte.

Tout d'abord, ces jeunes, venus de quartiers pauvres et des zones d'habitat précaires, appartenaient aux bas-fonds de la société égyptienne. Leur intention première était d'aller au cinéma mais, lorsqu'ils ont découvert que les billets étaient épuisés, ils se sont vengés en brisant la devanture du cinéma Métro. Ils se sont alors rendu compte qu'il n'y avait pas de police dans les environs et ils ont senti que leur nombre leur donnait une force qui leur garantissait l'impunité. Ils ont alors lâché la bride à leurs instincts primitifs, qui se résumaient à abuser de toute femme se trouvant à leur portée. Quand ils en avaient terminé avec une, l'un d'entre eux leur criait : "une autre !" et tous répétaient après lui : "une autre, une autre!" et ils se jetaient sur leur nouvelle victime. Cette forme d'hystérie dans l'agression collective n'est que la simple illustration de l'anarchie globale qui pourrait se déclencher n'importe où et à n'importe quel moment. Certains citoyens ont affirmé sur Internet que ce qui était arrivé au centre-ville s'était reproduit de la même façon, pendant l'Aïd, à Zagazig et à Mansourah. Ceux qui se sont lancés dans des agressions collectives contre l'honneur des femmes pour satisfaire leur faim sexuelle vont sans aucun doute, à la première occasion, se mettre à piller, saccager et brûler les biens d'autrui.

Ensuite, la rage sexuelle qui s'est emparée de ces jeunes ne traduit pas seulement leur refoulement sexuel. Les hommes enfouissent très souvent à l'intérieur de leur désir sexuel un sentiment de désespoir, de frustration, d'oppression et d'infériorité. Ces forcenés sont les fils de ces misérables broyés par la vie, qui meurent d'insuffisance rénale et d'empoisonnement pour avoir bu l'eau des égouts, de ceux à qui les insecticides de Youssef Wali* ont donné le cancer, de ceux qui brûlent dans les trains de Haute Egypte ou qui se noient dans les ferry-boats de la mort, sans que personne ne se préoccupe ni de leur mort ni de leur vie. Ces enragés sont les fils du chômage, de l'impuissance, des bousculades. Ils vivent entassés dans des pièces étroites et dans des bâtiments précaires, dépourvus de commodités et de services publics. Ils ont perdu tout espoir en l'avenir : ni travail, ni mariage, ni même émigration à l'étranger. Ils vivent privés de dignité et n'importe quel informateur ou agent de police peut les arrêter, les battre, les violer. Ce qui amène à réfléchir, c'est que ces forcenés, lorsqu'ils ont agressé leurs victimes, se sont comportés de la

---

* Ministre de l'agriculture entre 1982 et 2004.

manière dont les policiers égyptiens et les agents de la sécurité d'Etat se comportent avec les femmes des prisonniers et des suspects pour leur arracher des aveux. Ce comportement agressif, hystérique, et quasi maladif comporte sans aucun doute une grande part de vengeance contre le monde laid et hostile dans lequel ils vivent, privés des plus élémentaires nécessités d'une vie humaine. Par ce viol collectif, c'est comme s'ils se vengeaient de ceux qui sont responsables de leur vie misérable et vile.

Si une séance d'agression sexuelle collective comme celle-ci se produisait en Occident, nombreux seraient ceux qui s'empresseraient d'accuser ces sociétés d'être décadentes et dépravées, mais puisque cela arrive en Egypte, cela veut dire que la religiosité maintenant répandue dans notre société s'arrête aux apparences. Tout au long des siècles, l'Egypte a eu de l'islam une vision tolérante et ouverte, en adéquation avec la nature civilisée des Egyptiens. L'Egypte a toujours su, d'une manière vraiment exceptionnelle, préserver son islam en même temps que son ouverture au monde. La femme égyptienne a été la première à étudier, à travailler et à acquérir le respect de la société, en tant qu'être humain ayant des droits égaux à ceux de l'homme. Mais, au début des années soixante-dix, la société égyptienne a été envahie par un déferlement d'idées wahabites venues d'Arabie saoudite. D'un côté, Sadate a employé la religion pour triompher de l'opposition de gauche, puis le régime de Moubarak a continué à soutenir le wahabisme pour profiter de l'idée de la soumission au chef que ce courant sème dans l'esprit des gens. D'un autre côté, les prix du pétrole ont été plusieurs fois multipliés après la guerre d'Octobre et l'Arabie saoudite, ayant atteint une position qu'elle n'avait pas auparavant, a imposé sa manière de comprendre l'islam à l'Egypte et au monde arabe. Ensuite, avec la montée de la pauvreté causée par la corruption et par la dictature, des millions d'Egyptiens se sont précipités vers les pays du Golfe pour aller y travailler et ils en sont revenus, quelques années plus tard, avec de l'argent et des idées wahabites. Des secteurs entiers de la société égyptienne ont adopté des coutumes et des comportements saoudiens qui, auparavant, n'étaient absolument pas connus en Egypte, comme le *niqab*, la barbe, les tuniques blanches, ou l'habitude de fermer les magasins à l'heure de la prière ou d'enlever ses chaussures à la porte des maisons.

Or les wahabites ne voient en la femme qu'un réceptacle sexuel, un instrument de tentation, ou un moyen d'avoir des enfants. Ce qui préoccupe le plus les wahabites, c'est de recouvrir le corps de la femme et de l'isoler autant que possible de la fréquentation de la société, pour repousser le mal qui peut venir de sa séduction. Cette vision avilissante de la femme lui ôte son humanité et la limite à son statut de femelle. Toute femme est considérée comme dépourvue de volonté et n'ayant qu'un faible sentiment de l'honneur. L'abandonner à elle-même la conduit alors immanquablement à la faute. La femme, du point de vue des wahabites, ne dispose pas de toutes les capacités. Il ne convient pas qu'elle conduise une voiture ni qu'elle se déplace seule, sans un homme qui empêche qu'on l'enlève ou qu'on la viole. Bien qu'elles prétendent défendre la vertu, ces idées conduisent en fin de compte à enraciner la perception de la femme comme un butin sexuel incapable de refuser ou de se défendre et que l'homme doit interdire aux autres. Mais si le même homme peut bénéficier des femmes des autres, tout en échappant au châtiment, alors il n'hésitera pas. Rappelons ici que, en Arabie saoudite, l'enlèvement des femmes et des enfants pour les violer constitue un phénomène effrayant, un vrai danger que connaissent tous ceux qui ont vécu là-bas. Nous découvrons ainsi qu'en comparaison, l'Egypte ouverte et modérée telle qu'elle était jusqu'à la fin des années soixante-dix exprimait une religiosité véritable par ses attitudes et ses comportements. Tandis que l'Egypte morose et respectant strictement les apparences de la religion, dans laquelle nous vivons maintenant, est en réalité aussi éloignée que possible de l'esprit de cette religion dont elle n'a gardé que les fariboles transmises à elle comme une épidémie par des sociétés bédouines fermées, arriérées et hypocrites.

Enfin, cette tragédie a révélé que le ministère de l'Intérieur ne considère plus la sécurité des citoyens comme une de ses obligations. Ces forces de police qui contrôlent les Egyptiens et les retardent pendant des heures dans les rues, simplement parce qu'un membre de la famille Moubarak ou des ministres de son régime ont décidé de passer avec leur cortège, ces services de sécurité qui répriment, battent, traînent à terre, agressent sexuellement ceux qui manifestent pour la démocratie ou pour l'indépendance de la justice, cet énorme appareil de répression n'a pas eu l'idée d'envoyer des forces pour sécuriser le centre-ville, le jour de la fête. Quelques officiers et policiers qu'on peut voir dans les films de l'incident avaient même l'air de n'attacher absolument aucune importance à la séance d'agression sexuelle qui se déroulait sous leurs yeux. Un seul d'entre eux, poussé par son naturel et de sa propre initiative, détacha sa ceinture pour contenir les hordes de forcenés, mais son courage fut inutile devant leur nombre et leur acharnement à s'emparer d'une nouvelle proie. Que ce soit dans le programme de vingt-deux heures ou dans les journaux du gouvernement, le ministère de l'Intérieur a pataugé dans les contradictions. Ils ont démenti ce qui s'était passé et ont affirmé que le commissariat de Qasr el Nil n'avait reçu aucune information au sujet d'agressions sexuelles. Comme si la tâche des hommes du ministère de l'Intérieur consistait seulement à rester assis au commissariat en attendant qu'on les informe. Nous demandons à M. Habib El Adly ce qui se serait passé si ces forcenés sexuels, que ses policiers ont laissé attaquer l'honneur des citoyennes pendant quatre heures, avaient crié des slogans contre Hosni Moubarak. Est-ce que les forces de la sécurité centrale ne se seraient pas précipitées pour aller les écraser ? La protection du président Moubarak contre des slogans hostiles est-elle donc plus importante que la protection de l'intégrité des Egyptiennes ?

Ce qui est arrivé au centre-ville montre que la débandade a réellement débuté. L'Egypte s'effondre tandis que le président Moubarak, qui l'a gouvernée pendant un quart de siècle et l'a fait descendre à ce niveau catastrophique, n'est plus préoccupé maintenant que de transmettre le pouvoir à son fils. Il est de notre devoir à tous de nous mettre en mouvement pour sauver notre pays du destin encore plus noir qui commence à se dessiner à l'horizon. L'Egypte trouvera seulement son salut dans une véritable démocratie qui rendra aux Egyptiens leur humanité, leurs droits et leur dignité… et également leur comportement civilisé.

POURQUOI LES ÉGYPTIENS HARCÈLENT-ILS LES FEMMES?

La réponse habituelle à cette question, c'est que les femmes, bien que victimes, en sont elles-mêmes la cause, car en portant des vêtements étroits ou qui découvrent leur corps, elles éveillent le désir des jeunes hommes, ce qui les pousse à les harceler. Ce discours fallacieux part d'une logique tortueuse qui voudrait que la femme soit coupable de toutes les fautes et de tous les crimes qu'elle subit, ou que les jeunes hommes ne soient que des animaux incapables de maîtriser leurs pulsions, à qui il suffit d'entrapercevoir une femme dans une robe collante pour aussitôt lui sauter dessus et la violer. Mais ce raisonnement injuste qui retourne les reproches contre la victime a été dernièrement démonté et s'est trouvé totalement dénué de fondement : des études ont démontré qu'en Egypte plus de 75 % des victimes de harcèlement sont des femmes voilées. D'ailleurs, l'enregistrement filmé et diffusé sur Internet de l'agression sexuelle collective, survenue il y a deux ans dans le centre du Caire, montre des agresseurs s'en prendre à une jeune fille revêtue d'un voile qui couvrait tout son corps.

Ajoutons à cela que la société égyptienne, jusque dans les années soixante-dix, acceptait l'idée que la femme porte un maillot de bain découvrant une partie de son corps devant les hommes. Sur toutes les plages et dans les piscines des clubs, on voyait des jeunes filles et des femmes descendre à l'eau sans que personne ne les harcèle. Qui plus est, les modes qui se répandirent à cette époque, comme la mini-jupe ou la micro-jupe découvraient les cuisses de la femme, et nombreuses étaient celles qui, en Egypte, portaient ces vêtements sur les lieux de travail ou d'étude, ou dans les transports en commun. Ces vêtements courts suscitaient à l'époque les réserves des conservateurs, sans que cela les amène jamais à harceler les femmes.

Il est donc avéré que le harcèlement sexuel est une maladie importée et que ce phénomène n'existait pas, en tant que tel, en Egypte, il y a trente ans. C'est bien autre chose qu'une question de vêtements serrés ou de nudité qui lui a donné son impulsion. Le phénomène du harcèlement des femmes par les Egyptiens, qui s'est aggravé ces derniers temps, a, sans aucun doute, des dimensions sociales et économiques nombreuses, comme le refoulement sexuel, le report de l'âge du mariage, le chômage, la pauvreté, l'extension des zones d'habitat précaire, la frustration, le vide et le sentiment d'injustice. Tous ces éléments sont importants, mais, de mon point de vue, accessoires. La cause originelle de l'extension prise par le harcèlement est, à mon avis, la modification de notre regard sur les femmes. Dans l'histoire humaine, il y a deux manières de penser la femme. Une manière civilisée qui la considère comme un être humain à qui il est advenu d'être femme, comme l'homme est un être humain à qui il est advenu d'être homme. Cette vision civilisée reconnaît à la femme toutes ses facultés et toutes ses capacités, en ne la réduisant pas à sa féminité, et rend ainsi possibles des relations humaines respectueuses. A partir de cette façon de voir, l'homme traitera une collègue ou une élève ou un professeur femme à l'université comme un être humain et non pas comme une simple femelle avec qui il a envie de copuler. La manière arriérée de voir la femme, en revanche, la réduit à n'être qu'un corps que l'homme convoite. Elle la considère avant tout comme une femelle, un instrument de plaisir, une source d'égarement et une machine à fabriquer des enfants. Toute activité de la femme en dehors de ses fonctions féminines ne peut alors être qu'annexe et marginale. La société égyptienne, dès le XIXe siècle, a fait de manière précoce de grands progrès vers la modernité. Les Egyptiens ont donc eu très tôt une conception civilisée, respectueuse de l'humanité de la femme. La femme égyptienne a été la pionnière des femmes arabes. Elle a été la première à étudier, la première à occuper un emploi, la première à conduire une voiture ou à piloter un avion, la première à entrer au parlement, la première à occuper les fonctions de ministre.

Ce point de vue civilisé qui respecte l'humanité de la femme a été dominant en Egypte jusqu'au début des années quatre-vingt. Puis notre pays a été victime d'une vague impétueuse de pensée salafiste wahabite qui présente un point de vue complètement différent sur la femme. La femme, pour les salafistes, est avant tout un corps et ce qui les préoccupe le plus, c'est de cacher ce corps. Il y a plusieurs jours, un cheikh saoudien éminent a invité les femmes musulmanes "à revêtir un *niqab* laissant voir un seul œil pour éloigner la séduction et pour protéger les mœurs". Ce point de vue qui limite la femme à n'être qu'un corps en fait automatiquement, à n'importe quel moment, une proie sexuelle virtuelle, un être presque dépourvu de volonté morale, qui doit toujours être accompagnée par un homme de sa famille pour la protéger contre les autres et également contre elle-même. Naturellement, le fait de considérer la femme comme un simple corps pousse vers elle le harceleur qui saisira la première occasion où il pourra le faire sans craindre de punition.

La vision arriérée de la femme, maintenant répandue en Egypte, a malheureusement été importée de sociétés bédouines venues du désert, sur lesquelles l'Egypte avait une grande avance dans tous les domaines. Au lieu d'aider ces sociétés à avancer sur la voie du progrès humain, ce sont leurs idées arriérées qui nous ont contaminés.

Les jeunes qui sortent les jours de fête pour harceler des femmes dans la rue mettent tout simplement en application ce qu'ils ont appris au sujet de la femme : si la femme n'est qu'un corps, si elle ne représente rien d'autre que le désir et la volupté, si elle est source de tentation, pourquoi ne l'agresseraient-ils pas s'ils ne risquent pas de châtiment ?

Le journal *El Masri El Youm* a rencontré plusieurs harceleurs qui ont unanimement affirmé que toutes les femmes qui sortent se promener les jours de fête veulent que les jeunes les harcèlent. Ce raisonnement est en parfaite conformité avec la vision salafiste arriérée de la femme : la femme porte la tentation dans son sang, même si elle fait semblant du contraire. L'homme doit donc surveiller son épouse avec les plus grandes précautions. Quant à la femme qui sort seule un jour où il y a foule, ce n'est qu'une prostituée, qui veut que les jeunes la harcèlent sexuellement.

Nous avons échangé notre vision civilisée de la femme contre une vision arriérée qui se camoufle derrière la religion et dont celle-ci est en réalité innocente. Nous avons commencé à payer d'un prix exorbitant ces idées arriérées.

Avant d'appeler les jeunes hommes à cesser de harceler les femmes, nous devons leur apprendre à respecter la femme. Il faut que nous mettions un terme à ces discussions sur ce que la femme doit porter comme vêtements et ce qu'elle doit enlever, sur la nécessité pour elle de couvrir ses oreilles ou de laisser pendre des mèches de cheveux. Il faut que nous mettions fin à cette vision arriérée et réellement obsessionnelle du corps de la femme, qui appelle à le recouvrir en affectant la piété.

Il faut que nous restaurions nos idées égyptiennes civilisées et que nous nous souvenions que la femme est la mère, la sœur et la fille, qu'elle est un être humain complètement égal à l'homme en capacités, en droits et en devoirs.

Il faut que nous montrions à ces jeunes hommes des exemples de réussite professionnelle de la femme et de son excellence intellectuelle. Il faut qu'ils apprennent à connaître les femmes médecins, les femmes ingénieurs et les femmes juges.

Ils comprendront alors que les possibilités humaines de la femme sont bien plus importantes que son corps. Alors, et alors seulement, ils cesseront de les harceler dans la rue.

COMMENT VAINCRE
LA SÉDUCTION DES FEMMES

Cher lecteur,

Imagine que tu arrives un matin à ton travail et que tu y trouves tous tes collègues, le visage couvert d'un voile. Tu entendrais leurs voix, mais tu ne verrais absolument pas leur visage. Que ressentirais-tu alors ? Tu ne serais naturellement pas satisfait et si cette situation durait, elle entraînerait chez toi un trouble nerveux, car nous avons toujours besoin de voir les visages de ceux avec qui nous parlons.

La relation humaine n'est pas complète sans la vision du visage. Ainsi est faite la nature humaine depuis le début des temps. Mais ceux qui veulent imposer à la femme de couvrir son visage ne comprennent pas cette réalité.

A la suite de la grande révolution égyptienne de 1919 contre l'occupation britannique, la pionnière Hoda Chaaraoui, au cours d'une festivité publique, enleva sa *burqa* turque. C'était une façon de montrer que la libération de la nation était inséparable de la libération de la femme. La femme égyptienne fut vraiment la pionnière des femmes arabes, la première à étudier et à travailler dans tous les domaines, la première à conduire une voiture, puis un avion, la première à entrer au gouvernement et au parlement.

Mais, depuis la fin des années soixante-dix, les Egyptiens sont tombés sous la coupe des idées salafistes. Ce sont les chaînes satellitaires appartenant à des salafistes, ainsi que les millions d'Egyptiens pauvres revenus, gavés de ces idées, d'Arabie saoudite, après y avoir travaillé pendant des années, qui ont diffusé la doctrine wahabite soutenue par l'argent du pétrole.

C'est ainsi que le *niqab* a fait sa réapparition en Egypte. Ce fait mériterait une discussion objective, mais cela est difficile, car les partisans du *niqab*, généralement d'un rigorisme exacerbé, sont prompts, par un raisonnement simpliste et fallacieux, à accuser tous ceux qui ne sont pas d'accord avec eux de prôner la licence et la dépravation. Le choix humain n'est pas seulement limité à celui du *niqab* ou de la luxure. Entre les deux existent de nombreux comportements moraux équilibrés.

La question qui se pose est de savoir si le *niqab* éloigne la séduction des femmes et renforce la vertu. Pour y répondre il convient de rappeler quelques vérités :

L'islam n'ordonne absolument pas à la femme de couvrir son visage. Et d'abord, pourquoi Dieu nous aurait-il ordonné de détourner les yeux si nous n'avions rien vu du visage de la femme ? Dans la société musulmane telle qu'elle était à ses débuts, la femme participait à la vie publique, elle étudiait, travaillait, commerçait, était infirmière pendant les guerres et parfois même participait au combat. L'islam respectait la femme et lui accordait des droits égaux à ceux de l'homme. L'oppression des femmes n'a commencé que dans les siècles de la décadence. Il y a quelques mois, les grands ulémas d'Al Azhar ont rédigé un livre, distribué par le ministère des waqfs sous le titre "le *niqab* est une tradition, pas un acte de piété", dans lequel ils ont établi en se référant à la loi islamique que le *niqab* n'a rien à voir avec la religion, ni de près ni de loin. Je crois que personne ne peut contester à ces grands savants leur connaissance des lois de la religion.

Comme le port du *niqab* n'est pas un commandement divin, il est de notre droit de nous demander quels sont ses avantages et quels sont ses inconvénients. Toutes les sociétés anciennes imposaient le port du *niqab* à la femme, parce qu'elles la considéraient comme une source de tentation. Pour lutter contre le vice, le seul moyen était de l'isoler et de la dérober aux regards. Ce raisonnement implique que l'homme est tenté par le simple fait de voir le visage d'une belle femme et nie donc sa capacité de dominer ses instincts. Par ailleurs si, pour ne pas séduire les hommes, les femmes doivent cacher leur visage, que doivent faire les hommes qui sont beaux? Leur beau visage ne va-t-il pas tenter les femmes?

Doit-on ordonner également aux hommes beaux de porter le *niqab* de façon à ce que hommes et femmes soient tous voilés aux regards. En outre, nous voyons les deux yeux d'une femme en *niqab* et, s'ils sont beaux, ceux-ci peuvent devenir une source puissante de tentation. Que devrons-nous faire alors pour lutter contre la séduction? Un exégète saoudien connu, le cheikh Mohamed El Habdane, a eu la bonne idée de se pencher sur ce problème et il a appelé les femmes musulmanes à porter un *niqab* avec un seul œil libre pour qu'elles ne puissent plus tenter les hommes par leur regard. Je ne sais pas comment ces malheureuses pourront vivre avec ce seul orifice pour voir le monde.

Le *niqab* empêche la femme de participer à la vie en tant que personne égale de l'homme en droits et en devoirs. Comment une femme chirurgien, juge, ingénieur ou présentatrice de télévision, pourrait-elle travailler cachée derrière un *niqab* (que ce soit avec un seul œil ou les deux). La plupart des exégètes saoudiens refusent d'ailleurs énergiquement que les femmes puissent conduire des voitures en s'appuyant sur trois arguments :

– si la femme conduisait une voiture, elle enlèverait son *niqab* et perdrait sa pudeur ;

– il lui serait possible d'aller partout où elle le veut, ce qui l'encouragerait à se révolter contre son mari et sa famille.

Le troisième argument pour interdire aux femmes de conduire est tiré d'une lecture littérale du livre des fatwas de la loi islamique : "La détermination de la femme est, par nature, inférieure à celle de l'homme, ses vues sont plus courtes, ses capacités moins grandes et elle est incapable de se comporter correctement face à un danger."

C'est là l'opinion véritable des partisans du *niqab*, qui montrent ainsi leur mépris de la femme et de ses capacités. Ils seraient, bien entendu, incapables d'expliquer l'excellent niveau éducatif et professionnel qu'ont atteint les femmes dans le monde entier.

Ce qu'il y a de plus dangereux dans le *niqab*, c'est qu'il enlève à la femme sa dimension humaine. Dans l'histoire de l'humanité, il y a toujours eu deux façons de considérer la femme : une façon civilisée qui voit en elle un être doué de toutes les capacités et de toutes les compétences, et une vision arriérée qui la voit uniquement sous l'angle de sa féminité, la limitant ainsi essentiellement aux fonctions d'instrument de plaisir sexuel, de machine à faire des enfants et de servante dans la maison de son mari. Ces trois fonctions étant relatives au corps de la femme et non à son esprit. Dans ce cas, le corps de la femme acquiert une importance maximale, alors que son éducation, son travail, ou même ses idées et ses sentiments ne viennent qu'en second plan, si même tout cela est pris en considération.

Les partisans du *niqab* croient que la mixité hommes femmes conduit nécessairement à la séduction et au vice. Le seul remède à ce problème est donc de séparer complètement les deux sexes et de cacher le visage de la femme. Si ce raisonnement était valable, la société saoudienne devrait être, totalement et pour toujours, débarrassée du vice. En effet, la séparation entre les deux sexes y est absolue et le *niqab* obligatoire pour toutes les femmes. Il y a là-bas une grande institution qui s'appelle "la Commanderie du bien*" dont la fonction est de contrôler nuit et jour les comportements des citoyens et de les punir immédiatement s'ils ont fait un écart, même minime, par rapport aux bonnes mœurs.

Cela a-t-il permis d'instaurer le règne de la vertu en Arabie saoudite ?

Les études et les statistiques montrent, malheureusement, le contraire. Une étude conduite par Mme Wafa Mohammed docteur de l'université du roi Saoud a montré que le quart des enfants saoudiens avaient été victimes d'abus sexuels, entre l'âge de six ans et l'âge de onze ans, résultat confirmé par une autre étude faite par le docteur Ali El Zahrani, spécialiste des maladies psychiques au ministère saoudien de la Santé. Un rapport du docteur Khaled El Halabi, directeur du centre de développement de la famille dans la région de Hasa, affirme que, sur un échantillon d'élèves du secondaire, 82 % souffraient de problèmes sexuels et que, pour la seule

---

* "La commanderie du bien et le pourchas du mal" comme le traduit Jacques Berque, sont le devoir de tous les musulmans. En Arabie, cela est devenu une institution et une sorte de milice qui lui est rattachée, connue sous le nom de *mutawwaa*, sillonne les rues des villes pour vérifier que les bonnes mœurs et la stricte observance religieuse y sont bien respectées.

année 2008, huit cent cinquante jeunes filles saoudiennes ont fui leur famille à cause d'agressions, la plupart d'ordre sexuel, de la part de membres de leurs propres familles.

Parmi les enfants saoudiens, environ 9 %, font l'objet d'abus sexuels de la part de leurs parents et, dans les pays du Golfe, une fille sur quatre est victime de harcèlement sexuel. Par ailleurs, 47 % des enfants de l'étude avaient reçu des propositions obscènes sur leur téléphone portable. La révolution des communications a causé une grave crise dans la société saoudienne et les jeunes, inhibés sur le plan social et sur le plan sexuel, utilisent les objectifs de leurs appareils de téléphone dans des buts licencieux. En 2005, a été diffusé en Arabie saoudite un film enregistré sur téléphone portable : il montre quatre jeunes Saoudiens essayant de violer deux femmes en *niqab* dans une rue de Riyad. On se pose la question de savoir comment un jeune peut se mettre à violer une femme dont il n'a vu ni le corps ni le visage? C'est que, pour lui, il ne s'agit pas d'un être humain mais juste d'un corps, d'un instrument sexuel. S'il peut en jouir tout en évitant le châtiment, il n'hésite pas un instant.

En résumé, la situation de la société saoudienne, en ce qui concerne les dépravations et les agressions sexuelles, n'est pas meilleure que la situation des autres sociétés, si elle n'est pas pire.

En fin de compte, si le *niqab* ne permet pas de parvenir à sauvegarder la vertu, à quoi sert-il? Comment pouvons-nous donc lutter contre la séduction des femmes?

La vérité, c'est que l'on ne parvient jamais à la vertu par l'interdiction, le *hidjab* ou l'oppression, mais simplement par l'éducation, les bons exemples et la volonté. Si nous considérons la femme comme une personne ayant une volonté morale, une dignité et une personnalité indépendante, et si nous lui donnons toutes ses chances dans le domaine de l'éducation et du travail, alors, et alors seulement, pourra régner la vertu.

La démocratie est la solution.

LE *NIQAB* ET LA PIÉTÉ DÉFICIENTE

La semaine dernière, j'ai écrit un article sur le phénomène de la propagation actuelle du *niqab* en Egypte, quatre-vingt-dix ans après que la femme égyptienne s'en est libérée. J'ai rappelé que l'islam n'ordonne absolument pas à la femme de couvrir son visage et je me suis appuyé pour cela sur l'opinion d'un ensemble de théologiens d'Al Azhar, qui ont publié un texte sous le titre "Le *niqab* est une coutume, pas un article de foi", publication diffusée par le ministère égyptien des waqfs. De nombreux autres exégètes égyptiens dont le plus important est l'imam Mohamed Abdou (1849-1905) ont exprimé la même opinion. C'est aussi le cas du cheikh Mohamed Ghozali (1914-1996), grand et courageux théologien qui a mené une violente bataille contre l'exégèse bédouine – comme il l'a appelée – qui vise à isoler la femme derrière son *niqab*. J'ai tenté d'expliquer l'influence négative du *niqab* pour la femme et pour la société. J'ai donné l'exemple de la société saoudienne où le *niqab* est imposé par la force à toutes les femmes et j'ai démontré, en m'appuyant sur des statistiques officielles saoudiennes, que la société de ce pays, en matière de déviations et d'agressions sexuelles, n'est pas meilleure – sinon pire – que les autres sociétés et que, par conséquent, l'emprisonnement de la femme derrière le *niqab* n'empêche pas le vice.

Après la publication de cet article, j'ai été surpris, en ouvrant le site du journal *Shorouk*, d'y trouver un déferlement de lettres de partisans du *niqab* qui, malheureusement, n'apportaient aucun argument dans la controverse, mais toutes s'évertuaient à me couvrir de leur mépris et de leurs insultes, sans prêter aucune attention à mon point de vue et à ceux des exégètes que je citais. Face à la férocité et à la grossièreté de l'offensive, un grand nombre de lecteurs ont pris ma défense. Je les remercie ici de tout cœur et je suis fier de leur confiance et de leur estime. Il est vrai que ces insultes ne m'ont pas inquiété car, étant médecin, j'ai appris qu'en chirurgie, lorsque l'on crève un abcès au scalpel, ce geste indispensable à la guérison du malade est, nécessairement, suivi d'un écoulement de pus et de la puanteur qui l'accompagne.

Nous nous trouvons toutefois face à un phénomène qui mérite réellement d'être observé de près. On peut supposer que tous ceux qui ont renchéri dans l'expression de leur mépris sont non seulement des croyants, mais qu'ils estiment mieux pratiquer la religion que les autres. Cela nous donne une excellente occasion d'étudier leur mode de pensée. J'ai fait les observations suivantes :

Premièrement : ces gens croient en toute confiance que l'islam n'a qu'une seule nature, un seul discours et une seule vision du monde. Tout ce qui diffère de leur opinion n'a plus rien à voir avec l'islam. Toute personne qui ne partage pas leur opinion est un ignorant*, un dégénéré ou quelqu'un qui complote contre l'islam pour le compte de parties étrangères. Ils considèrent par conséquent qu'il

---

* Le mot *jahel*, ignorant, a une connotation beaucoup plus forte qu'en français, puisqu'il se réfère à l'ignorance qui régnait dans le monde avant la prophétie de Mohamed.

est de leur devoir, non pas de discuter avec ceux qui ont des points de vue différents du leur, mais de les réprimer, de les humilier et, si possible, de les châtier, puisqu'ils sont des ennemis ou des comploteurs et pas simplement des personnes ayant des opinions différentes. En vérité, il n'y a rien de plus étranger à l'islam véritable que ce point de vue totalitaire et extrémiste. L'islam est la seule religion qui ordonne à ses adeptes de croire aux autres religions. Pendant sept siècles, il a stupéfait le monde par sa capacité à assimiler d'autres cultures et à leur rendre leur créativité au sein de la grande civilisation islamique.

Deuxièmement : ces gens s'attendent à ce que vous soyez d'accord avec l'emprisonnement de la femme derrière son *niqab* ou, à tout le moins, que vous ne vous y opposiez pas. Si vous vous y opposez, ils vous accusent immédiatement de promouvoir la nudité et d'être licencieux. Ils considèrent que le *niqab* est la seule alternative à la dégénérescence morale. On peut imaginer quelle idée ils se font de la femme non voilée, comment ils se comportent à son égard et, par extension, comment ils considèrent les coptes. On peut également imaginer quelle image donnent de l'islam ceux d'entre eux qui vivent dans des pays occidentaux.

Troisièmement : ils pratiquent une forme de religiosité qui ne se fonde pas sur une expérience spirituelle personnelle, mais sur la comparaison et la discrimination. Pour eux, le chemin vers la perfection religieuse ne passe pas par un effort personnel vers le bien et par la maîtrise de leurs désirs, mais par l'ostentation de leur supériorité religieuse sur les autres. C'est dans leur différence qu'ils trouvent une force personnelle qui les conduit à la vanité et à la forfanterie. Eux seuls sont de véritables croyants, qui connaissent les fondements de la religion et sa sagesse. Ils ne laissent aux autres qu'une alternative : suivre leurs idées sans les discuter, ou mériter leurs malédictions et leurs insultes. Ils vivent dans un monde imaginaire qui leur permet d'oublier leurs problèmes véritables. Le monde pour eux ne comporte que deux camps : les musulmans, qui doivent intégralement partager leurs idées et le camp ennemi de l'islam composé des laïques, des mécréants, des dégénérés. Il n'y a pas de troisième voie. Cette vision binaire, outre sa stupidité et son extrémisme, les pousse facilement à la haine et à l'inimitié plutôt qu'à l'amour, à la tolérance et à l'acceptation des différences, toutes valeurs auxquelles invite la véritable religion.

Quatrièmement : j'ai remarqué que la plupart de leurs lettres sont pleines d'énormes fautes grammaticales et linguistiques. J'en ai conclu que leur culture religieuse était orale et pas écrite et que, par conséquent, ils allaient chercher leur inspiration dans les chaînes satellitaires soutenues par l'argent du pétrole, qui œuvrent à la propagation des idées salafistes wahabites. Hier, j'ai regardé une de ce chaînes et j'y ai trouvé un célèbre prédicateur en train de dire : "Le Prophète de Dieu, prière et salut de Dieu sur lui, fut invité chez des gens et il y mangea de tout ce qui lui fut présenté, sauf des oignons. Lorsque l'hôte lui demanda pourquoi, le Prophète de Dieu répondit qu'il ne mangeait pas d'oignons crus pour que l'odeur de sa bouche ne fasse pas s'enfuir les anges au moment où ils lui transmettent la révélation."

Tel est le niveau de la religion que ces chaînes diffusent dans l'esprit des gens simples. Je ne crois pas qu'un commentaire soit nécessaire.

Cinquièmement : j'ai remarqué que la religion représente pour eux une série de formalités à accomplir, qui ne dépasse jamais l'aspect formel et rituel. Par conséquent, ces croyants ne voient pas de contradictions entre leur pureté religieuse et le fait d'insulter les gens. Cette religiosité déficiente qui sépare la croyance des comportements se répand comme une épidémie dans notre pays. Combien de personnes rencontrons-nous aujourd'hui, extrêmement respectueuses de la pratique religieuse et qui, dès que l'on est en relation avec elles pour des affaires matérielles, nous dévoilent un comportement en contradiction avec leur apparence ? En Egypte, nous sommes malheureusement devenus plus respectueux des apparences de la religion et moins religieux, alors qu'avant la diffusion des idées wahabites nous attachions moins d'importance aux apparences de la religion et nous étions plus religieux, au vrai sens du terme, c'est-à-dire plus justes, plus honnêtes et plus tolérants.

Enfin : ce qu'il y a de plus dangereux dans cette religiosité déficiente, c'est la coupure totale qu'elle effectue entre le privé et le public. Ceux qui se sont regroupés et réunis pour agonir d'insultes le site de Shorouk et qui s'imaginent de cette façon défendre l'islam, vivent en Egypte où des millions de gens sont victimes de la pauvreté, du chômage, de l'ignorance, de la maladie, où les gens meurent dans les files d'attente devant les boulangeries ou en se battant pour avoir de l'eau potable. Mais la religion déficiente les rend incapables d'analyser objectivement quelque phénomène que ce soit. La misère, dans leur croyance, est un châtiment de Dieu ou une épreuve qu'il impose. Ils sont incapables d'y voir le résultat naturel de la corruption ou de la dictature.

La religiosité déficiente est totalement dépolitisée. Ces gens-là ont appris des cheikhs wahabites que l'obéissance au dirigeant musulman est une obligation, même si ce dernier est injuste et corrompu. Cela les prédispose à accepter la dictature.

Ils manifestent avec colère pour protester contre la décision du gouvernement français d'interdire le *hidjab* dans ses écoles, alors que, dans leur propre pays, les élections sont truquées par le régime et que des milliers de détenus (pour la plupart islamistes) passent leurs plus belles années en prison sans jugement, alors que les Egyptiens sont traités avec mépris, torturés avec sauvagerie et que les tortionnaires violent leurs femmes sous leurs yeux dans les locaux de la police ou de la sécurité d'Etat. Rien de tout cela ne suscite leur courroux religieux, car la religion qu'ils ont apprise n'englobe pas la défense des valeurs humaines que sont la liberté, l'égalité et la justice, mais elle se limite à un culte formel. Par ailleurs, lutter contre l'oppression et la dictature se paie cher en Egypte. On peut y perdre la liberté, la dignité et même la vie. Tandis que se cacher derrière des identités empruntées pour insulter les gens sur Internet est un combat facile et sans risque.

Cette expérience m'a confirmé à nouveau qu'il y a deux batailles à mener en Egypte : l'une pour la réforme démocratique, pour empêcher la transmission héréditaire de notre pays du président Moubarak à son fils, comme si nous étions un élevage de poulets, et pour arracher à la liberté et à la justice les droits des Egyptiens. L'autre, en parallèle et qui n'est pas moins importante, pour que l'Egypte défende sa lecture ouverte et civilisée de l'islam, face à l'invasion des idées wahabites réactionnaires et arriérées, qui menacent de nous enlever notre patrimoine culturel et de transformer notre pays en un émirat taliban.

LA PIÉTÉ FACE AUX CAMÉRAS

Dans les années soixante-dix, il y avait dans ma famille un uléma* d'Al Azhar, qui s'appelait cheikh Abd el Salam Sarhan. Il était d'une apparence redoutable par sa corpulence, son costume caractéristique de la grande mosquée, et sa voix solennelle. Nous autres, enfants à cette époque, l'aimions beaucoup, car il avait toujours les poches remplies de bonbons. Lorsque les gens avaient besoin de son avis sur une question de doctrine, il les recevait chaleureusement chez lui et leur expliquait les principes de la religion. Jamais alors, le cheikh Abd El Salam ne demandait de salaire pour sa peine. Tout ce qu'il demandait, c'était que les gens invoquent Dieu pour lui.

J'ai appris du cheikh Abd El Salam que le véritable uléma était une personnalité considérable au moins aussi respectée que le médecin ou le juge, et j'ai appris également que sa véritable mission était de faire connaître la religion aux gens. Mais l'époque du cheikh Abd El Salem est révolue et l'Egypte a changé. Une génération nouvelle de prédicateurs est apparue, différente en tous points. Du fait de la nature religieuse des Egyptiens et de leur propension plus grande à se réfugier en Dieu, depuis que la vie terrestre leur est devenue insupportable, à cause de la pauvreté, de l'oppression,

---

* Docteur de la loi religieuse, en islam.

des humiliations, à cause de l'existence de millions d'illettrés et de la difficulté pour ceux qui sont instruits d'avoir accès aux sources originelles de la religion, ce sont les nouveaux prédicateurs qui sont devenus la source de la culture religieuse de millions d'Egyptiens et jouent ainsi un rôle déterminant dans la formation de la conscience nationale. Il nous faut donc regarder de près ce phénomène pour en comprendre la nature.

Premièrement : la plupart de ces prédicateurs n'ont pas poursuivi d'études académiques en sciences religieuses. Leur succès ne procède donc pas tant d'une connaissance approfondie de la religion que de leur capacité à convaincre et de leur séduction personnelle, d'où l'intérêt qu'ils portent à leur élégance et à leur allure, ainsi que l'utilisation qu'ils font d'une langue quotidienne simplifiée pour atteindre un plus grand nombre de personnes. En dix ans, les nouveaux prédicateurs sont devenus un élément essentiel du marché commercial de l'information, avec tout ce qu'implique cette expression. Leur salaire est fixé en fonction de la quantité d'annonces publicitaires rapportées par le programme, qui elles-mêmes augmentent bien entendu avec le nombre d'auditeurs. Les prédicateurs qui reçoivent les plus hauts salaires sont ceux dont les programmes attirent la plus grande quantité de publicités. Contentons-nous de savoir que leurs émoluments (aux tarifs de l'an dernier) varient entre cent cinquante mille et un million de livres par mois.

Certains ont imaginé de nouveaux modes de commercialisation de leurs connaissances en jurisprudence religieuse, tels que le téléphone islamique ou – contre des honoraires exorbitants – l'accompagnement des riches au Pèlerinage et à la Omra*.

* Cf. note, p. 36.

La revue américaine Forbes a publié les revenus de plusieurs de ces personnages dont les fortunes sont considérables. Nous leur souhaitons, bien sûr, à tous d'être comblés de biens, mais nous devons rappeler que le Prophète de Dieu, prière et salut de Dieu sur lui, a vécu pauvre et est mort pauvre, que ses Compagnons, que Dieu les agrée, n'ont jamais rien acquis en échange de la prédication de l'islam pour laquelle au contraire ils dépensaient leur argent. L'invitation des gens à suivre le chemin de Dieu n'a jamais été, dans l'histoire de l'islam, un moyen de s'enrichir.

Lorsque j'imagine que des millions d'Egyptiens pauvres, habitant dans des zones d'habitat précaire ou dans des cimetières, se réunissent pour entendre une personne leur parler de religion et que, lorsque le mois se termine, ces malheureux restent dans leur misère pendant que le compte en banque de cette personne a augmenté d'un million de livres, je ne parviens pas à accepter cette contradiction.

Deuxièmement : dans les programmes qu'ils animent, nombre de nouveaux prédicateurs se fondent sur l'exacerbation des sentiments religieux des téléspectateurs, et cette exacerbation atteint son comble, lorsque le prédicateur pleure et les fait pleurer par crainte de Dieu. Sur ce point, je suis frappé par une nouvelle contradiction. Tous ceux qui ont affronté l'expérience de paraître à la télévision savent que se trouver face à plusieurs caméras pendant le tournage demande de la préparation et de l'expérience. Malgré tout mon respect, je me demande comment le prédicateur peut, en même temps, combiner le débordement de ses sentiments religieux qui le poussent à pleurer et son extrême attention aux mouvements des caméras, nécessaires pour passer rapidement d'une caméra à l'autre en suivant les indications du réalisateur.

Troisièmement : le discours de ces prédicateurs réduit l'islam à son aspect formel et à ses pratiques rituelles : le voile, la prière, le jeûne, le Pèlerinage et la Omra – je n'ai rien contre cela, bien sûr – mais il n'aborde absolument pas les questions de la liberté, de la justice et de l'égalité. L'image qu'ils présentent du monde fait des bonnes mœurs la solution unique aux maux de l'humanité. La vérité est que les bonnes mœurs ne suffiront jamais à établir la justice. Des millions d'Egyptiens sont plongés dans la misère et les humiliations. Ils sont avant tout victimes d'un régime dictatorial corrompu et oppressif. C'est là la cause de leur misère et ils ne peuvent venir à bout de leurs maux sans un changement de la situation. Les mots prononcés par un des prédicateurs sont devenus célèbres : "Lorsque le nombre de ceux qui font la prière de l'aube atteindra celui de la prière du vendredi, Jérusalem sera libérée." Pourtant, nous voyons, en Egypte, se multiplier sans cesse le nombre de ceux qui prient, alors que les crises et les calamités se succèdent sans interruption au-dessus de nos têtes. C'est que Dieu ne changera pas notre condition, si nous ne travaillons pas à la changer et si nous nous contentons de la prière et des invocations.

Quatrièmement : cette lecture de la religion qui décharge le régime en place de ses responsabilités et pousse les gens à cohabiter avec lui, au lieu de se révolter, est sans aucun doute ce qui explique l'accueil favorable que font les services de sécurité à ces prédicateurs. Dans un ouvrage important intitulé *Le Phénomène des nouveaux prédicateurs*, le professeur Waél Lotfi démontre que tous, sans exception, travaillent en totale coordination avec les services de sécurité, c'est-à-dire qu'ils se mettent préalablement d'accord avec ces derniers sur les limites de ce qu'ils peuvent dire, que ce soit à la télévision ou dans les mosquées. Nous nous souvenons bien comment tous ces prédicateurs ont pris position contre les manifestations de solidarité avec les Palestiniens et avec les Irakiens, en appelant les gens à prier, à jeûner ou invoquer Dieu, plutôt qu'à sortir dans la rue. Telles sont les exigences de leur accord avec les services de sécurité ! Ils auraient à payer tout manquement d'un prix exorbitant, allant de l'interdiction de prêche jusqu'à l'expulsion définitive d'Egypte, comme c'est arrivé récemment à un prédicateur célèbre.

Cinquièmement : les docteurs en jurisprudence musulmane ne sont pas d'accord entre eux pour savoir s'il est licite de faire rétribuer une consultation sur un point de doctrine. Certains l'autorisent à condition que l'argent soit prélevé sur le trésor public. D'autres autorisent l'homme de religion à prendre ce qui suffit pour lui et pour sa famille, mais rien de plus. L'imam Ahmed ben Jandal stipule, pour sa part, que celui qui donne des consultations doit disposer de suffisamment de moyens financiers pour se passer de la contribution des gens. L'idée, ici, est qu'un uléma, tout comme un juge, doit arbitrer entre plusieurs parties et qu'il faut donc que lui soient fournis les moyens de son indépendance. De nombreux Egyptiens, dont je suis, reprochent aux grands ulémas d'Al Azhar d'être des fonctionnaires nommés par le gouvernement, ce qui nuit à leur neutralité et les place dans une situation embarrassante, s'ils prennent des décisions différentes de ce qu'attend d'eux le gouvernement, en matière de jurisprudence religieuse. De même, le fait que les nouveaux prédicateurs perçoivent de riches émoluments de chaînes satellitaires possédées par des personnes ou des entités (saoudiennes la plupart du temps), ne peut qu'affecter leur neutralité, dès lors que les intérêts des propriétaires de ces chaînes sont concernés. Cela est apparu dans toute son évidence au moment de la dernière guerre menée par Israël contre le Liban. La plupart des Arabes et des musulmans appuyaient alors le Hezbollah et étaient fiers de ses victoires, tandis que le gouvernement saoudien maintenait sa position traditionnelle d'hostilité au Hezbollah et à l'Iran. Cela plaça les nouveaux prédicateurs dans une situation embarrassante : alors que les avions israéliens employaient des bombes interdites par les conventions internationales pour brûler la peau des enfants du Liban, la plupart d'entre eux se réfugièrent dans le silence. L'un d'entre eux attendit trois semaines avant de publier un communiqué très mou dans lequel, comme d'habitude, il conseillait aux musulmans de prier et d'invoquer Dieu, tout en qualifiant les victimes libanaises de "victimes d'assassinat" et non pas de "martyrs", ce qui correspondait au point de vue des théologiens saoudiens concernant le chiisme.

C'est de cette façon que le phénomène des nouveaux prédicateurs joue un rôle capital pour retarder le changement auquel nous aspirons en Egypte. Si nous nous demandons pourquoi les Egyptiens ne se soulèvent pas contre des injustices qui suffiraient à déclencher une révolution dans de nombreux pays, il faut que nous comprenions que l'injustice ne suffit pas à déclencher une révolution, pas plus que le sentiment de l'injustice. Ce qui pousse à la révolution, c'est la conscience que l'on a des causes de cette injustice. Tout ce qui retarde la prise de conscience de leurs droits par les gens devient donc un instrument entre les mains de la dictature.

La démocratie est la solution.

QU'EST-CE QUI PROTÉGERA LES COPTES

Pendant des années, un médecin copte avec qui je suis devenu immédiatement ami a travaillé dans mon cabinet. C'était un homme bon, sérieux dans son travail et dans sa relation avec les malades, mais, comme beaucoup d'Egyptiens, complètement coupé de la vie publique et ignorant la plupart des événements politiques. Le monde se limitait pour lui à son travail et à sa famille. Puis arrivèrent les dernières élections présidentielles. Je fus alors surpris de voir qu'à cette occasion il s'absenta de son travail. Lorsque je lui en demandai la raison, il me répondit qu'il était allé donner sa voix au président Moubarak. Cela m'étonna et je lui demandai ce qui l'avait poussé à aller voter alors qu'il savait que ces élections, comme les précédentes, étaient frauduleuses. Il se tut un instant et me répondit avec sa sincérité habituelle :

— La vérité, c'est qu'à l'église on nous a demandé d'aller voter pour le Président. Des autobus avaient été prévus pour nous emmener et nous raccompagner.

Je me suis souvenu de cette histoire en lisant les dernières déclarations du pape Chenouda. Deux fois au cours de la semaine dernière, Sa Sainteté a proclamé son soutien catégorique à Gamal Moubarak, comme futur président de l'Egypte. Il apparut ainsi clairement que l'Eglise égyptienne accueillait favorablement la transmission héréditaire de notre pays du président Moubarak à son fils Gamal. Ce phénomène, unique dans l'histoire de l'Egypte, mérite discussion :

Premièrement : le pape Chenouda III représente une autorité spirituelle et non politique. Il est le chef spirituel des coptes et non leur leader politique.

Par conséquent, et avec tout mon respect, il outrepasse son pouvoir lorsqu'il parle politiquement au nom des coptes. Si nous nous battons pour l'instauration d'un état séculier en Egypte où tous les citoyens pourront jouir de la totalité de leurs droits, sans égard pour leur religion, cela implique une séparation nette entre la religion et la politique, ce qui est exactement le contraire de ce que fait le pape Chenouda, en utilisant ses attributs religieux pour imposer son point de vue politique aux coptes. En faisant cela, il confisque leur droit de changer d'opinions politiques – les leurs n'étant pas nécessairement conformes aux siennes.

Deuxièmement : les représentants du régime actuel en Egypte n'ont été élus par personne et les Egyptiens ne les ont pas choisis de leur plein gré. Ils s'accrochent au pouvoir par la répression, les emprisonnements et la fraude électorale. La politique corrompue et inefficace du régime a jeté dans la misère des millions d'Egyptiens.

Je ne doute pas que le pape Chenouda, comme tous les Egyptiens, sache ces vérités. Aussi me faut-il ici interroger Sa Sainteté : est-il conforme à l'enseignement du Messie que vous souteniez un régime politique corrompu et oppressif contre la volonté des gens et leur droit de choisir ceux qui les gouverne? Est-il conforme au Messie que vous feigniez d'ignorer les maux dont souffrent les millions de victimes de ce régime, que ce soit ceux qui ont été tués par la négligence et la corruption ou ceux qui vivent dans des conditions inhumaines? Est-il conforme au Messie que vous soyez d'accord avec la transmission du pays tout entier du père au fils, comme si les Egyptiens étaient des bestiaux ou des volailles ? Sa Sainteté le pape dit qu'il ne soutient pas la transmission héréditaire, mais qu'il prédit la victoire de Gamal Moubarak aux élections. Nous, nous disons au pape : vous savez bien que toutes les élections sont frauduleuses. Pourquoi cachez-vous cette vérité dans vos propos ? La dissimulation de la vérité est-elle conforme à l'enseignement du Messie ?

Troisièmement : on dit que le pape Chenouda soutient la succession héréditaire du pouvoir et la dictature, car il craint pour les coptes que des élections démocratiques soient susceptibles d'amener les Frères musulmans au pouvoir. La vérité est que le rôle et l'influence des Frères musulmans ont été volontairement exagérés par le régime, de façon à les utiliser comme épouvantail contre tous ceux qui réclament la démocratie. La principale vérité, c'est que la dictature ne protège personne contre l'extrémisme religieux, car l'extrémisme religieux est un des symptômes de la dictature. Rappelons que les Frères, alors qu'ils se trouvaient au sommet de leur force, ne sont pas parvenus à obtenir un seul siège au parlement élu en 1950, au cours des dernières élections libres avant la révolution. Ce fut cette fois-là encore un raz de marée du Wafd qui donna la majorité à ce parti. Quant aux victoires électorales remportées par les Frères au cours de ces dernières années, elles n'ont pas eu lieu grâce à leur popularité, mais parce que les gens se sont détournés des élections*. Si les gens étaient allés voter, les Frères

---

* La participation aux élections sous l'ancien régime était extrêmement faible, si bien que, lorsqu'au début des années deux mille le régime a légèrement relâché la contrainte pour donner le sentiment qu'il s'engageait sur la voie de la

n'auraient jamais remporté la majorité, et les gens ne participeront aux élections que lorsqu'ils sentiront qu'elles sont intègres et justes. Contrairement aux craintes du pape, ce sont des élections propres qui peuvent écarter le danger de l'extrémisme religieux, et non le contraire.

Quatrièmement : les coptes sont opprimés en Egypte. C'est une vérité indéniable. Mais les Musulmans eux aussi sont opprimés. Toutes les injustices dont se plaignent les coptes sont réelles, mais s'ils regardaient autour d'eux, ils découvriraient que ces injustices frappent de la même façon les Musulmans. La plupart des Egyptiens sont privés de justice, d'égalité, de la parité des chances, de traitements humains, de respect des droits de l'homme. Les Egyptiens n'ont pas accès à des emplois publics, sauf si ce sont des séides du régime en place.

Il y a deux façons pour les coptes de se libérer de l'oppression qu'ils subissent : soit en adhérant, en tant qu'Egyptiens, à un mouvement national visant à instaurer la justice pour l'ensemble des Egyptiens, soit en s'arrangeant avec le pouvoir, en tant que minorité demandant des privilèges communautaires. Ce dernier choix est erroné et extrêmement dangereux. La dernière prise de position du pape Chenouda envoie malheureusement au régime un message dont le sens est que les coptes soutiennent la dictature et la transmission héréditaire du pouvoir, en échange de la satisfaction de leurs revendications. C'est comme si le pape disait au président Moubarak : "Donnez-nous – à nous les coptes – les

démocratisation, les Frères musulmans se sont engouffrés dans la brèche et ont pu remporter de nombreux sièges, mais avec des taux de participation qui, dans les meilleurs cas, ne dépassaient pas les 15 %. Aux élections suivantes, la fraude redevenait massive et le parti au pouvoir remportait la totalité des sièges.

privilèges que nous vous demandons, puis faites ce que vous voulez avec le reste des Egyptiens. Leur sort ne nous intéresse pas."

Cinquièmement : cette position regrettable du pape Chenouda est en contradiction avec l'histoire de l'Eglise qu'il représente. L'histoire patriotique des coptes est une véritable fierté pour tous les Egyptiens. Sur le siège qu'occupe actuellement le pape Chenouda s'est assis un jour un grand homme, le pape Cyril V, qui a soutenu de toutes ses forces le mouvement national contre l'occupation anglaise. Ce pape patriote participa à la révolution d'Orabi* et à la révolution de 1919**. Au moment du bannissement de Saad Zaghloul, tous les Egyptiens boycottèrent la commission Milner qu'avaient envoyée les Anglais pour examiner les revendications de la révolution. Pour créer des dissensions entre les communautés, les occupants nommèrent ensuite le copte Youssef Wahba pacha président du Conseil des ministres à la place de Saad Zaghloul. Immédiatement, l'église patriote d'alors se réunit pour publier un communiqué prenant ses distances avec la position de Youssef Wahba, en soulignant que ce dernier ne représentait que lui-même, tandis

---

* Orabi Pacha, le premier militaire de haut rang d'origine égyptienne de l'armée du khédive (les autres étaient d'origine turque) s'était dressé avec succès, à partir de 1879, contre la mainmise étrangère sur l'Egypte. Il fallut une expédition militaire britannique en 1882 pour en venir à bout. Ce fut le début de l'occupation britannique de l'Egypte.

** La première guerre mondiale mit fin au lien nominal de suzeraineté entre le khédive d'Egypte et le sultan ottoman. Les Anglais firent alors de l'Egypte un protectorat. Mais une délégation (en arabe : *wafd*) de nationalistes égyptiens conduites par Saad Zaghloul se rendit à Versailles pour demander à participer, au nom de leur pays, à la conférence de paix. Ce fut le début d'un puissant mouvement avec lequel le Royaume-Uni fut obligé de négocier.

que les coptes, comme les autres Egyptiens étaient aux côtés de la révolution et de son leader. Eryan Youssef Saad, un étudiant copte issu d'une famille riche, jeta même une bombe sur le cortège du président du Conseil, pour exprimer la protestation de la nation contre sa traîtrise. Les mémoires d'Eryan Youssef ont été publiées récemment par Dar el Shorouk, et j'espère que le pape Chenouda aura le temps de les lire pour s'enorgueillir, comme nous le faisons tous, du patriotisme des coptes. Youssef Wahba fut stupéfait de découvrir que celui qui avait attaqué son cortège était un copte comme lui. Il lui demanda :

— Pourquoi avez-vous fait cela, Monsieur le bel esprit?

Eryan lui répondit :

— Parce que vous êtes allé contre le consensus de la nation, Monsieur le Pacha.

Du jour au lendemain, Eryan Youssef devint le héros national de toute l'Egypte. Lorsqu'il fut arrêté puis inculpé, aussi bien les officiers que les simples policiers le surnommèrent le héros. Le procureur général lui-même, après avoir terminé l'interrogatoire de l'inculpé, accusé d'avoir jeté une bombe sur le cortège du président du Conseil des ministres, se leva de derrière son bureau, lui serra la main et lui donna l'accolade, en lui disant :

— Que Dieu vous protège mon fils. Vous êtes un patriote et vous aimez votre pays.

C'est cette âme égyptienne qu'il faut que nous retrouvions aujourd'hui afin de réaliser ce que nous souhaitons pour l'Egypte et ce qu'elle est en droit d'attendre de nous. Je souhaite que Sa Sainteté le pape Chenouda comprenne que la protection des coptes ne peut pas résulter de leur transformation en communauté séparée des autres Egyptiens et complice du régime dictatorial qui opprime les gens. Cette façon de voir est totalement étrangère à leur histoire patriotique. Qu'est-ce donc qui protégera les coptes? Leur protection ne sera assurée que lorsqu'ils se considéreront comme des Egyptiens avant d'être des chrétiens. Lorsqu'ils sauront que leur devoir, en tant qu'Egyptiens, est de mener le combat pour l'établissement d'un Etat juste dont tous les fils soient traités à égalité, sans égard pour la religion à laquelle ils appartiennent. Seule la justice protégera les coptes. Ils ne peuvent pas demander la justice pour eux à l'exclusion des autres et ils ne peuvent pas l'obtenir seuls, au détriment des Musulmans. La justice doit être réalisée pour tous et elle ne pourra l'être que par la démocratie.

La démocratie est la solution.

L'ÉGYPTE ASSISE
SUR LE BANC DE TOUCHE

Lorsque dans les années quatre-vingt, j'étais en magistère de chirurgie dentaire à l'université de l'Illinois, aux Etats-Unis, le cursus universitaire stipulait que les étudiants en troisième cycle devaient étudier un ensemble de matières avant d'entreprendre leur recherche. Dans des cas exceptionnels, l'université autorisait certains très bons étudiants à commencer leur recherche en même temps qu'ils étudiaient les matières obligatoires. Dans toute l'histoire du département d'histologie (la science des tissus) dans lequel j'étudiais, seuls deux étudiants ont ainsi pu obtenir leur magistère en un an seulement. La prouesse de ces deux étudiants était l'objet de l'admiration unanime des Américains. Ces deux étudiants étaient égyptiens comme l'était leur directeur de thèse, le docteur Abd el Moneem Zaki.

Je rentrai ensuite en Egypte pour y exercer mon métier de dentiste dans plusieurs endroits, parmi lesquels la cimenterie de Turah. Je découvris par hasard que le laboratoire de cette société avait joué un rôle important dans l'histoire de l'Egypte. Au cours de la préparation de la guerre de 1973, les chimistes égyptiens Fakhry Aldaly et Nabil Gabriel, en association avec le corps des ingénieurs de l'armée, étaient parvenus à produire un ciment spécial, d'une solidité accrue et d'une exceptionnelle résistance aux températures élevées. Les hommes-grenouilles égyptiens avaient utilisé ces ciments au moment de la traversée du canal de Suez pour boucher les orifices de la ligne Bar-Lev. Lorsque les Israéliens avaient ouvert leurs conduites de napalm capables de transformer les eaux du canal en enfer, ils avaient été stupéfiés par la capacité du ciment égyptien à résister au napalm enflammé et à en arrêter totalement l'écoulement, même sous de fortes pressions.

J'ai lu par la suite un autre récit : La ligne Bar Lev était l'un des plus importants obstacles militaires jamais connus et l'on estimait qu'il aurait fallu une bombe atomique pour la détruire, mais après avoir étudié avec soin sa structure, un brillant ingénieur égyptien, le général Baqi Zaki, avait découvert qu'elle était construite en terre. Il avait eu alors l'idée géniale dans sa simplicité de créer un canon à eau d'une très forte poussée et doté d'une extraordinaire capacité de perforation. Grâce à quoi, au moment de la traversée, les soldats égyptiens avaient creusé de nombreux trous dans la ligne Bar Lev qui avait fondu comme un morceau de gruyère

On pourrait longuement parler des capacités de nos compatriotes. Connaissez-vous le nombre de cerveaux égyptiens émigrés en Europe, en Amérique et en Australie ? Ils sont huit cents vingt-quatre mille, ce qui équivaut au nombre d'habitants de certains pays arabes. Ces Egyptiens ont tous de hautes qualifications. Parmi eux, il y a trois mille savants dans des spécialités de la plus haute importance, comme l'ingénierie nucléaire, la génétique, l'intelligence artificielle. Tous attendent une occasion de servir leur pays.

C'est dans les pays du Golfe que se manifeste dans tout son éclat le savoir-faire égyptien. Ces pays qui, par la grâce du pétrole, reçoivent chaque matin des millions de dollars ont pu créer des villes nouvelles luxueuses, des entreprises économiques géantes, mais ils n'ont pas été capables de produire des Ahmed Zaouil, des Magdi Yaacoub, des Naguib Mahfouz, des Abdelouahab, voire des Oum Kalsoum, ni personne de comparable à ces milliers d'Egyptiens talentueux. Le génie d'un peuple n'a pas de rapport avec sa richesse, mais avec une expérience culturelle transmise à travers de nombreuses générations. L'Egypte, plus que n'importe quel autre Etat arabe, bénéficie de cette accumulation culturelle. Les pays arabes producteurs de pétrole sont redevables à notre pays de tout ce qu'ils ont réalisé : ce sont des professeurs égyptiens qui les ont éduqués dans les écoles et dans les universités, ce sont des ingénieurs égyptiens qui ont dessiné leurs villes et qui en ont supervisé la construction, ce sont des spécialistes égyptiens qui ont fondé leurs télévisions et leurs radios, ce sont des juristes égyptiens qui ont posé les bases de leurs constitutions et de leurs législations. Même les hymnes nationaux de ces pays ont souvent été composés par des artistes de notre pays.

Puisque le génie égyptien est une réalité indéniable, une question vient alors à l'esprit : si l'Egypte possède ce génie humain, pourquoi a-t-elle régressé au point de se retrouver au dernier rang des pays du monde ? Pourquoi la plus grande partie de nos compatriotes vit-elle dans des conditions abjectes ? La réponse tient en un seul mot, celui de dictature.

Les dons de l'Egypte continueront à être gaspillés et ses possibilités dilapidées aussi longtemps que son régime sera dictatorial et répressif. En Egypte, les emplois sont toujours réservés aux suppôts du régime, sans égard pour leurs compétences ou pour leur travail. Les hommes qui y occupent des responsabilités accordent moins d'importance à leur tâche qu'à leur image auprès de celui qui gouverne, car c'est lui seul qui peut les renvoyer. Généralement inaptes, ils sont hostiles aux personnes qualifiées qui représentent un danger pour eux et pour les positions qu'ils occupent. Le mécanisme du régime égyptien écarte systématiquement les personnes compétentes et douées et ouvre la porte aux joueurs de flûte et de tambourin. Sans doute sommes-nous le seul pays où l'on relève de son poste un ministre qui a échoué dans le secteur du logement pour lui confier celui des hydrocarbures, auquel il ne connaît rien, simplement parce qu'il est bien vu du président Moubarak. Le seul pays où l'on nomme président du Conseil des ministres quelqu'un qui n'a pas assisté à une seule rencontre politique de toute sa vie.

Le peuple égyptien n'a pas encore été appelé sur le terrain, ou bien il ne l'a été qu'à de très rares moments, comme pendant la guerre d'usure, la guerre d'Octobre ou la construction du Haut Barrage. Chaque fois que les Egyptiens ont été mis à l'épreuve, ils ont brillemment marqué l'essai, mais on les a ensuite renvoyés sur le banc de touche.

Nous ressemblons à une équipe de footballeurs doués, mais qui ont un entraîneur qui ne les aime pas, qui ne les respecte pas et qui ne veut jamais leur donner leur chance. Il emploie des joueurs ratés et corrompus qui conduisent toujours l'équipe à l'échec. Dans les règles du football, un joueur qui est resté toute une saison sur la touche a le droit de dénoncer son contrat. L'Egypte tout entière est assise sur le banc de touche depuis trente ans. Elle contemple ses défaites et ses revers sans même pouvoir s'y opposer. N'a-t-elle pas le droit, et même n'est-il pas de son devoir, de dénoncer le contrat?

Au cours de ma dernière visite à New York, j'ai rencontré, comme d'habitude, de nombreux compatriotes diplômés de l'université, travaillant dans des restaurants ou dans des stations-service. Un soir que je me promenais dans la célèbre 42e rue, je suis tombé par hasard sur un marchand ambulant de hot-dogs qui avait des traits égyptiens. Je me suis approché de lui pour faire sa connaissance et j'ai découvert que c'était un diplômé de médecine de l'université d'Aïn Shams. Il m'a invité à boire avec lui, dans la rue, un verre de thé à la menthe. Lorsque des clients venaient, il se levait pour leur faire des sandwichs. Je me disais que j'avais sous les yeux un échantillon du sort que le régime au pouvoir réservait à ses ressortissants. Pour être admis en médecine et y avoir terminé ses études, Il avait fallu que ce jeune homme obtienne une mention d'excellence au baccalauréat, et maintenant il faisait des hot-dogs pour les passants. Comme s'il devinait mes pensées, il s'assit à côté de moi, alluma une cigarette et me dit :

— Vous savez, j'ai parfois l'impression d'avoir raté ma vie. J'ai peur de la passer tout entière à vendre des sandwichs dans la rue. Puis je me dis qu'ici, certes, je suis un vendeur de sandwichs, mais un citoyen respecté, tandis qu'en Egypte je suis médecin, c'est vrai, mais sans aucun droit ni aucun respect.

Son père, qui était fonctionnaire des waqfs, avait lutté pour que lui et ses sœurs puissent faire des études mais, après avoir obtenu son diplôme, il avait découvert la théorie des trois Ni comme il l'appelait par dérision : ni travail, ni mariage ni avenir. Il s'était rendu compte de ce que le travail dans le Golfe avait d'humiliant et de peu assuré. Les études de troisième cycle exigeaient des moyens financiers qu'il n'avait pas. Il avait alors dit à la seule fille qu'il ait jamais aimée de l'oublier, car il ne pouvait ni l'épouser ni la faire attendre.

Après un moment de silence, il m'a demandé d'un ton qu'il voulait enjoué :

— Voulez-vous écouter Mohamed Mounir ? J'ai toutes ses cassettes.

Il a sorti un petit lecteur de son chariot et complété, avec la musique de fond de Mounir, ce spectacle attristant. Il faisait de plus en plus froid et le petit chauffage qu'il y avait à côté de son chariot n'était pas suffisant. Calfeutrés dans nos manteaux, nous soufflions sur nos mains sans grand résultat. Dans la rue presque déserte, il n'y avait plus de clients, mais il était tenu de rester jusqu'au matin comme il s'y était engagé auprès du propriétaire du chariot.

Je restai longtemps avec lui à parler et à rire. Puis je lui fis mes adieux. En silence, il me serra très fort dans ses bras. Nous n'avions pas besoin de parler. Je me sentais en totale empathie avec lui. Sans me retourner, je m'éloignai de quelques pas en direction de la place, lorsqu'il m'appela à voix haute :

— Ecoutez…

Je me retournai et le vis qui souriait :

— Saluez l'Egypte de ma part. Elle me manque vraiment.

La démocratie est la solution.

LES ÉGYPTIENS SONT-ILS VRAIMENT RELIGIEUX?

Pendant des années, j'ai été dentiste dans une grande institution publique qui avait des milliers d'employés. Le premier jour, pendant que je soignais un patient, la porte du cabinet s'ouvrit et un homme se présentant comme le Docteur Hussein Saïdalani me demanda de venir rejoindre les autres pour la prière de midi. Je lui répondis que ce n'était pas possible pour l'instant et que j'irais prier lorsque j'aurais fini mon travail. Nous entamâmes une discussion qui faillit tourner à la dispute, car il insistait pour que j'abandonne mon patient et le suive à la prière, et moi, j'insistais pour continuer mon travail.

Je découvris ensuite que les idées du docteur Hussein étaient très répandues parmi les employés de l'institution, qui faisaient tous preuve d'une extrême religiosité. L'ensemble du personnel féminin portait le *hidjab* et, au moins une demi-heure avant l'appel à la prière de midi, tout le monde abandonnait sa tâche pour faire ses ablutions et tendre des nattes dans les couloirs, en prévision de la prière collective. Cela sans oublier la participation aux voyages que l'établissement public organisait tous les ans pour le grand et le petit pèlerinage.

Il n'y avait rien dans tout cela qui soit de nature à ce que je m'y oppose. Quoi de plus beau en effet que d'être pieux?

Mais je découvris rapidement qu'en dépit de leur stricte observance des obligations religieuses, un grand nombre d'employés commettaient fréquemment des fautes graves : ils se comportaient mal avec les gens, mentaient, étaient hypocrites, traitaient d'une façon injuste leurs subordonnés, et même, ils étaient parfois corrompus, ce qui pouvait aller jusqu'au détournement de fonds publics. Quant au docteur Hussein el Saïdalani qui me pressait tant de participer à la prière, on découvrit plus tard qu'il trafiquait les factures et qu'il vendait des médicaments pour son propre compte.

Ce qui se passait alors dans cet organisme arrive maintenant partout en Egypte. Une apparence de religiosité se répand en tous lieux, à tel point que l'institut de sondage américain, Gallup, considère, dans une étude récente, que les Egyptiens sont le peuple le plus religieux de la terre… En même temps, l'Egypte occupe une place de choix en matière de corruption, de détournements de fonds, de harcèlement sexuel, de fraude, d'escroquerie et de falsification.

Comment est-il possible que nous soyons, en même temps, les plus pieux et les plus dévoyés ? En 1664, le grand écrivain français Molière écrivait une pièce de théâtre où il décrivait la personnalité de Tartuffe, un dévot corrompu qui essayait de satisfaire ses appétits sexuels tout en faisant semblant d'être pieux. L'église catholique s'était dressée alors violemment contre Molière et avait fait interdire la représentation de la pièce pendant quatre ans. Mais, malgré l'interdiction, cette œuvre est tellement devenue un classique que le mot Tartuffe, tant en français qu'en anglais, s'emploie pour désigner un hypocrite. La question est donc : des millions d'Egyptiens sont-ils devenus des tartuffes ?

Je pense que le problème est plus profond chez nous, car les Egyptiens sont vraiment pieux et ont une foi sincère. Mais nombre d'entre eux commettent de mauvaises actions sans que leur conscience religieuse en souffre. Bien sûr, il ne faut pas généraliser. Nombreux sont ceux qui examinent leur conscience au moment d'agir, comme ces admirables juges qui, en livrant bataille pour l'indépendance de la justice, défendent l'honneur de l'Egypte, telle la conseillère Noha El Zini qui a dénoncé la fraude électorale organisée par le gouvernement, tel l'ingénieur Yahia Hussein qui a mené un combat acharné pour protéger du pillage le bien public, lors de la signature du contrat d'Omar Efendi, et également de nombreux autres. Tous ceux-là sont des croyants au sens vrai du mot.

En revanche, les milliers de jeunes qui harcèlent les femmes dans la rue, le jour de l'Aïd, ont jeûné et prié pendant le Ramadan. La plupart du temps, les officiers de police qui torturent des innocents, les médecins et les infirmières qui se conduisent mal avec les malades pauvres dans les hôpitaux publics, les fonctionnaires qui falsifient de leurs propres mains les résultats des élections au service du gouvernement et les étudiants qui pratiquent massivement la fraude, sont pieux et observent les obligations religieuses.

Les sociétés deviennent malades de la même façon que les humains.

Notre société souffre maintenant d'une dichotomie entre la croyance et le comportement, une dichotomie entre la religion et la morale. C'est là une maladie qui a de multiples causes. La première en est le régime dictatorial, qui conduit nécessairement à la propagation du mensonge, de l'imposture, et de l'hypocrisie. La seconde en est **la** lecture de la religion aujourd'hui répandue en Egypte, qui est plus procédurière que comportementale, c'est-à-dire qu'elle ne présente pas la religion comme synonyme de la morale, mais comme un ensemble de procédures qu'il suffit d'accomplir pour être un dévot.

Certains disent que les rites et le culte sont des piliers de la religion aussi importants que la morale. En réalité, toutes les religions sont fondées sur la défense des valeurs humaines que sont la vérité, la justice et la liberté. Tout le reste compte moins. Il est triste de constater que nous ne comprenons pas ou ne voulons pas comprendre que la tradition de l'islam confirme pleinement que la morale est l'élément essentiel de la religion. C'est pourtant bien ce que montre le récit relatant la rencontre entre le Prophète et un ascète qui avait fui le monde pour se consacrer jour et nuit au culte de Dieu. Le Prophète lui avait demandé :

— Qui te prend en charge ?

— Mon frère travaille et me prend à sa charge, lui répondit l'homme.

— Ton frère rend donc un meilleur culte que toi, avait conclu le Prophète.

Le propos est catégorique : celui qui travaille et pourvoit aux besoins de sa famille est préféré par Dieu à l'ascète qui se coupe du monde pour l'adorer, mais qui ne travaille pas.

La vision réductrice de la religion est la principale cause de la dégradation de la situation en Egypte. Tout au long des vingt dernières années, les rues et les mosquées du pays ont été recouvertes de millions d'affiches appelant les musulmanes à porter le *hidjab*. Imaginons que, en plus du *hidjab*, ces affiches aient appelé à refuser l'oppression que le pouvoir fait peser sur les Egyptiens, ou à lutter pour les droits des détenus, ou à s'opposer à la fraude électorale. Si cela était arrivé, la démocratie aurait déjà été instaurée et les Egyptiens auraient arraché à la dictature le respect de leurs droits.

Il n'y a que deux façons de parvenir à la vertu : soit par une dévotion totalement synonyme de morale, soit à travers la morale seule, même si elle ne s'appuie pas sur la religion. Lorsque, il y a des années, ma mère aujourd'hui défunte a été atteinte du cancer, nous avons fait venir pour la soigner un des plus grands oncologues du monde, le docteur Garcia Gerald de l'Institut Curie de Paris. Ce grand savant venu plusieurs fois en Egypte pour soigner ma mère refusa énergiquement de toucher des honoraires et, comme j'insistais, il me dit que sa déontologie ne lui permettait pas de toucher de l'argent pour le traitement de la mère d'un collègue médecin. Cet homme ne croyait pas beaucoup aux religions, mais la noblesse de son comportement en faisait un vrai croyant. Je me demande à combien de nos médecins dévots d'aujourd'hui il viendrait seulement à l'idée de refuser de toucher des honoraires de la part d'un de leurs collègues?

Voici un autre exemple : en 2008, dans le but d'améliorer l'image du régime libyen à l'extérieur, fut créé un prix littéraire annuel à vocation mondiale doté d'une somme d'un million de livres égyptiennes. Ce prix portait le nom de "prix Kadhafi des droits de l'homme". Un comité composé de grands intellectuels arabes fut chargé de choisir chaque année un lauréat. Cette année-là, le comité décida d'accorder le prix au célèbre écrivain espagnol Juan Goytisolo, âgé de 78 ans.

Mais, à leur grande surprise, Juan Goytisolo envoya une lettre aux membres du comité, dans laquelle il les remerciait de l'avoir choisi et les informait, en même temps, qu'il ne pouvait moralement pas recevoir un prix des droits de l'homme de la part du régime de Kadhafi qui s'était emparé du pouvoir par un coup d'Etat militaire et qui avait emprisonné et torturé des milliers de ses opposants. L'écrivain

Goytisolo refusa un prix de près d'un million de livres égyptiennes, parce que cela était incompatible avec sa conscience morale.

Nous pouvons nous demander combien d'intellectuels ou même d'hommes de religion en Egypte auraient refusé cette récompense ? Qui donc est le plus proche du Dieu tout puissant, cet écrivain à qui – j'en suis certain – la religion n'est pas venue à l'esprit lorsqu'il a pris cette noble décision, ou bien les dizaines de dévots égyptiens musulmans et chrétiens qui collaborent avec les régimes dictatoriaux et se mettent à leur service, en refusant totalement de voir les crimes que perpètrent ces régimes contre leurs peuples ?

La foi véritable doit être en conformité avec la morale. Sinon, la morale sans religion vaut beaucoup mieux que la religion sans morale.

La démocratie est la solution.

LES CHAGRINS DE Mlle LAURENCE

Mlle Laurence est une kinésithérapeute française à qui la possibilité avait été offerte de venir travailler en Egypte, ce qui l'avait beaucoup réjouie. Comme la plupart des Français, elle aimait la civilisation égyptienne et rêvait de voir le Nil, les pyramides et les temples pharaoniques. A diverses occasions, j'ai croisé Mlle Laurence au Caire. Lorsque je l'ai revue, il y a quelques jours, ses propos m'ont frappé :

— J'ai décidé de quitter définitivement l'Egypte.
— Pourquoi?
— Parce que je ne supporte plus d'être regardée comme une marchandise à l'étalage.
— Que voulez-vous dire?
— Toutes les fois que je sors dans la rue, c'est une véritable épreuve. J'ai l'impression de ne pas être une personne dotée de raison et de sentiments, mais rien de plus qu'un corps, une femme offerte à tous. Tous les hommes que je rencontre me regardent d'une manière indécente. Ils me déshabillent du regard. J'évite les endroits où il y a beaucoup de monde parce que je sais que la foule est synonyme de harcèlement. Les hommes tendent leurs mains vers ma poitrine, mes cuisses ou ailleurs.
— Est-ce que cela arrive toujours?
— En permanence. Celui qui ne parvient pas à me toucher dans une bousculade me demande dans un mauvais anglais si j'ai un ami ou un mari, pour

essayer de coucher avec moi. Même les hommes qui marchent sur le trottoir d'en face me crient des obscénités, me sifflent ou me font des gestes déplacés. La première fois que j'ai pris le métro a été une expérience édifiante. Dix hommes se sont mis, en même temps, à regarder mon corps avec concupiscence. Par la suite, je suis montée dans la voiture des femmes.

— Est-ce que vous étiez très dénudée ?

— Pas du tout ! Vous m'avez rencontrée plusieurs fois : comment est-ce que j'étais habillée ? Je respecte la culture des gens et je sais que l'Egypte est un pays conservateur. Même l'été, lorsque je porte un tee-shirt, je couvre toujours mes bras avec un châle en soie.

— Est-ce qu'il vous arrive d'être harcelée de cette façon en France ?

— Très rarement. Après un an et demi passé au Caire, je ne parviens toujours pas à croire à ce qui m'arrive. J'imagine parfois que tous les Egyptiens sont atteints de dépravation sexuelle. Je me suis mise à avoir peur de sortir dans la rue. Quand je n'ai rien à faire, je reste des jours entiers à la maison.

— Qu'allez-vous faire maintenant ?

— Je suis heureuse parce que j'ai trouvé un emploi en Grèce. J'attends avec impatience mon départ. Au moins en Grèce, on n'essaiera pas de me toucher, on ne me jettera pas des regards lubriques et on ne me proposera pas d'aller au lit aussitôt qu'on me verra. Je sentirai que je suis une personne humaine et pas un simple objet sexuel.

Cette conversation avec Mlle Laurence m'attrista. Comment tout cela peut-il arriver en Egypte dont les habitants ont toujours été réputés pour leur politesse, leurs bonnes manières et leur respect des étrangers ? Je m'en suis référé aux études menées sur le harcèlement sexuel et j'ai découvert des résultats effrayants. L'an dernier, une enquête du centre égyptien des droits de l'homme a révélé qu'en Egypte, 98 % des étrangères et 83 % des Egyptiennes ont été victimes de harcèlement sexuel. Ce qui est étonnant, c'est que ce harcèlement va de pair avec un déferlement des apparences extérieures de dévotion : toutes ces barbes, ces tuniques blanches, ces haut-parleurs hurlants, ces chaînes satellitaires salafistes, wahabites, tous ces prêches et toute cette religiosité de façade n'empêchent pas le harcèlement sexuel.

Pourquoi les Egyptiens harcèlent-ils donc les femmes ?

La réponse traditionnelle, c'est que la femme en est responsable : en découvrant son corps, elle pousse les hommes à la harceler.

C'est là un raisonnement aberrant et stupide.

Premièrement, parce qu'il s'en prend à la victime et non pas au coupable.

Deuxièmement, parce qu'il présente les hommes comme un troupeau d'animaux sans entrave, si incapables de contenir leurs instincts qu'ils ne peuvent apercevoir la moindre partie dénudée d'un corps de femme sans se jeter dessus.

Troisièmement, parce que la plupart des femmes en Egypte portent maintenant le *hidjab* et que cela ne les protège pas du harcèlement, comme le montre l'étude que je viens de mentionner.

Quatrièmement, parce que les femmes égyptiennes jusqu'à la fin des années soixante-dix portaient des vêtements modernes qui découvraient souvent leurs bras et leurs jambes et que, en dépit de cela, le degré de harcèlement sexuel à cette époque était beaucoup moins élevé que celui d'aujourd'hui.

Cinquièmement, parce que, en France, par exemple, où les femmes découvrent généralement leur corps, le degré de harcèlement sexuel ne dépasse pas, selon le *New York Times*, les 20 %, ce qui veut dire que le degré de harcèlement sexuel dans la pieuse Egypte est quatre fois supérieur à celui de la France laïque.

En revanche, les sociétés qui séparent totalement les hommes des femmes, comme l'Arabie saoudite ou l'Afghanistan, enregistrent les plus hauts niveaux, de harcèlement sexuel au monde. Le phénomène est donc beaucoup plus complexe qu'une simple question de vêtements. De mon point de vue, c'est pour les raisons suivantes que le harcèlement sexuel se développe aussi furieusement en Egypte :

Tout d'abord, le chômage : des millions de jeunes qui ne sont pas parvenus à trouver du travail à la fin de leurs études sont en proie au désespoir et ne croient plus à l'idée de justice, car, en Egypte, les efforts ne conduisent pas nécessairement au succès ni les bons résultats scolaires à l'accession à des fonctions honorables. Le respect de la morale n'est pas, chez nous, le meilleur chemin vers la réussite sociale, au contraire, c'est souvent l'immoralité qui permet de devenir riche. Tout cela ne peut que pousser les jeunes à la violence. Les psychologues confirment que les crimes sexuels ne sont pas toujours perpétrés dans un but d'assouvissement du désir, mais que, très souvent, le harcèlement sexuel est un moyen de se venger de la société et de se soulager de sa colère ou de ses frustrations.

Ensuite, la difficulté du mariage en Egypte est telle que des milliers de jeunes sont dans l'impossibilité d'en assumer les frais ; comme les coutumes et les prescriptions religieuses (musulmanes et chrétiennes) interdisent les relations sexuelles en dehors de cette institution, la majorité des jeunes égyptiens souffrent de refoulement sexuel, ce qui les conduit, dans certains cas, à harceler les femmes.

S'y ajoutent les films pornographiques qui connaissent une grande diffusion. Il est très facile de s'en procurer du fait de la révolution des moyens de communication qu'a constituée le développement du réseau Internet. En réalité, la nocivité de la pornographie ne tient pas tant à ce qu'elle renforce les pulsions sexuelles inhibées des jeunes qu'au fait qu'elle encourage l'idée d'agression sexuelle en lui ôtant, à leurs yeux, son caractère criminel et qu'elle prive les relations sexuelles de leur aspect intime et respectueux. Le harcèlement leur apparaît donc, dans ce cas, plus comme un acte de jouissance qu'un crime déshonorant.

Enfin, la dernière cause est que notre vision de la femme en Egypte a changé. A partir du début du siècle dernier, la femme égyptienne a mené un long combat pour se libérer, pour devenir l'égale de l'homme dans les domaines de l'enseignement et du travail et pour conquérir une position respectable dans la société. Puis la société égyptienne est tombée sous l'influence d'une lecture wahabite fermée de l'islam. Cette lecture, en dépit de son acharnement à couvrir le corps de la femme, réduit pour l'essentiel cette dernière à l'état d'objet de jouissance, de source de tentations, de machine à fabriquer des enfants et de servante ménagère.

Certains cheikhs wahabites, dans leur défense du vêtement islamique, comparent la femme à une friandise qui doit être bien enveloppée pour que les mouches ne s'y posent pas. Mais quelle que soit la bonne intention de ceux qui tiennent ces propos, assimiler la femme à une friandise lui enlève son caractère humain. Une gourmandise est dépourvue de sentiments, d'esprit et de volonté, et sa seule utilité est qu'on la mange pour se délecter de sa saveur. Par conséquent celui qui a envie d'une friandise et n'a pas les moyens de s'en payer, n'hésite pas un seul instant, si l'occasion se présente, à en manger impunément un morceau qui appartient à quelqu'un d'autre. C'est exactement ce que font les hommes qui harcèlent les femmes dans la rue.

Le harcèlement des femmes ne cessera que lorsque nous reviendrons à une lecture égyptienne ouverte et juste de l'islam qui considère la femme comme un être humain, doté d'une pleine capacité et non pas comme un simple corps ou un bout de friandise. Le harcèlement cessera lorsque prendront fin la corruption, la dictature et l'oppression, lorsque viendra un régime politique nouveau, élu par le peuple et garantissant les droits naturels des millions de jeunes à la vie, au travail et au mariage.

La démocratie est la solution.

POURQUOI LES RELIGIEUX EXTRÉMISTES SONT-ILS SI PRÉOCCUPÉS PAR LE CORPS DE LA FEMME ?

Le mouvement somalien des *chebabs* (les jeunes) contrôle de larges parties du sud et du centre de la Somalie et, comme les responsables de ce mouvement adhèrent au courant de pensée wahabite, ils ont imposé par la force cette doctrine aux Somaliens. Ils ont promulgué des décrets très stricts interdisant le cinéma, le théâtre, la danse dans les mariages, les matchs de football ainsi que toute sorte de musiques, y compris les sonneries mélodieuses des téléphones portables. Récemment, ces extrémistes ont fait une chose étonnante : ils ont arrêté une femme somalienne et l'ont fouettée en public parce qu'elle portait un soutien-gorge. Ils ont clairement proclamé que le port de cet accessoire, considéré comme une sorte de fraude et de tromperie, était contraire à la religion !

Cela nous amène à nous poser quelques questions : quel est pour eux le lien entre la religion et le port du soutien-gorge ? Pourquoi considèrent-ils cela comme une fraude et une tromperie ? Comment ont-ils fait pour arrêter la femme portant un soutien-gorge, sachant que les femmes somaliennes ont toutes le corps entièrement couvert ? Ont-ils nommé des policières chargées de fouiller les poitrines des femmes qui passent dans la rue ?

Halima, une femme somalienne, a déclaré à l'agence Reuters :

— Ces extrémistes nous ont obligées à porter le *hidjab* à leur façon et maintenant ils nous obligent à faire balloter nos poitrines. Ils ont commencé par interdire le modèle ancien de voile, puis ils ont apporté un tissu grossier pour couvrir les poitrines des femmes. Et maintenant, ils disent qu'il faut que les poitrines soient retenues d'une façon naturelle ou bien comprimées.

La vérité est que cet intérêt excessif mis à couvrir le corps de la femme ne se limite pas aux extrémistes somaliens. Au Soudan, les policiers inspectent avec une extrême attention les vêtements des femmes et arrêtent toute femme qui porte un pantalon. Ils l'obligent ensuite à s'excuser publiquement du méfait qu'elle a commis, puis elle est fouettée en public pour que cela serve d'exemple aux autres femmes. Il y a quelques semaines, la journaliste soudanaise Lubna El Hosseïni s'entêta à vouloir porter un pantalon et refusa aussi bien les excuses publiques que la punition par le fouet. Elle fut donc soumise à un véritable procès. Pour que la farce soit complète, le juge convoqua trois témoins et leur demanda s'ils avaient vu par transparence les sous-vêtements de l'accusée. L'un des témoins hésita dans sa réponse et le juge lui demanda sans détour :

— Avez-vous vu le ventre de Lubna lorsqu'elle était en pantalon ?

L'honorable témoin répondit :

— Plus ou moins.

Lubna assura que son pantalon était très décent et que le pantalon scandaleux qu'on l'accusait d'avoir porté ne lui aurait pas du tout convenu. Elle était trop rondelette et il lui aurait fallu maigrir de vingt kilos pour pouvoir y entrer. Malgré cela, le juge conclut à sa culpabilité et la condamna à cinq cents livres d'amende et un mois d'emprisonnement.

En Egypte également, les extrémistes sont toujours aussi obnubilés par le corps de la femme et obsédés par leur volonté de le recouvrir. Ils ne demandent pas seulement aux femmes de porter le *niqab*, mais également des gants épais qui, de leur point de vue, sont une garantie pour prévenir la naissance du désir entre un homme et une femme lorsqu'ils se serrent la main. Nous nous trouvons là de toute évidence devant un phénomène qui mérite qu'on s'y arrête.

Pourquoi les extrémistes sont-ils préoccupés à ce point par le corps de la femme ? Quelques réflexions nous aideront peut-être à répondre :

La pensée extrémiste réduit la femme à n'être qu'un corps, un instrument de plaisir légal et également un instrument de tentation, en même temps qu'une usine à fabriquer des enfants. Elle leur enlève ainsi leur caractère humain. L'accusation de fraude et de tromperie faite à la femme somalienne, parce qu'elle portait un soutien-gorge, est précisément le type d'accusation de fraude commerciale prévue par la loi contre le commerçant qui cache les défauts de sa marchandise ou qui lui attribue, frauduleusement, des qualités qu'elle n'a pas pour pouvoir la vendre à un prix plus élevé.

L'idée est ici que la femme qui fait ressortir sa poitrine en portant un soutien-gorge offre une image frauduleuse de la marchandise (son corps), ce qui est considéré comme une fraude et une tromperie à l'égard de l'acquéreur (l'homme) susceptible de l'acheter (l'épouser) par admiration pour sa poitrine proéminente et qui découvre, après coup, que cette proéminence provenait de l'emploi d'un soutien-gorge et n'était pas naturelle.

Il est juste de rappeler ici que l'attitude qui consiste à considérer le corps d'une femme comme une marchandise n'est pas limitée à la pensée extrémiste, mais qu'elle est également fréquente dans les sociétés occidentales. En Occident, l'utilisation du corps nu de la femme pour vendre des produits commerciaux n'est rien d'autre qu'une application différente de l'idée que la femme est une marchandise. Et tous ceux qui ont visité la zone rouge d'Amsterdam, en Hollande, ont pu constater par eux-mêmes la façon dont les pauvres prostituées sont exposées complètement nues derrière des vitrines où le passant vient examiner leurs avantages avant de se mettre d'accord sur le prix. N'est-ce pas là un moderne marché aux esclaves où le corps des femmes est mis en vente pour tous ceux qui sont prêts à payer?

De plus, les extrémistes considèrent la femme comme une source de tentations et comme la première responsable du péché. Cette vision répandue dans toutes les sociétés primitives est injuste et inhumaine. Le péché est perpétré par l'homme et la femme ensemble, et leur part de responsabilité est égale. Si une belle femme fait naître le désir chez un homme et le conduit à la tentation, un bel homme peut, lui aussi, faire naître le désir chez la femme et la conduire à la tentation. Mais la pensée extrémiste est par nature favorable à l'homme et hostile à la femme qui, elle seule, est considérée comme la première responsable de tous les péchés.

Le plus souvent, la pensée extrémiste considère l'humanité comme un troupeau de bestiaux sans entraves, totalement incapables de maîtriser leurs instincts. Sinon comment serait-il possible qu'il suffise à un homme de voir un morceau du corps nu d'une femme sans lui sauter dessus? Or cette hypothèse n'est pas juste. L'homme, au contraire de l'animal, est toujours capable de maîtriser ses instincts grâce à son cerveau et à son sens moral. L'homme ordinaire, s'il est normal, ne peut pas éprouver de désir pour sa mère, pour sa fille ou même pour la femme de son ami, car son sens de l'honneur et de la morale l'élève au-dessus du désir et neutralise son influence.

On ne parvient jamais à la vertu par l'interdiction, par la répression et par l'exclusion des femmes de l'espace public. On y parvient seulement par une bonne éducation, par la propagation de la morale et par la formation de la personnalité. Selon les statistiques officielles, les sociétés qui séparent par la force les hommes des femmes (comme l'Afghanistan ou l'Arabie saoudite) ne comptent pas moins – peut-être même en ont-elles plus – de crimes sexuels que les autres sociétés.

Nous approuvons – et nous souhaitons – que les femmes aient une conduite décente, mais avant tout, nous soutenons une vision humaine de la femme, vision qui respecte ses capacités, sa volonté et sa pensée. Il est consternant de voir que l'extrémisme wahabite qui se répand grâce à l'argent du pétrole dans de nombreux endroits du monde et qui donne une image détestable des musulmans est tout ce qu'il y a de plus éloigné des enseignements de l'islam véritable. Celui qui lit dans un esprit d'équité l'histoire de l'islam ne peut qu'être ébloui par la position élevée qu'il a accordée à la femme, entre l'époque du prophète et la chute de l'Andalousie. La femme musulmane se mêlait alors aux hommes, elle étudiait, elle travaillait, elle faisait du commerce, elle participait aux combats, elle gérait ses biens sans demander de comptes à son père ou à son mari, elle avait le droit de choisir un époux qu'elle aimait et d'en divorcer si elle voulait. Tous ces droits, la civilisation occidentale ne les a accordés à la femme que de longs siècles après l'islam.

Finalement, l'extrémisme religieux est le dernier visage du despotisme politique. Nous ne pourrons pas nous débarrasser de l'extrémisme avant que la dictature ait pris fin.

La démocratie est la solution.

L'HISTOIRE DE NORA
ET DE L'ÉQUIPE NATIONALE

Cette semaine, j'avais l'intention écrire au sujet d'une femme égyptienne qui s'appelait Nora Hashem, mais la formidable victoire de notre équipe nationale de football sur l'équipe algérienne ne peut pas être passée sous silence. Aussi ai-je décidé d'écrire sur les deux sujets à la fois :

Rien ne distinguait Nora Hashem de millions de femmes égyptiennes. Elle était brune de peau, moyennement belle, et pauvre. Elle avait épousé un simple ouvrier qui s'appelait Hani Zakaria Mustapha avec qui elle avait eu deux fils. Tous les deux menaient un combat acharné pour leur pain quotidien et pour l'éducation de leurs enfants. Un jour, Nora se sentit tout à coup très malade.

Le match entre notre équipe nationale et l'équipe algérienne fut un combat épique qui a révélé la trempe de l'authentique Egypte. Tous ont oublié leurs différences pour se ranger comme un seul homme derrière l'équipe nationale. Lorsque les médias algériens se mirent à se moquer d'une façon grossière de notre équipe nationale, les journalistes égyptiens leur répliquèrent par une avalanche d'injures blessantes.

Quand la chanteuse algérienne Warda, déclara qu'elle soutenait l'équipe algérienne, beaucoup d'Egyptiens éprouvèrent de la colère et se demandèrent comment Warda pouvait oser encourager cette équipe, alors qu'elle vivait en Egypte et se nourrissait de ses richesses, depuis des lustres*. Certains abonnés d'Internet demandèrent même qu'on interdise l'entrée de Warda en Egypte, en représailles contre le fait qu'elle ne soutenait pas notre équipe nationale.

Au début, Nora attribuait ses malaises à l'absence de sommeil et à l'excès de travail domestique, et elle cacha son état à son mari Hani pour ne pas ajouter à ses tracas. Mais sa maladie s'aggrava et elle dut garder le lit. Hani insista alors pour l'amener dans un cabinet privé. Il paya la consultation au médecin qui l'examina et conseilla de la transporter immédiatement à l'hôpital.

Le président Moubarak tint à assister à l'entraînement de l'équipe nationale et il passa un moment avec les joueurs pour les encourager, avant la compétition. La sollicitude du président Moubarak pour les sportifs est bien connue. Nous nous souvenons peut-être du jour où mille quatre cents Egyptiens sont morts noyés dans le fameux accident du ferry-boat. La tristesse du Président pour les victimes ne l'a pas empêché d'assister à l'entraînement de l'équipe nationale qui devait affronter une autre bataille historique, à la fin de la coupe d'Afrique.

Lorsque Hani Zakaria et sa femme Nora arrivèrent au service de pneumologie d'Imbaba, il était deux heures du matin. Un médecin ausculta rapidement Nora et lui dit qu'elle allait bien et qu'elle n'avait pas besoin d'être hospitalisée, puis il partit. Hani tenta de le rattraper pour lui parler, mais celui-ci refusa de le rencontrer.

---

* Warda el Djezaïria est, comme son nom l'indique une chanteuse d'origine algérienne. Etablie depuis des décennies en Egypte, elle est, de fait, devenue une des plus grandes chanteuses égyptiennes.

Hani retourna voir l'employé de la réception et le supplia de l'aider à faire soigner sa femme. L'employé lui dit alors sans ambages :

— Si vous voulez que votre femme soit soignée, payez maintenant la somme de deux mille livres.

Pendant le match contre l'Algérie, malgré la grossièreté délibérée des Algériens, nos joueurs ont parfaitement su garder leur sang-froid. La période qui a précédé le match, et le match lui-même, ont également été révélateurs de la profonde religiosité de millions d'Egyptiens qui ont adressé leurs prières à Dieu pour que notre équipe marque au moins deux buts.

Le chanteur Ihab Tewfiq est apparu à la télévision et a demandé à tous les téléspectateurs d'invoquer Dieu pour notre équipe, ajoutant qu'il y avait en Egypte beaucoup de gens pieux et que leurs vœux seraient exaucés, à coup sûr.

Hani fut atterré lorsqu'il entendit le montant réclamé et il demanda d'une voix faible à l'employé de la réception si l'hôpital de pneumologie d'Imbaba était toujours un hôpital public. Celui-ci lui répondit froidement que c'était toujours un hôpital public, mais qu'il devait payer deux mille livres. Hani lui dit qu'il était pauvre et ne possédait pas cette somme. L'employé ne lui répondit pas et se plongea dans la lecture de papiers posés devant lui. Hani se mit à supplier l'employé pour qu'il permette à sa femme d'être soignée.

Le matin du match, le célèbre commentateur sportif, Yasser Ayyoub, déclara à la télévision que si notre équipe gagnait contre l'Algérie et était qualifiée pour la Coupe du monde, chaque joueur recevrait une prime de six millions de livres égyptiennes de la part de l'Etat et de la Ligue de football. Comme la présentatrice avait l'air un peu étonné par la somme, un autre commentateur ajouta : "Les joueurs de l'équipe nationale méritent plus que cela en récompense des efforts fantastiques qu'ils prodiguent pour faire entrer la joie dans le cœur des Egyptiens."

N'ayant plus d'espoir de pouvoir convaincre l'employé de la réception de l'hôpital d'Imbaba, Hani emmena sa femme, qui commençait à tituber, sous l'effet de la maladie et de la fièvre, au service de pneumologie d'El Omrania. Après l'avoir auscultée, un docteur déclara qu'elle avait la fièvre porcine, mais qu'il ne pouvait pas la soigner dans cet hôpital parce qu'il n'était pas équipé pour ces cas. Il conseilla à Hani d'emmener sa femme à l'hôpital Oum El Masreyyin qui disposait des installations nécessaires.

L'amour du sport n'est pas l'apanage du président Moubarak, mais il s'étend également à ses deux fils, Gamal et Alaa. Tous les deux ont tenu à aller au stade encourager l'équipe nationale, accompagnés par la plupart des ministres et des hauts responsables, parmi lesquels le ministre de la Santé, qui était assis juste à côté de Gamal Moubarak. On a vu leur joie débordante lorsqu'Amrou Zaki a marqué le premier but contre les Algériens.

Hani remercia le médecin, et se précipita à l'hôpital Oum el Marsiyin où il supplia les responsables de sauver sa femme qui commençait à cracher du sang. Mais le médecin le rassura complètement en affirmant que sa femme allait bien et qu'elle n'avait pas besoin d'être hospitalisée. Il lui conseilla de retourner au service de pneumologie d'El Omrania, qui était plus compétent pour traiter son cas.

Pendant quatre-vingt-dix minutes, après un premier but contre l'Algérie, et malgré de grands efforts et un esprit combatif, les joueurs n'ont pas réussi à en marquer un autre. On pouvait lire la contrariété sur les visages des hauts responsables. A la fin, ne pouvant plus se contrôler après que notre équipe eut raté plusieurs occasions imparables, Alaa Moubarak fit un geste de protestation.

Hani retourna à l'hôpital de pneumologie de El Omrania en portant presque sa femme et, pour la première fois, il éleva la voix contre le médecin :

— Pourquoi m'avez-vous envoyé à l'hôpital Oum el Masriyin si c'est ici que l'on doit soigner ma femme ?

Le médecin lui confirma son diagnostic et dit qu'à l'hôpital Oum el Masriyin, ils évitaient de soigner ces sortes de cas. Il lui demanda un certificat officiel de l'hôpital Oum el Masriyin, affirmant que l'état de Nora était normal et sans danger. Hani demanda alors au médecin d'excuser son emportement et il emmena à nouveau sa femme à Oum el Masriyin où il demanda un certificat sur l'état de santé de sa femme.

Il faut dire que, cette fois, on le traita avec gentillesse. On lui promit de faire à sa femme les analyses nécessaires, mais il fallait qu'il revienne à huit heures du matin, parce que la responsable du laboratoire était absente (il se révéla par la suite qu'elle se trouvait là mais que, épuisée par le travail, elle avait demandé à ses amis de trouver un moyen de se débarrasser de Nora).

Le match était presque terminé lorsque Emad Moutaat réussit à marquer, lors des prolongations, un deuxième but contre les Algériens et l'Egypte tout entière se mit à danser d'émotion. Le docteur Hatem el Gabali lui-même, ministre de la Santé, oublia la gravité de ses fonctions et toutes les caméras fixées sur lui. Il sauta de son siège et étreignit Gamal Moubarak pour le féliciter de la glorieuse victoire.

Hani retourna avec sa femme au service de pneumologie de Omrania pour l'y laisser jusqu'au matin avant de la reprendre afin d'aller faire les analyses à

Oum el Masreyyin. Mais l'état de Nora empira. On la mit sous respiration artificielle et peu de temps après, elle rendit son dernier souffle avant qu'il ait été possible de faire les analyses nécessaires pour établir un diagnostic. Ainsi mourut Nora Hachem Mohamed à l'âge de vingt-cinq ans, laissant derrière elle son mari Hani et deux petits enfants.

Peut-être sommes-nous le seul pays au monde où les gens meurent de cette façon ?

Mais il ne faut pas que la tragédie de Nora Hashem vienne troubler notre joie d'avoir vaincu l'Algérie.

Dieu a répondu à nos prières en nous faisant marquer ces deux buts. Nous avons fait boire aux Algériens la coupe amère de la défaite et nous les écraserons encore, avec la permission de Dieu, lors du prochain match.

Que Dieu bénisse la participation de l'Egypte à la Coupe du monde et qu'il ait en sa sainte garde Nora Hashem Mohamed.

La démocratie est la solution.

LA DÉFENSE DU DRAPEAU ÉGYPTIEN

Le 14 juillet 1935, dans une Egypte toute bouillonnante de manifestations contre l'occupation britannique, un grand cortège de milliers d'étudiants criant des slogans en faveur de l'indépendance et de la démocratie était sorti de l'université du Caire.

Les étudiants portaient sur leurs épaules Mohamed Abd el Maguid Morsi, un de leurs condisciples de la faculté d'Agriculture, qui brandissait un drapeau égyptien, lorsque les soldats anglais tirèrent sur lui et le tuèrent. Le drapeau égyptien avait failli tomber par terre, mais un autre étudiant, Mohamed Abd el Hakim el Garahi, de la faculté de Lettres, se précipita pour le prendre. L'officier anglais menaça Abd el Hakim de le tuer s'il avançait d'un pas.

Mais Abd el Hakim continua à marcher, le drapeau à la main, et l'officier britannique tira sur lui, le blessant à la poitrine. Il fut transporté à l'hôpital où il rendit son dernier souffle. L'Egypte tout entière sortit pour un dernier adieu à celui qui avait préféré la mort plutôt que de voir le drapeau de l'Egypte tomber à terre.

Le premier jour de la guerre d'Octobre 1973, des dizaines de soldats égyptiens moururent pour permettre au soldat Mohamed Efendi de planter, pour la première fois depuis son occupation, le drapeau égyptien sur le sol du Sinaï.

Le drapeau n'est donc pas un simple morceau de tissu. C'est le symbole de la nation, de l'honneur et de la dignité.

C'est à cela que je pensais en voyant, au Soudan, le drapeau de mon pays foulé au pied par des hommes de main algériens dont certains prenaient plaisir à le jeter sous les roues des voitures, à le piétiner et à le déchirer. Les agressions sauvages subies par les Egyptiens à Khartoum sont révélatrices de plusieurs réalités :

Premièrement : il est habituel que les matchs de football déclenchent des échauffourées entre les supporters, mais ce qui est arrivé à Khartoum va bien au-delà de simples bagarres de stade. Des avions des forces armées algériennes ont transporté au Soudan des milliers de nervis armés auxquels avait été fixée une mission précise, celle d'attaquer et d'offenser les Egyptiens.

Tous les témoignages des victimes montrent que l'objectif de l'agression était de les humilier. Quel autre sens pouvait avoir le fait que les Algériens enlèvent leurs sous-vêtements devant les femmes égyptiennes et leur montrent leur sexe en répétant toujours la même phrase : "Nous baisons l'Egypte"? Pourquoi auraient-ils obligé les hommes égyptiens à ramper par terre après les avoir agressés avec des couteaux et des épées? Pourquoi auraient-ils brandi des pancartes sur lesquelles ils avaient écrit "L'Egypte est la mère des putes"? Y a-t-il un lien quelconque entre cette infamie et le football? Il n'est pas possible que cette racaille représente le grand peuple algérien qui a lutté avec nous, pendant la guerre d'Octobre, et qui a mêlé au nôtre le sang de ses martyrs.

Pourquoi cet acharnement à humilier, de cette façon, les Egyptiens alors que l'équipe algérienne avait remporté le match? J'aurais compris de tels actes de la part d'une armée d'occupation ennemie, mais il est vraiment triste qu'ils soient perpétrés par des mains arabes.

Quel Algérien accepterait que sa sœur ou sa mère soit ainsi agressée et déshonorée ? Le spectacle des victimes égyptiennes, pleurant d'accablement et d'humiliation devant les écrans de télévision, ne pourra pas s'effacer de nos mémoires avant que nous n'ayons demandé des comptes à ceux qui ont des responsabilités dans cette agression criminelle.

Deuxièmement : l'Egypte est le plus grand des pays arabes, elle est la principale source de talents et de capacités humaines du monde arabe. C'est à l'Egypte que revient l'honneur d'avoir contribué à la renaissance de nombreux pays arabes : ce sont des professeurs égyptiens qui ont construit leurs universités, des journalistes égyptiens qui ont créé leur presse, des artistes égyptiens qui sont à l'origine de leurs institutions culturelles, cinématographiques et théâtrales, des ingénieurs égyptiens qui ont tracé le plan de leurs villes et de leurs maisons, des médecins égyptiens qui ont fondé leurs hôpitaux. Même leurs lois et leurs constitutions ont généralement été écrites par des professeurs de droit égyptiens.

L'hymne national algérien lui-même a été mis en musique par le compositeur égyptien Mohamed Fawzy. Cette primauté égyptienne a rendu complexes les relations avec les autres peuples arabes : on y trouve souvent de l'amour et de l'admiration, mais parfois un peu de susceptibilité et de tension. A l'époque de l'élan national nassérien, non seulement nous avons soutenu la révolution algérienne, en lui fournissant de l'argent et des armes et en défendant sa position devant les instances internationales, non seulement nous avons envoyé notre armée soutenir la révolution yéménite, mais nous sommes également entrés en guerre pour défendre la Palestine et la Syrie.

A cette époque-là, les Arabes aimaient sincèrement l'Egypte. Mais dès que, cessant d'accomplir sa mission nationale, notre pays signa les accords de Camp David avec Israël, les mauvais sentiments à notre égard remontèrent à la surface. Ce n'est pas ici le lieu de citer les dizaines d'exemples des incessantes tentatives faites par certains Arabes pour humilier les Egyptiens et pour réduire leur rôle et leur importance. Cela va de l'esclavage que représente le système des garants*, des mauvais traitements et du déni de droit dont sont victimes les Egyptiens dans le Golfe, jusqu'à la fondation de grandes sociétés de production dont le seul but est d'écarter et de marginaliser la création artistique égyptienne, en passant par les concours et les festivals culturels annuels, financés à coup de millions de dollars, simplement pour prouver que l'Egypte n'a plus un rôle de pionnier dans le domaine de l'art et de la culture.

Il s'agit là de tentatives misérables, sans impact et vouées à l'échec, d'abord parce que la place de l'Egypte ne saurait être affectée par ces mesquineries, ensuite parce qu'il n'est pas possible de nier l'arabité du peuple égyptien ni de le séparer de ses frères arabes, quelles que soient les conditions.

Troisièmement : la coopération du régime égyptien avec Israël, la fourniture à ce pays de gaz et de ciment, sa participation au blocus de la Palestine par la fermeture du terminal de Rafah, toutes

---

* Les travailleurs étrangers dans les pays du Golfe, en dehors de Bahrein depuis une date récente, doivent avoir un garant (en anglais sponsor) dans les pays où ils émigrent. Ils sont à la merci de ce dernier qui conserve leurs passeports et à l'arbitraire duquel ils sont pieds et mains liés.

ces politiques répréhensibles et déshonorantes sont condamnées en tout premier lieu par les Egyptiens eux-mêmes, qui manifestent tous les jours en solidarité avec leurs frères en Irak, en Palestine et au Liban.

De plus, de nombreux Egyptiens ont payé très cher leurs positions patriotiques. Le dernier en date est un journaliste connu, Magdi Ahmed Hossein, qui a été arrêté par les autorités égyptiennes et traduit devant un tribunal militaire. Ce dernier l'a condamné à deux ans de prison pour être allé à Gaza manifester sa solidarité avec les Palestiniens victimes du blocus.

La position du régime égyptien au sujet d'Israël ne représente absolument pas la position du peuple égyptien et il n'est pas du tout légitime de l'utiliser comme prétexte pour agresser et humilier des Egyptiens.

Quatrièmement : l'agression des Egyptiens à Khartoum fut une sorte d'exemple de terrorisme d'Etat dans lequel était impliqué le régime algérien, aidé en cela par les carences du régime égyptien et son incapacité à protéger ses ressortissants. Une semaine s'est écoulée depuis que le crime a eu lieu sans que ce régime ait pris une position sérieuse et ferme.

Je crains que ceux qui comptent sur le président Moubarak pour rendre aux Egyptiens leur dignité bafouée n'attendent longtemps. Qu'a fait le président Moubarak pour les centaines de médecins enfermés en Arabie saoudite ? Qu'a-t-il fait pour les médecins égyptiens qui y ont été condamnés au fouet ? Qu'a-t-il fait pour les Egyptiens torturés au Koweit ? Qu'a fait le président Moubarak pour les soldats égyptiens tués sur la frontière par Israël, et qu'a-t-il fait pour les prisonniers égyptiens que ce pays reconnaît avoir détenus pendant la guerre ? Rien. Absolument rien. Les droits des Egyptiens ne sont respectés ni à l'intérieur du pays ni à l'extérieur.

Pourquoi le pouvoir égyptien a-t-il laissé le joueur algérien Lakhdar Belloumi s'enfuir après avoir perpétré son odieux forfait, au Caire, en crevant impunément l'œil d'un médecin égyptien ? Aurait-on laissé M. Belloumi s'enfuir s'il avait accompli son crime dans un pays démocratique respectable ? Le feuilleton des agressions algériennes contre des Egyptiens se serait-il poursuivi si Belloumi avait été arrêté et présenté au tribunal ? Les droits des citoyens ne sont protégés que dans un régime démocratique. La seule préoccupation des régimes dictatoriaux est de conserver le pouvoir, par n'importe quel moyen et à n'importe quel prix. Le dirigeant qui s'empare par la violence du pouvoir, qui réprime ses concitoyens et qui falsifie leur volonté au moment des élections, ne peut convaincre personne lorsqu'il parle de la dignité de ses compatriotes.

Un mépris et une humiliation aussi abjects des Egyptiens ne resteront pas sans conséquence ni châtiment, et si le régime égyptien est incapable de demander des comptes à ces criminels, il est de notre devoir à tous, en tant qu'Egyptiens, de faire pression par tous les moyens à notre disposition sur le régime algérien pour qu'il présente des excuses officielles au peuple égyptien, qu'il arrête les agresseurs algériens et les transfère devant la justice.

Nous ne devons en aucun cas répondre aux méfaits par des actions semblables et il ne faut pas que nous confondions le grand peuple algérien avec le régime dictatorial algérien responsable de ces crimes. Mais le temps est venu que tous comprennent que, désormais, les agressions contre les Egyptiens ne seront plus jamais faciles ni gratuites.

Notre insistance pour demander que ceux qui ont attaqué notre dignité soient punis ne contredit absolument pas notre appartenance nationale car, comme le dit le proverbe français, les bons comptes font les bons amis, et les relations fraternelles entre les deux peuples algérien et égyptien ne peuvent se développer que dans le respect mutuel des droits de chacun.

La démocratie est la solution.

L'IMPORTANCE D'ÊTRE HUMAIN

Cher lecteur,
Imagine que tu sois le citoyen d'un pays occidental comme la Suède ou la France ou les Etats-Unis : préférerais-tu alors passer les fêtes de Noël et du Nouvel An dans ton pays, ou bien sur l'asphalte des rues du Caire ? La première option est la plus naturelle, car tout un chacun aime passer agréablement et tranquillement les fêtes au milieu des siens. C'est pourtant la seconde option qu'ont choisie mille quatre cents pacifistes étrangers appartenant à quarante-deux pays à travers le monde. Ils sont venus en Egypte pour proclamer leur totale solidarité avec les Palestiniens assiégés à Gaza, en leur apportant toute la nourriture et tous les remèdes qu'ils ont pu. Au début les autorités égyptiennes avaient accepté de recevoir ces militants mais, lorsqu'ils sont arrivés au Caire, elles ont soudain décidé de leur interdire d'entrer à Gaza puis, lorsqu'ils ont commencé à faire un sit-in de protestation, ces autorités ont essayé de s'en débarrasser en leur offrant des visites touristiques gratuites. Mais ils ont refusé et ont insisté pour faire parvenir la nourriture et les médicaments aux Palestiniens. La police égyptienne a alors donné l'assaut contre leur rassemblement, en jetant au sol les manifestants et en les frappant

sauvagement. Ces déplorables événements sont riches de sens :

Premièrement : ces militants étrangers sont des intellectuels, des écrivains, des artistes et des professionnels qui jouissent dans leur pays d'une existence confortable et dont certains ont atteint un âge où l'on aspire au repos. Mais leur haut niveau de conscience humaine leur fait refuser de contempler en spectateur le siège étouffant imposé depuis deux ans par Israël pour affamer un million et demi de Palestiniens à Gaza et le massacre, par ce même pays, de mille quatre cents victimes, la plupart civiles, à l'aide d'armes interdites par les conventions internationales. Ces personnes généreuses, venues de leur pays pour défendre les droits de notre peuple en Palestine, ne sont qu'un échantillon de ces amis de la paix et de la justice, qui luttent en Occident contre le racisme, contre le capitalisme sauvage, la mondialisation et la destruction de l'environnement par les multinationales. Ou de ceux qui sont sortis manifester par millions pour condamner l'agression américaine contre l'Irak. Même s'ils ne sont pas parvenus jusqu'ici à peser sur la décision de leurs gouvernements, ils sont en train d'édifier, tous ensemble, un vaste mouvement qui se renforce chaque jour.

Deuxièmement : la leçon que nous donnent ces militants étrangers est que notre premier devoir est de lutter pour les opprimés où qu'ils se trouvent, et que notre appartenance à l'humanité doit primer sur toute autre appartenance. Chacun d'entre nous doit se poser la question de savoir s'il se considère en premier lieu musulman ou copte ou arabe, ou bien, avant tout, comme un être humain? Si nous donnons la réponse juste, il n'y a pas de contradiction, car toutes les religions sont venues défendre les grandes valeurs humaines de justice de vérité et de liberté. Alors que si nous estimons que nous sommes meilleurs que les autres par notre religion ou par notre race, nous sommes sur la pente qui nous mène à la haine et à l'extrémisme. La même semaine où sont arrivés ces étrangers porteurs d'aide aux enfants de Gaza, des appels extrémistes ont malheureusement été lancés, mettant en garde les musulmans égyptiens contre toute participation aux côtés de leurs frères coptes aux festivités de Noël. Ainsi s'incarnent sous nos yeux deux visions contradictoires du monde, l'une tolérante qui défend les droits de l'humanité tout entière, sans distinction, l'autre extrémiste qui est fondée sur la haine et le mépris de ceux qui sont différents et qui ne reconnaît pas leurs droits. La plupart de ces militants étrangers appartiennent à la religion chrétienne et certains d'entre eux sont juifs, mais ils sont tous violemment opposés à la politique criminelle d'Israël. Parmi eux se trouvait, sur un fauteuil roulant, Heïdi Epstein, une dame de quatre-vingt-cinq ans, rescapée de l'holocauste que les nazis ont fait subir aux juifs. Malgré son grand âge et sa santé déclinante, elle avait tenu à apporter elle-même de la nourriture aux enfants de Gaza. Peut-être trouverons-nous dans ce bel exemple de solidarité de quoi nous faire hésiter avant de nous laisser entraîner par les idées extrémistes qui voient dans tous les chrétiens et tous les juifs, sans exception, des ennemis de l'islam et des musulmans.

Troisièmement : l'attaque sauvage dont ont été victimes ces militants de la part d'éléments de la police égyptienne a été filmée par des dizaines de caméras, et ces images sont actuellement diffusées par Internet dans tous les coins du monde. J'ai vu moi-même un enregistrement vidéo où un officier égyptien tire par les cheveux une manifestante étrangère, puis la jette au sol et la roue de coups de pieds et de poings. Cela nous prouve que le régime égyptien n'hésite devant aucun crime, dès qu'il s'agit de satisfaire Israël dans le but d'obtenir que ce pays fasse pression sur l'administration américaine pour qu'elle accepte la transmission héréditaire du pouvoir du président Moubarak à son fils Gamal. Les médias égyptiens ne cessent de répéter des mensonges pour justifier le mur d'acier qui enlève aux Palestiniens leur dernière possibilité de se procurer de la nourriture et des médicaments.

Chaque jour, des hypocrites, membres du parti au pouvoir, viennent nous dire que le mur d'acier est une nécessité et que les tunnels entre l'Egypte et Gaza sont utilisés pour faire passer en contrebande de la drogue et des prostituées russes! Ce vain discours ne convainc plus personne. La réputation du régime de Moubarak, que ce soit sur la scène arabe ou internationale, n'a jamais été pire qu'elle ne l'est aujourd'hui, et la "complicité entre le gouvernement égyptien et Israël dans le siège de Gaza" est une expression qui revient sans cesse dans la presse internationale.

La violence faite aux militants étrangers révèle également que les gouvernements occidentaux sont complètement soumis à l'influence sioniste. Si tous ces étrangers avaient été l'objet de la moindre agression dans des circonstances ordinaires, leurs ambassades leur auraient immédiatement envoyé des représentants et des avocats et elles auraient déployé tous leurs efforts pour que leurs droits soient respectés. Mais cette fois-ci, comme ils militaient publiquement contre Israël, leurs ambassades au Caire se sont réfugiées dans le silence. Qui plus est, les gouvernements occidentaux, qui font grand bruit lorsque des manifestants sont réprimés en Chine ou en Iran (ou dans n'importe quel pays qui adopte des positions anti-occidentales), n'ont pas prononcé un seul mot face au spectacle de leurs ressortissants jetés à terre dans les rues du Caire. C'est qu'ils manifestaient contre Israël à qui aucun homme politique occidental ne peut impunément déplaire.

Enfin, il reste une dernière question : alors que ces étrangers ont traversé des milliers de kilomètres et ont quitté leurs existences confortables pour briser le blocus auquel sont soumis les enfants de Gaza... qu'avons-nous fait, nous les Egyptiens? N'était-ce pas à nous, avant les étrangers, de venir en aide à notre peuple à Gaza?

Certes, tous les Egyptiens éprouvent une profonde sympathie envers nos frères à Gaza, mais la réaction de la rue égyptienne est bien en deçà de ce qui est nécessaire. Pourquoi des millions d'Egyptiens ne sont-ils pas sortis dans les rues pour faire pression sur le régime afin de briser le siège de Gaza? Les causes sont nombreuses et la première en est la crainte de la répression. Dans les pays démocratiques, manifester pour exprimer son opinion fait partie des droits de l'Homme et les manifestations sont protégées par la police. Mais dans notre pays soumis à la dictature, tous ceux qui manifestent s'exposent à être emprisonnés, frappés, torturés dans les locaux de la sécurité d'Etat. Ajoutons à cela que beaucoup de leaders de l'opinion publique en Egypte sont complices du gouvernement, ou ont peur de lui déplaire.

C'est ainsi que, pendant que les militants étrangers se faisaient rouer de coups par la sécurité centrale en criant "Liberté pour Gaza", les partis d'opposition égyptiens ont maintenu un silence éloquent. Quant aux Frères musulmans, ils se sont contentés de condamner le mur à l'intérieur de l'assemblée du peuple, sans organiser une seule manifestation dans la rue. Chez les Frères musulmans, la question de l'organisation des manifestations paraît extrêmement délicate et soumise à des calculs complexes, que personne n'est capable de comprendre. Les Egyptiens ont eu la surprise d'apprendre que des fatwas officielles garantissaient au niveau religieux la légalité du mur d'acier qui étrangle les Palestiniens. C'est en tout cas ce qu'ont affirmé des membres du centre d'études islamiques ainsi que le cheikh d'Al Azhar, le mufti de la République et le ministre des waqfs. Quant aux cheikhs salafistes, ils ont exprimé leur totale sympathie envers les habitants de Gaza, mais, en même temps, ils ont interdit avec fermeté à leurs partisans de manifester, car, disent-ils, les manifestations sont inutiles puisqu'elles ne changent rien et que, en outre, des femmes non voilées sont susceptibles d'y participer! Ce raisonnement pusillanime, mélangeant les priorités, explique la raison de la tolérance dont a toujours fait preuve le régime égyptien à l'égard des cheikhs salafistes qui sont très stricts pour ce qui est de la pratique religieuse et de ses apparences extérieures, mais qui connaissent bien les lignes rouges à ne pas dépasser sur le plan politique.

Les Egyptiens, comme les Palestiniens, sont complètement assiégés par le mur d'acier de la dictature, et la répression les étouffe et les prive de leurs droits humains les plus élémentaires. Il s'agit d'un seul et même mur, d'une seule et même cause et, si Dieu le veut, le salut sera aussi le même.

La démocratie est la solution

QUI A TUÉ LES ÉGYPTIENS LE JOUR DE LA FÊTE ?

En 1923 une commission fut formée pour élaborer la première constitution égyptienne, mais le Wafd (parti de la majorité à cette époque) annonça qu'il boycotterait cette commission, parce qu'elle avait été nommée et non pas librement élue. Malgré cela, elle bénéficia de la participation de certains des plus grands esprits égyptiens et donna lieu à des échanges politiques et intellectuels de haut niveau au sujet des articles proposés pour la constitution égyptienne. Des voix se sont en particulier élevées pour demander une représentation proportionnelle des coptes, c'est-à-dire pour garantir, dans tous les cas, aux coptes un nombre donné de sièges tant au parlement que dans les assemblées locales. Cette proposition donna lieu rapidement à un grand débat public d'opinion. Les partisans de la représentation proportionnelle voulaient rendre justice aux coptes et enlever aux Britanniques l'occasion de s'immiscer dans les affaires de l'Egypte en prétextant de protéger les minorités. Quant à ceux qui y étaient opposés, ils refusaient de voir dans les coptes une minorité religieuse, mais des citoyens égyptiens qui devaient être appréciés seulement en fonction de critères de compétence. Le plus étonnant, c'est que la plupart des opposants à la représentation proportionnelle étaient des coptes : en plus du musulman Taha Hussein, on trouvait parmi eux le penseur Salama Moussa, le professeur Aziz Mirham qui rassembla les signatures de cinq mille de ses coreligionnaires, le père Boutros Abd el Malek, président du Conseil général de la communauté et curé de la grande église de Saint Marc, ainsi que de nombreux autres. C'est ainsi que la proposition fut abandonnée et que les coptes, en refusant de jouir, sous quelque dénomination que ce soit, de privilèges communautaires, écrivirent une des plus belles pages de l'histoire contemporaine de l'Egypte.

Je me souvenais de cet épisode en lisant les articles consacrés à l'ignoble massacre de Nagaa Hamadi dont furent victimes six coptes tués par balles en sortant de l'église, le jour de la fête.

La question est : pourquoi les coptes ont-ils refusé, il y a quatre-vingt-dix ans, de bénéficier de quelque privilège communautaire que ce soit et pourquoi sont-ils massacrés maintenant, la nuit de Noël, devant la porte de l'église ? Voici, selon mon opinion, quelques-unes des causes de la crise :

Premièrement : l'histoire de l'Egypte nous enseigne que les problèmes intercommunautaires interviennent toujours pendant les périodes de désespoir national. Au début du XXe siècle, le désespoir qui s'empara des Egyptiens à cause de l'occupation britannique se transforma rapidement en affreux affrontements interconfessionnels (dans lesquels, comme d'habitude les Britanniques jouèrent un rôle) qui arrivèrent à leur acmé entre 1908 et 1911, mais, dès la révolution de 1919, tout le monde s'y fondit au point que certains coptes, comme le père Sergius, qui avaient été des inspirateurs de la révolte confessionnelle, devinrent avec la révolution de grands défenseurs de l'unité nationale. En Egypte, aujourd'hui, il y a beaucoup de désespoir, de frustrations, de pauvreté et d'oppression. Ce sont là des facteurs qui conduisent les Egyptiens aux affrontements confessionnels, exactement comme cela les conduit à la violence, au crime et aux agressions sexuelles.

Deuxièmement : en 1923, lorsque les coptes ont refusé de jouir de privilèges communautaires, l'Egypte, malgré l'occupation britannique, luttait pour fonder un Etat séculier et démocratique assurant l'égalité devant la loi de tous ses citoyens. Il y avait alors une lecture égyptienne tolérante de l'islam, promue par l'Imam réformiste Mohamed Abdou (1849-1905), capable de débarrasser les esprits égyptiens des sornettes et de l'extrémisme. L'Egypte connut alors une véritable renaissance dans tous les domaines, depuis l'éducation de la femme jusqu'au théâtre, au cinéma et à la littérature. Mais, depuis la fin des années soixante-dix, l'Egypte a commencé à découvrir une autre conception de l'islam, celle de la pensée rigoriste des salafistes wahabites que les hommes de religion égyptiens se sont mis d'accord pour qualifier de doctrine bédouine. Plusieurs éléments contribuèrent à la diffusion de cette pensée wahabite, le premier d'entre eux étant l'augmentation du prix du pétrole après la guerre d'Octobre qui donna aux groupes salafistes des moyens financiers sans précédent qu'ils utilisèrent pour répandre leurs idées, en Egypte et dans le monde. De plus, des millions d'Egyptiens émigrèrent pour aller chercher du travail dans les pays du Golfe d'où ils revinrent quelques années plus tard la tête pleine d'idées wahabites. Cette pensée se diffusa également sous le patronage vigilant des services de la sécurité politique égyptienne, qui ont toujours fait preuve de la plus grande tolérance à l'égard des cheikhs salafistes, à l'inverse de la sévère répression qu'ils emploient à l'égard des Frères musulmans. La raison en est que la pensée salafiste wahabite contribue à renforcer la dictature, car elle appelle les musulmans à obéir au chef de l'Etat et leur interdit de se soulever contre lui, s'il est musulman.

Le problème est que la vision du monde telle qu'elle ressort de la pensée wahabite est littéralement contraire à la civilisation. Sous ses auspices, l'art serait interdit, comme le seraient la musique, le chant, le cinéma, le théâtre et la littérature. La pensée wahabite impose à la femme de s'isoler derrière le *niqab* où la *burqa* turque dont la femme égyptienne s'est libérée depuis cent ans. Cette pensée proclame clairement que la démocratie est illicite, puisqu'elle signifie que c'est le peuple qui gouverne, alors que les wahabites veulent établir le règne de Dieu (à leur façon, bien sûr!).

Ce qu'il y a de plus dangereux dans la pensée salafiste wahabite, c'est qu'elle éradique fondamentalement l'idée de citoyenneté. Les coptes, de leur point de vue, ne sont pas des citoyens, mais seulement des *dhimmis**, une minorité vaincue et soumise dans un pays conquis par les musulmans. Ce sont des mécréants polythéistes qui sont enclins à détester l'islam et à comploter contre lui. Il ne faut ni s'associer à leurs fêtes ni les aider à construire des églises qui ne sont pas des lieux de culte mais des endroits où l'on associe à Dieu d'autres divinités. Du point de vue des wahabites, il ne convient pas que les coptes deviennent des dirigeants politiques, ni des chefs militaires, ce qui signifie un manque

---

* Avant les réformes turques et égyptiennes du XIXe siècle, les non musulmans étaient tolérés et protégés dans les sociétés musulmanes (à la différence de ce qui avait lieu dans les sociétés chrétiennes médiévales, plus monolithiques), mais cette protection était accompagnée d'un statut qui n'en faisait pas les égaux de leurs compatriotes. Notons que si ce statut était lié à la religion officielle, son application pouvait largement varier selon les époques.

de confiance dans leur loyauté à la nation. Tous ceux qui observent la façon dont sont représentés les coptes dans les dizaines de chaînes satellitaires et de sites Internet salafistes ne peuvent que ressentir de la tristesse. Ces tribunes suivies quotidiennement par des millions d'Egyptiens proclament clairement leur haine et leur mépris des coptes et souvent appellent à les boycotter et à ne pas avoir de relations avec eux.

Les exemples sont innombrables mais je citerai ici ce que j'ai lu dans le célèbre site salafiste "le gardien de la foi" qui consacre tout un article à la question de savoir "pourquoi le musulman est meilleur que le copte". On y trouve ce qui suit : "Il vaut mieux être une jeune fille musulmane sur le modèle des épouses du Prophète à qui avait été prescrit le *hidjab* qu'une chrétienne sur le modèle des femmes adultères. Il vaut mieux être un homme musulman, s'efforçant sur le chemin de Dieu, défenseur de l'honneur et de la religion qu'un chrétien voleur, violeur et assassin d'enfants. Il vaut mieux être un musulman sous la conduite de Mohamed et de ses compagnons qu'un chrétien sous la conduite de Paul le menteur et des messagers de la fornication."

La diffusion de toute cette hostilité contre les coptes ne rend-elle pas naturelles et même inévitables les agressions contre eux?

Troisièmement : l'épidémie de l'extrémisme s'est propagée des musulmans vers les coptes. Des générations d'entre eux sont apparues coupées de la société et certains coptes se sont, eux aussi, laissé entraîner à un discours extrémiste et haineux, le plus célèbre d'entre eux étant le père Zacharia Boutros qui s'est spécialisé dans les calomnies contre l'islam et les insultes aux musulmans (et que l'Eglise aurait sans aucun doute la possibilité de faire taire si elle le voulait). L'Eglise qui étend sa protection à tous les coptes a également contribué à accentuer leur isolement et, de force spirituelle, elle s'est transformée en parti politique négociant au nom du peuple copte (notez le choix de l'expression). Par crainte d'une montée des Frères musulmans, l'Eglise a proclamé, par la bouche d'un de ses importants responsables, sa totale acceptation de l'idée de transmission héréditaire du pouvoir du président Moubarak à son fils Gamal. Non seulement cette position est en contradiction avec la glorieuse histoire nationale de l'Eglise, mais elle met dans un danger extrême les coptes qui sont ainsi présentés comme des agents du régime contre le reste de leurs compatriotes. Par ailleurs, certains émigrés coptes, n'ayant apparemment rien appris des leçons de l'histoire, ont décidé de se jeter de toutes leurs forces dans les bras de pays étrangers qui n'ont jamais voulu le bien de l'Egypte et qui ont toujours agité le thème de la défense des minorités comme prétexte de leurs convoitises impérialistes. La plupart des revendications des coptes de l'émigration sont justes, mais elles sont malheureusement totalement communautaires dans le sens où elles visent à résoudre les problèmes des coptes séparément des problèmes de la nation. Les coptes de l'émigration font aujourd'hui le contraire de ce qu'avaient fait leurs honorables ancêtres qui avaient refusé, en 1923, de bénéficier d'une représentation proportionnelle. Ils ne demandent pas la liberté et la justice pour tous les Egyptiens, mais s'obstinent à obtenir pour eux seuls des privilèges communautaires. C'est comme s'ils disaient au régime égyptien : "Donnez-nous, à nous les coptes, les privilèges que nous vous demandons, puis faites ce que vous voulez avec les autres Egyptiens. Cela ne nous concerne pas."

L'odieux massacre de Nagaa Hamadi ne doit être interprété que d'une seule façon : "Des citoyens égyptiens ont été tués le jour de la fête de Noël* alors qu'ils venaient de prier". Les innocents qui sont tombés ont été tués alors qu'ils échangeaient des vœux à l'occasion de cette fête. C'étaient des Egyptiens comme vous et comme moi qui vivaient avec nous, qui ont combattu avec nous, qui ont fait couler leur sang pour la défense de notre patrie. Ce sont des Egyptiens qui parlent, qui pensent et qui rêvent exactement comme nous. Ils sont nous. Ce n'est pas celui qui a tiré sur eux qui les a tués, c'est un régime corrompu, dictatorial, juché comme un vampire sur la poitrine des Egyptiens, qui vole leurs biens, qui les opprime, qui les pousse au désespoir, à l'extrémisme et à la violence.

La démocratie est la solution.

---

* Cette tuerie eut lieu le 7 janvier 2010, le jour du Noël copte à Nagaa Hamadi, un village de Haute-Egypte.

LE PRÉSIDENT OBAMA
PEUT-IL PROTÉGER LES COPTES ?

La commission des libertés religieuses du Congrès américain, composée de neuf membres qui sont tous des personnalités éminentes dans le domaine de la lutte pour la défense des libertés, va se rendre en visite au Caire, cette semaine. Trois de ces membres ont été choisis par le président américain tandis que les leaders du Congrès ont sélectionné deux représentants du parti au pouvoir et quatre personnes extérieures.

La mission de cette commission est de contrôler le respect de la liberté religieuse, de pensée et de croyance tel que les stipule la Déclaration universelle des droits de l'homme. Elle ne décide pas de sanctions contre les pays qui violent les libertés publiques, mais publie des recommandations dont on suppose qu'elles sont prises en compte dans la définition de la politique extérieure américaine.

Selon la presse, la visite de la commission des libertés au Caire avait été décidée antérieurement, mais elle acquiert une importance particulière à la suite de l'odieux massacre de Nagaa Hamadi au cours duquel six coptes innocents (et un soldat musulman) ont été assassinés, le soir de Noël, par des coups de feu tirés au hasard, à la sortie de l'Eglise. En vérité, la visite de cette commission au Caire à cette date soulève plusieurs questions :

Premièrement : une enquête ou une étude sur un sujet quelconque, menée par une commission parlementaire d'un autre pays, constitue une violation flagrante de la souveraineté de l'Etat où est menée cette enquête.

L'Egypte, tout au moins officiellement, n'est ni un Etat membre de l'Union ni une colonie américaine et, par conséquent, il n'est pas acceptable qu'une commission du Congrès s'arroge le droit de faire des études ou de mener une enquête dans notre pays. Nous nous demandons ce qui se passerait si l'Assemblée du peuple égyptienne formait une commission pour enquêter sur les crimes accomplis par l'armée américaine en Irak, en Afghanistan et à Guantanamo.

L'administration américaine accepterait-elle d'accueillir la commission égyptienne et lui permettrait-elle de poursuivre son investigation ? La réponse est, hélas, connue. Il est déplorable de constater que le régime n'évoque la souveraineté nationale que lorsque cela lui convient : lorsque les Egyptiens réclament la présence d'observateurs internationaux indépendants pour éviter que les élections soient frauduleuses, le gouvernement le refuse avec force, sous prétexte de souveraineté nationale.

Lorsque le gouvernement égyptien coopère avec Israël pour assiéger un million et demi de personnes à Gaza et que certains assiégés, fuyant la mort, tentent d'entrer en Egypte afin d'acheter les produits dont ils ont besoin pour survivre, les autorités égyptiennes le leur interdisent sous prétexte de souveraineté et le ministre des Affaires étrangères, M. Abu el Gheit, s'écrie qu'il "brisera les os de tout Palestinien qui traversera la frontière". Mais alors que les membres de la commission américaine des libertés vont parcourir l'Egypte dans tous les sens, à leur guise, et rédiger ensuite les conclusions de leur enquête sur les affaires égyptiennes, ni Abou el Gheit, ni personne d'autre ne peut dire un seul mot pour s'opposer à leur présence.

Deuxièmement : les objectifs déclarés de cette commission sont grands et nobles, mais, comme c'est toujours le cas avec la politique étrangère américaine, il y a une immense distance entre l'énoncé et la réalité. Rappelons ici que la présidente de la commission, Mme Felice Gaer, est un des soutiens les plus forts d'Israël aux Etats-Unis. Elle est connue de longue date pour sa défense du sionisme qui l'a conduite à accuser les organisations internationales (parmi lesquelles les Nations Unies) d'adopter des politiques injustes et préjudiciables à Israël. Je ne comprends vraiment pas comment Mme Gaer peut accorder sa défense des droits de l'homme avec sa défense de l'Etat israélien !

Que pense cette noble dame des enfants brûlés par des bombes au phosphore, à fractionnement et au napalm ? Ce sont là des crimes qu'Israël perpètre régulièrement, depuis le carnage de Bahr el Baqar en Egypte, jusqu'aux derniers massacres de Gaza, en passant par la boucherie de Qana. Mme Gaer pense-t-elle que faire rôtir la peau des enfants arabes avec des armes interdites par les conventions internationales est en accord avec les droits de l'homme qu'elle défend avec sa commission ?

Troisièmement : puisque la commission est préoccupée par l'oppression des coptes en Egypte, nous demandons à ses membres : vous intéressez-vous aux coptes parce que vous défendez les droits de l'homme ou parce qu'ils sont chrétiens ? Si c'est aux droits de l'homme que vous vous intéressez, nous vous rappelons que des dizaines de milliers de jeunes musulmans en Egypte vivent dans les oubliettes des centres de détention, depuis de longues années, sans jugement et sans chef d'accusation. Pourquoi la commission ne défend-elle pas aussi le droit à la justice et à la liberté de ces personnes incarcérées ? Ne sont-ils pas égaux aux coptes en matière de droits de l'homme?

Que pense la commission des crimes de viols, d'assassinats de civils et de torture imputables à des membres de l'armée américaine en Irak? Vous restera-t-il du temps pour enquêter sur ces crimes? Je conseille par ailleurs à la commission des libertés de quitter immédiatement Le Caire pour aller au Nigeria où ont eu lieu des massacres intercommunautaires dont ont été victimes des dizaines d'innocents (la plupart d'entre eux musulmans). Je me réfère ici au rapport d'une organisation non gouvernementale neutre et respectable, Human Rights Watch, qui dit textuellement :

"Le 19 janvier, des hommes en arme ont attaqué le village de Kourou Karam au Nigeria dont la plupart des habitants étaient musulmans. Après avoir encerclé le village, ils se sont mis à poursuivre et à tuer les habitants musulmans. Certains de ceux-ci se sont réfugiés dans des maisons ou dans la mosquée du village, mais les hommes en armes les en ont chassés et ont fait de nombreuses victimes dont certaines ont même été brûlées vives.

Que pense la respectable commission de ces massacres? Sont-ils en accord avec les droits de l'homme?"

Quatrièmement : peut-on défendre les droits de l'homme d'une façon sectorielle? Peut-on défendre seulement les droits des coptes dans un pays gouverné par un régime dictatorial où sévit l'état d'exception. La réponse est évidente : les droits de l'homme sont toujours indivisibles, mais la politique étrangère américaine – comme d'habitude – se distingue par ses contradictions et par son hypocrisie. L'administration américaine, pour protéger ses intérêts et les intérêts d'Israël, apporte son soutien total aux pires régimes dictatoriaux du monde arabe et elle ferme les yeux sur les crimes qu'ils perpètrent contre leur peuple, mais en même temps, elle envoie des commissions enquêter sur l'oppression des coptes.

Cinquièmement : ce qui est arrivé le soir de Noël à Nagaa Hamadi est un odieux massacre intercommunautaire qui a ébranlé toute l'Egypte. Les coptes ont le droit d'être en colère et d'exiger que tout soit fait pour qu'une telle boucherie ne se reproduise pas, mais ils doivent se rappeler deux choses :

Tout d'abord, ce régime égyptien qui a été incapable de protéger les coptes est celui-là même que l'Eglise égyptienne soutient de toutes ses forces, au point que le pape Chenouda ainsi que plusieurs autres de ses grands responsables ont déclaré clairement – et à de nombreuses reprises – qu'ils accueillaient favorablement le principe de transmission héréditaire du pouvoir du président Moubarak à son fils Gamal (comme si nous étions un élevage de poulets).

Ensuite, il est naturel et légitime que les coptes, tant à l'intérieur de l'Egypte qu'à l'extérieur, manifestent leur réprobation du massacre, mais appeler au secours les pays occidentaux et leur demander d'intervenir en Egypte est un comportement inacceptable qui entraîne leur colère loin de ses limites légitimes. Je ne crois pas qu'un seul citoyen égyptien, qu'il soit musulman ou qu'il soit copte, accepterait, en conscience, d'appeler des forces étrangères à intervenir dans son pays, quelque niveau qu'y ait atteint l'injustice dont il est victime et quel que soit le degré de son opposition au régime en place.

Tous les Egyptiens sont opprimés. Des millions de pauvres sont privés de liberté, de justice, de dignité, privés de leur droit au travail, au logement, et aux soins. Il est vrai que les coptes affrontent une oppression double, d'abord en tant qu'Egyptiens puis en tant que chrétiens, mais leurs revendications légitimes ne peuvent pas être satisfaites en dehors des revendications de la nation. Nous ne pouvons pas réclamer la justice pour eux seuls à l'exception des autres Egyptiens. Certains coptes qui en appellent à la protection des forces occidentales sont fautifs à l'égard de la nation, et nuisent ainsi à l'image de l'ensemble de leurs coreligionnaires en les faisant apparaître comme des agents des forces occidentales.

Ils auront beau appeler au secours le président Obama ou d'autres chefs d'Etat occidentaux, ils n'obtiendront jamais le respect de leurs droits grâce à une intervention étrangère, car la politique occidentale obéit à des intérêts et non à des principes. L'histoire des pays occidentaux est pleine d'exemples de totales turpitudes politiques. Souvenons-nous du Shah d'Iran, qui avait passé toute sa vie au service des intérêts des Etats-Unis et que ces derniers ont complètement abandonné du jour au lendemain, le laissant affronter seul son destin face au raz de marée de la révolution iranienne.

Les revendications des coptes doivent être nationales et non pas communautaires. Leur place n'est pas dans les couloirs des ministères des affaires étrangères occidentaux. Leur place véritable est ici, en Egypte, avec leurs frères égyptiens qui combattent pour la justice et la liberté. Lorsque le régime dictatorial sera anéanti et que tous les Egyptiens auront arraché leur droit naturel à choisir librement leur gouvernement, lorsqu'il sera mis fin à l'état d'exception et à la fraude électorale, à la répression et à la torture, alors, et alors seulement, tous les Egyptiens, musulmans et coptes, récupéreront leurs droits aliénés.

La démocratie est la solution.

L'ÉGYPTE QUI S'EST ÉVEILLÉE

Bien que le gouvernement égyptien ait officiellement affecté d'ignorer l'arrivée en Egypte de Mohamed El Baradei, il a en même temps envoyé un message clair à la population, en faisant emprisonner par le ministère de l'Intérieur plusieurs jeunes au simple motif qu'ils avaient appelé la population à aller l'accueillir.

De la même façon, les forces de l'ordre ont fait comprendre qu'elles ne permettraient pas à ses sympathisants d'aller en masse l'attendre à l'aéroport. Elles ont confié avoir à cet effet déployé sept mille agents de la sécurité centrale. Ces avertissements donnés sous forme de fuites volontaires ont été repris, mot pour mot, en première page par la presse "indépendante".

En prenant connaissance de ces informations le matin même, alors que je me préparais à partir pour l'aéroport, j'ai pensé que cette campagne de presse allait dissuader mes compatriotes d'aller accueillir El Baradei.

Il est vrai qu'aller attendre quelqu'un à l'aéroport ne saurait constituer un délit, même avec le régime de l'état d'exception sous lequel le président Moubarak gouverne l'Egypte depuis trente ans. Mais depuis quand la police égyptienne aurait-elle besoin d'un chef d'accusation pour arrêter qui bon lui semble? Les citoyens égyptiens savent très bien quels genres de châtiments sont pratiqués par les services de sécurité !

En maintes occasions, dans le passé, la Sécurité n'avait pas eu de scrupule à perpétrer les crimes les plus odieux pour réprimer les manifestations : les coups, l'incarcération, l'agression sexuelle des manifestantes, le recrutement de voyous et de criminels armés pour faire couler le sang des opposants pendant que les forces de l'ordre regardaient sans intervenir...

Sachant tout cela, je me disais que même s'il était certain que les Egyptiens aimaient et soutenaient El Baradei, il fallait tenir compte de la peur qui est indissociable de la nature humaine. Je me cuirassais donc pour ne pas être triste, si je ne découvrais qu'une maigre assistance.

Dès que j'arrivai à l'aéroport, je fus saisi par un spectacle inespéré.

Des centaines d'Egyptiens – qui furent bientôt des milliers – se retrouvaient là ensemble. Ils n'avaient pas eu peur du terrorisme gouvernemental ni des menaces de l'appareil de sécurité. Ils avaient voulu montrer au monde entier qu'ils soutenaient Mohamed El Baradei et qu'ils avaient l'intention de travailler avec lui pour arracher leurs droits spoliés.

L'extraordinaire accueil populaire réservé par les Egyptiens à l'ancien directeur de l'Agence nucléaire internationale, à l'occasion de son retour au pays, est porteur de plus d'un sens :

Premièrement : à partir d'aujourd'hui personne ne peut plus accuser les Egyptiens de passivité, de soumission à l'oppression et d'indifférence aux affaires publiques. Aucune de ces expressions ne traduit plus la réalité égyptienne.

Les milliers d'Egyptiens qui ont vaincu leur peur pour accueillir El Baradei à l'aéroport ne sont pas des politiciens professionnels. La plupart d'entre eux n'appartiennent pas à un parti. Ce sont des Egyptiens tout à fait ordinaires, ce sont nos voisins ou nos collègues de travail. Ils sont venus de toutes les régions et représentent toutes les classes sociales, certains dans des voitures de luxe et de nombreux autres en utilisant les transports publics.

Il y a parmi eux des professeurs d'université, des ouvriers, des étudiants, des paysans, des écrivains, des artistes, des maîtresses de maison. Il y a des musulmans et des coptes, des femmes tête nue et d'autres revêtues d'un voile ou d'un *niqab*. Ces Egyptiens, en tous points différents, sont tous d'accord pour le changement, tous d'accord pour le retour au droit et à la liberté.

L'opinion publique égyptienne, qui n'était qu'une formule hypothétique est devenue une véritable force populaire dont l'importance s'accroît chaque jour et qui s'est manifestée avec un maximum d'intensité le jour de l'accueil d'El Baradei.

Deuxièmement : je félicite le docteur El Baradei pour la confiance que les Egyptiens ont en lui, mais je mesure également l'ampleur de la responsabilité qui a été placée sur ses épaules. Les milliers de personnes qui ont attendu toute la journée pour l'accueillir, sont, de fait, les délégués de millions d'autres qui l'aiment et qui ont confiance en lui. Je me tenais au milieu de la foule, lorsque s'approcha une dame âgée qui demanda à me parler à l'écart. Je m'isolai avec elle et elle me dit à voix basse :

— "Croyez-vous que le gouvernement puisse faire du mal à M. El Baradei?"

Après que je lui eus dit que c'était improbable, elle soupira, rassurée : "Que Dieu le protège."

Pour des millions d'Egyptiens, Mohamed El Baradei est devenu le symbole de l'espoir d'un changement, au plein sens du terme. Les slogans qui ont jailli comme un rugissement – "Baradei, la foule est là, tu ne partiras pas" – reflétaient clairement la confiance en lui de ces citoyens, persuadés, et moi avec eux, qu'il ne les trahira jamais.

Troisièmement : le phénomène le plus réjouissant dans cet accueil est l'extraordinaire travail accompli par des milliers de jeunes des deux sexes, la plupart étudiants ou diplômés. Ce sont eux qui constituent le soutien principal de Mohamed El Baradei. Ils sont les soldats inconnus de cet accueil historique.

Ils ont constitué sur Facebook des groupes de soutien dont certains ont atteint le chiffre de soixante-dix mille adhérents. Ils ont très bien organisé l'accueil en utilisant, sur Internet, un vaste et efficace réseau de communication auquel la supériorité technique de ses membres donnait la suprématie absolue.

Ils ont tout préparé des jours avant la réception : ils ont distribué des plans de l'aéroport avec des explications précises sur les moyens d'y parvenir par les transports publics et en voiture. Ils ont également prévu un plan de secours, au cas où la sécurité leur interdirait d'entrer, et ils ont ouvert une hot-line à contacter par les personnes arrêtées.

Les noms des organisateurs de cet accueil méritent d'être inscrits en lettres d'or. Il faut citer : le poète Abderrahmane Youssef, Wahba Aaloua, Ahmed Maher, Amr Ali, Bassem Fethi, Nasser Abdelhamid, Abdel Moneem Imam, ainsi que des dizaines de leurs camarades qui ont vraiment offert un exemple insigne de courage, d'action, d'organisation et d'efficacité au service de la nation.

Quatrièmement : les services de sécurité ont dès le début décidé de ne pas affronter les manifestants. D'abord, parce que les médias internationaux étaient tous présents à l'aéroport et que le régime ne voulait pas avoir à pâtir du scandale qu'aurait provoqué l'agression de citoyens venus attendre une personnalité respectable et mondialement reconnue. Ensuite, parce que les services de sécurité étaient persuadés que les Egyptiens auraient peur de leurs menaces et des arrestations et que, par conséquent, l'assistance serait dérisoire. Les forces de sécurité n'empêchèrent donc pas la formation d'un comité d'accueil, mais lorsque celui-ci atteignit le chiffre de plusieurs milliers de participants, les policiers commencèrent à importuner les personnes qui pénétraient dans l'aéroport, interdisant l'entrée à tous ceux qui transportaient des pancartes de soutien à El Baradei, ainsi qu'à tous ceux dont ils estimaient qu'ils étaient venus pour l'accueillir.

Lorsque l'avion de l'ancien fonctionnaire international atterrit, le hall était entièrement rempli de manifestants qui scandaient des slogans et reprenaient des chants patriotiques. Les forces de l'ordre empêchèrent alors El Baradei de sortir en fermant les portes, sous prétexte de veiller à sa sécurité. Elles n'avaient pourtant pas besoin de cela pour assurer sa protection : cette interdiction était fondamentalement une décision politique. La sortie d'El Baradei, au milieu des cris de milliers de ses partisans et sous le regard des médias occidentaux, était plus que le régime ne pouvait supporter.

Un responsable de la sécurité l'exfiltra donc par une autre porte éloignée de ceux qui étaient venus l'accueillir, mais l'ancien directeur de l'Agence nucléaire internationale fit passer à ces derniers par l'intermédiaire de son frère, le docteur Ali, le message qu'il allait venir les saluer. Les milliers de participants restèrent donc jusqu'à ce qu'apparaisse la voiture d'El Baradei qui put constater par lui-même le sincère enthousiasme qu'il suscitait auprès des gens.

Vendredi dernier fut un des plus grands jours de ma vie. Ce jour-là, j'ai ressenti que j'appartenais vraiment à une nation merveilleuse. Je me souviendrai toujours de l'atmosphère de sincérité et d'enthousiasme qui régnait. Je n'oublierai pas le spectacle de milliers de manifestants criant "Vive l'Egypte", chantant "Biladi, biladi" et pleurant parfois d'une émotion qu'ils ne parvenaient pas à contrôler.

Je n'oublierai pas ceux qui discutaient avec ardeur de ce que devrait faire El Baradei à son arrivée au Caire. Ils se parlaient d'une manière affectueuse et familière, comme des amis, alors qu'ils se rencontraient pour la première fois. Je n'oublierai pas cet homme venu avec son épouse, portant sur les épaules sa petite fille aux cheveux tressés, qui prenait une photographie d'El Baradei.

Je n'oublierai pas ceux qui distribuaient de l'eau minérale et des boissons fraîches à l'assistance. Je n'oublierai pas la digne dame voilée, la bonne mère de famille égyptienne qui avait apporté plusieurs boîtes de dattes de première qualité et les ouvrait l'une après l'autre pour les distribuer à tous les gens qui se trouvaient là et qu'elle ne connaissait pas. Lorsque l'un d'eux refusait, elle le regardait d'abord d'un air courroucé, puis elle lui disait en souriant :

— Il faut que vous mangiez quelque chose. Vous êtes debout depuis ce matin. Vous devez avoir faim. Par le Prophète, prenez-en une.

Cela est l'Egypte qui s'est réveillée.

L'Egypte que plus personne, à partir d'aujourd'hui ne pourra asservir, humilier ou opprimer.

La démocratie est la solution.

L'HISTOIRE DE MAMDOUH HAMZA

Le docteur Mamdouh Hamza est l'un de nos plus grands professeurs d'ingénierie. Il a supervisé l'exécution de dizaines de grands projets en Egypte et dans différents autres pays du monde, parmi lesquels les Etats-Unis, la Grande-Bretagne et le Japon. Le propos n'est pas de citer ici tous les importants prix internationaux qu'il a obtenus. Même si c'est un vrai sujet de fierté pour les Egyptiens ainsi que pour l'ensemble des Arabes.

Mais, outre ses compétences professionnelles, ce grand homme a un sens profond de son devoir public. Il croit que le savoir implique une responsabilité à l'égard de l'humanité. Il répète volontiers qu'il a étudié à l'université du Caire, aux frais des Egyptiens pauvres et qu'il est de son devoir de consacrer sa science à aider les pauvres, dans la mesure du possible. Après les dernières inondations qui ravagèrent la province d'Assouan et déplacèrent des milliers de citoyens misérables, le docteur Hamza éprouva la nécessité de faire quelque chose pour les victimes. Il apparut à la télévision sur une chaîne européenne, avec le professeur Amrou Adib, et déclara qu'il était prêt à bâtir, bénévolement, des maisons pour les indigents qui avaient été chassés de la leur. Les dons qui affluèrent immédiatement atteignirent la somme de vingt-huit millions de livres, qui furent placés sur le compte de l'association caritative Care, pour le financement de ce projet.

Plein d'enthousiasme, le docteur Hamza laissa de côté les travaux de son bureau d'étude privé au Caire et alla à Assouan pour suivre lui-même, à ses frais, les travaux de construction. Comme il fallait s'y attendre, le général Mustapha Essayed, gouverneur d'Assouan, l'accueillit très chaleureusement et le remercia des efforts et du temps qu'il consacrait aux déshérités, puis il donna immédiatement l'ordre d'accorder un terrain pour la réalisation du projet. Il se ravisa ensuite et remplaça ce terrain par un autre, plus désertique, sur lequel il était difficile de construire, mais le docteur Hamza qui est un spécialiste de la mécanique des sols et de l'ingénierie des fondations accepta le défi. Il parvint à résoudre le problème de la difficulté du terrain et à le rendre praticable. En trois semaines, c'est-à-dire dans les temps prévus, il construisit vingt-neuf unités dont il réduisit le coût au chiffre sans précédent de trente-cinq mille livres. Le grand ingénieur espérait que son projet pourrait s'étendre à toutes les provinces d'Egypte afin d'abriter les millions d'Egyptiens qui vivent dans des zones d'habitat précaire, dans des conditions inhumaines, sans services publics, ni électricité, ni égouts.

Le travail allait bon train et tout augurait du succès du projet lorsque, tout à coup, les vents tournèrent et, bien loin des propos respectueux et des louanges du début, le gouvernorat d'Assouan se retourna totalement contre Mamdouh Hamza. Il refusa de fournir de l'eau, d'accorder des permis de construire, de payer les salaires convenus aux maçons. Il gela également les donations des particuliers, et menaça l'association caritative Care de sanctions graves, si elle versait au docteur Mamdouh Hamza la moindre part des donations effectuées par les Egyptiens, parce qu'ils avaient confiance en sa compétence et son dévouement. L'affaire alla même jusqu'à l'intervention de la police, qui arrêta les ingénieurs et les ouvriers pendant leur travail sur le projet, occupa le site, en interdit l'entrée aux ouvriers et refusa de rédiger un état des lieux à l'intention de Mamdouh Hamza.

C'est ainsi que ce dernier devint l'ennemi numéro un du gouverneur d'Assouan qui invita plusieurs ingénieurs (tous anciens élèves du docteur Hamza à la faculté d'ingénierie) à rédiger des rapports assurant que les logements construits présentaient des malfaçons. La plupart des ingénieurs refusèrent d'agir contre leur conscience et rédigèrent des rapports élogieux sur ce qu'avait réalisé leur professeur. Le résultat fut que le gouverneur cacha ses rapports qui n'allaient pas dans son sens.

Finalement le gouverneur d'Assouan transféra l'affaire au parquet, ce qui est vraiment étrange : pourquoi, en effet, le parquet enquêterait-il sur le docteur Mamdouh Hamza qui n'est pas ni criminel ni un voleur? C'est un grand savant égyptien qui a voulu servir son pays en faisant cadeau de son temps, de son argent et de ses efforts. Malheureusement, il ne nous est pas possible d'être optimistes sur les suites de cette enquête car, en Egypte, les procureurs ne sont pas indépendants du pouvoir.

La question qui se pose est de savoir pourquoi le régime égyptien s'est retourné contre Mamdouh Hamza avec un tel acharnement, après lui avoir fait bon accueil au début? Les raisons sont les suivantes :

Premièrement : les unités d'habitation réalisées par Mamdouh Hamza sont d'un coût extrêmement modeste. Chacune ne coûte que trente-cinq mille livres, tandis que les logements réalisés par le gouvernorat reviennent à quatre-vingt mille livres.

La différence entre les deux chiffres va dans les poches des grands entrepreneurs qui bénéficient de leurs relations nombreuses et lucratives avec les différents services de la sécurité d'Etat. Ces entrepreneurs considèrent que le succès de Mamdouh Hamza peut donner naissance à un nouveau modèle d'habitat populaire, susceptible de se généraliser et de diminuer ainsi leurs bénéfices de plusieurs millions, ce qui représente une grave menace pour leurs intérêts. Pour éviter cela, ils feront tout ce qui est en leur pouvoir pour faire avorter le projet du docteur Hamza.

Deuxièmement : les projets réalisés par le gouvernorat sont inaugurés par Mme Suzanne Moubarak, l'épouse du président de la République et cela n'arrange pas du tout les responsables que Mme Moubarak inaugure leurs logements pour pauvres à coûts exorbitants alors que Mamdouh Hamza réussit à en construire de meilleurs à moitié prix. Peut-être les hauts responsables font-ils des cauchemars, à l'idée que Mme Suzanne Moubarak entende parler de la réussite du projet de Mamdouh Hamza et qu'elle leur pose cette question logique : "Comment le docteur Hamza réussit-il à construire des logements pour les pauvres avec la moitié du prix que vous prenez ?"

Troisièmement : le succès de Mamdouh Hamza prouvera ses qualités de gestionnaire, en plus de ses capacités reconnues dans le domaine de l'ingénierie, ce qui, au premier remaniement ministériel, serait susceptible de mettre son nom en bonne place sur la liste des candidats. Cette simple éventualité sème la frayeur parmi les ministres qui tremblent pour leurs postes. Ils considèrent donc Hamza ou quiconque ayant sa compétence comme un dangereux concurrent.

Quatrièmement : le projet de Mamdouh Hamza, totalement financé par les dons des citoyens, ne relève d'aucune entité gouvernementale ou para-gouvernementale. Ce modèle, qui a réussi, est susceptible d'être appliqué dans l'ensemble des gouvernorats égyptiens, ce qui contribuerait à faire naître une volonté populaire qui défierait le gouvernement en montrant qu'elle est capable de réaliser des projets meilleurs que les siens. Or le régime égyptien, comme tous les régimes dictatoriaux, n'est absolument pas rassuré par l'idée d'une volonté populaire indépendante, même si l'affaire ne concerne que la construction de logements pour les pauvres, car ceux qui se réunissent aujourd'hui pour construire leurs logements avec leurs propres fonds et leurs propres efforts se réuniront, à coup sûr, demain pour réclamer leurs droits politiques foulés aux pieds.

L'histoire de Mamdouh Hamza a beau être désespérante, elle est également utile, et je la dédie à tous ceux qui croient possible de parvenir à la renaissance de notre pays sans attendre la réforme politique. Certaines personnes bien intentionnées s'imaginent que si chaque Egyptien faisait des efforts dans son domaine, l'Egypte progresserait sans qu'un changement démocratique soit nécessaire. Cette vision est sans doute de bonne foi, mais excessivement naïve, car elle suppose que les effets de la dictature sont limités au parlement et au gouvernement. La vérité est que la dictature, comme le cancer, commence par le pouvoir politique avant de se répandre à tout l'appareil d'Etat qu'elle détériore et paralyse.

La dictature conduit inexorablement à la corruption de l'Etat et cette corruption entraîne immédiatement la constitution, à l'intérieur du régime, de mafias infernales qui, par la corruption, amassent des fortunes considérables et sont prêtes à se battre avec férocité et à détruire n'importe quel individu, n'importe quelle idée, n'importe quel projet, pour protéger leurs acquis.

Ajoutons à cela que le régime dictatorial fait passer l'allégeance avant la compétence et que, par conséquent, il octroie les postes à ses loyaux affidés qui ne sont généralement pas capables, en toute objectivité, d'assumer leurs responsabilités et qui, de ce fait, voient avec appréhension apparaître une quelconque compétence véritable, susceptible de leur enlever leur poste. De cette façon, le régime dictatorial devient une redoutable machine à écarter, à combattre et à opprimer les talents et les personnes compétentes, en même temps qu'elle attire les ratés et les incompétents, à condition qu'ils chantent les louanges du Président et de ces grandioses réalisations. Tout cela conduit finalement à l'effondrement de l'action de l'Etat dans tous les domaines jusqu'à ce que le pays sombre dans l'abîme comme c'est le cas de l'Egypte.

Ce qui est arrivé au docteur Mamdouh Hamza est exactement ce qui est arrivé auparavant au docteur Ahmed Zouail ainsi qu'à tous les Egyptiens talentueux qui ont essayé de faire quelque chose pour aider leur pays. Tout cela confirme une fois de plus que la délivrance de l'Egypte du cauchemar où elle est plongée ne viendra pas d'entreprises individuelles, quels que soient l'enthousiasme et le dévouement de ceux qui en prennent l'initiative. Toute tentative de réforme en dehors du changement démocratique n'est qu'une perte d'énergie et de temps.

La démocratie est la solution.

QUI TUE LES PAUVRES EN ÉGYPTE?

Le professeur Mohamed Fathi, brillant journaliste et écrivain doué, est dernièrement allé en vacances à Alexandrie avec ses deux enfants, son épouse et Nashwa, la sœur de cette dernière. Leur séjour fut très agréable jusqu'au jour où survint un fâcheux accident : une voiture qui roulait trop vite heurta Nashwa, alors qu'elle traversait la rue. Blessée, les os fracturés, les vêtements déchirés, celle-ci perdit connaissance. Comme elle se trouvait seule au moment de l'accident, des passants la transportèrent à l'hôpital El Amiri, près de la gare de Ramleh. Tout jusqu'ici semble normal : une personne victime d'un traumatisme à la suite d'un accident de la route est transportée à l'hôpital pour y être soignée. Ce qui se passa ensuite dépasse l'imagination.

La blessée fut jetée au milieu de dizaines d'autres dans un lieu portant le nom d'"Unité de soins d'urgence Awatef el Najjar". Nashwa y resta deux heures sans soins et aucun médecin ne vint l'examiner. Mohamed Fathi arriva à l'hôpital et il trouva sa belle-sœur presque à l'agonie. Il demanda un médecin pour l'ausculter, mais personne ne lui prêta attention. Comme le temps passait et face à l'indifférence des employés de l'hôpital, Fathi perdit son sang-froid et se mit à crier au visage de tous ceux qu'il rencontrait :

— Nous avons besoin d'un docteur, je vous en supplie, la malade est en train de mourir.

Aucun médecin ne répondit à son appel. En revanche, un policier vint informer Mohamed Fathi que sa présence à côté de Nashwa était interdite parce qu'ici c'était la section des femmes et qu'il n'était pas permis aux hommes d'y entrer. Arguant de sa position de journaliste, Fathi les menaça de rendre publics tous leurs crimes contre les malades pauvres. C'est alors seulement, trois heures après l'arrivée en piteux état de la patiente à l'hôpital, qu'un jeune médecin apparut pour l'ausculter, puis il l'abandonna à nouveau sur place, après s'être contenté de déclarer qu'une radio était nécessaire. Après toute une série de coups de fils, Mohamed Fathi parvint à entrer en contact avec le docteur Mohamed el Mardani, le directeur de l'hôpital, qui parut extrêmement mécontent qu'on s'adresse à lui pour une affaire concernant les malades. Avant même que Fathi n'ait ouvert la bouche, il lui dit sur un ton de persiflage :

— Que puis-je faire pour le service de votre Excellence ?

Fathi l'informa que la sœur de sa femme était en train de mourir, abandonnée depuis trois heures sans assistance dans son hôpital et qu'on ne lui avait même pas fait de radio. Le docteur Maradani lui dit alors :

— C'est tout à fait normal d'attendre pour une radio. Même si vous étiez dans un hôpital privé et si vous aviez payé les honoraires du médecin, il vous faudrait peut-être attendre.

Le directeur voulait par ces mots rappeler à Fathi que Nashwa était prise en charge gratuitement et que, par conséquent, sa famille n'avait à se plaindre de rien. Fathi parla abondamment d'humanité et du devoir du médecin d'assister les malades et, après un long échange entre lui et le directeur (qui, apparemment, dirigeait son hôpital à distance par téléphone), ce dernier donna l'ordre que l'on fasse passer une radio à Nashwa. Survint alors un nouveau problème. Un homme de ménage s'approcha de la jeune femme dont l'état avait nettement empiré et il voulut la transporter dans ses bras au service de la radiographie.

Mohamed Fathi s'interposa, parce que le transport d'un malade qui a des fractures nécessite un brancardier expérimenté. Manipuler sans précaution le corps d'un blessé peut provoquer sa mort. Mais les employés de l'hôpital se moquèrent de ces idées étranges :

— Un brancardier ? On n'a pas ça chez nous ! Ou bien c'est cet employé qui la transporte, ou bien nous la laissons où elle se trouve.

L'homme de ménage s'écria en s'approchant de la pauvre malade :

— Allons-y, à la grâce de Dieu... Soulevons, soulevons !

Et il la tira si violemment qu'on entendit ses cris d'un bout à l'autre de l'hôpital. Finalement, Nashwa passa au scanner, puis en sortit pour aller vers la radio. C'est alors qu'entra en jeu le préposé à ce service qui, de l'avis de toutes les personnes travaillant à l'hôpital, était toujours de mauvaise humeur et se comportait grossièrement avec les malades qu'il traitait d'une façon méprisante. Si ceux-ci ne lui plaisaient pas, il leur annonçait que l'appareil était en panne et il ne faisait pas de radio, quelle que soit la gravité de leur état. De plus il arborait la barbe des salafistes. Comme le préposé s'attardait dans son local, Fathi alla plusieurs fois le prier de venir faire la radio. Il finit par sortir en criant à ceux qui se trouvaient là :

— Que les femmes partent ! Je ne veux pas de femme ici.

L'épouse de Fathi essaya de lui faire comprendre qu'elle était la sœur de la patiente, mais il insista pour qu'elle sorte. Il autorisa en revanche Fathi à rester en sa qualité de *mahram**, puis il prit violemment le bras de la patiente et lorsqu'elle se mit à hurler, il lui cria d'un ton irrité

— Baisse la voix. Je ne veux pas t'entendre.

Mohamed Fathi se trouvait dans une position difficile. Se disputer avec le préposé barbu ferait perdre à Nashwa toute chance de passer une radio, ce qui pouvait entraîner sa mort. Il eut recours à une ruse pour plaire au préposé : il se mit à parler à la patiente en employant des expressions salafistes : "tu n'oublieras pas de remettre sur tes cheveux ton voile que nous avons oublié dehors... Maalesh, ma sœur... que Dieu t'accorde ses bienfaits... récite le Coran, ma fille... que Dieu t'assiste, que Dieu t'accorde ses bienfaits, que Dieu t'accorde ses bienfaits."

Le plan réussit et le préposé s'adoucit. Satisfait par sa patiente, il lui fit sa radio.

Compte tenu de toute cette négligence à la limite du crime, il aurait été naturel que Nashwa meure à l'hôpital public El Amiri, mais Dieu avait voulu prolonger ses jours et Mohamed Fathi parvint, d'une façon presque miraculeuse, à la transporter dans un hôpital privé où on lui fit en urgence une opération qui lui sauva la vie. Ces faits qui m'ont été racontés en détail par l'intéressé apportent d'eux-mêmes la réponse à la question de savoir qui tue les pauvres en Egypte.

La responsabilité du meurtre des malades pauvres dans les hôpitaux de l'Etat dépasse le ministre de la Santé pour remonter jusqu'au président de la République. L'origine de la tragédie de l'Egypte, c'est le président Moubarak qui – avec tout mon respect pour lui-même et ses fonctions – n'a été élu par

---

* Voir note, p. 36.

personne et n'a de compte à rendre à personne. De ce fait, il ne ressent pas vraiment le besoin de satisfaire les Egyptiens et se préoccupe peu de l'opinion qu'ils ont de son action. Il sait que son pouvoir repose sur la force et que ses énormes services de répression sont capables de châtier toute personne qui tenterait d'y porter atteinte.

Ce Président, qui s'est placé au-dessus de tout contrôle et qui est au cœur d'une forteresse le protégeant contre tout changement, choisit ses ministres ou les renvoie sans avoir à donner d'explications à l'opinion publique. Par conséquent, ces ministres sont responsables devant lui seulement et non pas devant les Egyptiens. Leur seule préoccupation est de satisfaire le Président et ils n'attachent aucune importance aux conséquences de leur politique sur les gens. Peut-être faut-il rappeler la façon dont le ministre de la Santé Hatem el Gebali, responsable de la mort de centaines de malades dans ses hôpitaux déplorables, abandonna tout pour rester des semaines assis au chevet du chef de l'Etat, pendant son séjour médical en Allemagne.

Pour le ministre de la Santé, la santé de son Excellence le Président est mille fois plus importante que la vie des malades pauvres, car c'est lui seul qui a le pouvoir de le destituer à n'importe quel instant. C'est dans ce contexte de totale coupure entre le pouvoir et les gens qu'il faut placer ce cas exemplaire – et récurrent dans l'administration égyptienne – du directeur de l'hôpital qui est parvenu, d'une façon ou d'une autre, à satisfaire ses chefs et se trouve donc prémuni, à son tour, de tout contrôle. Il ne prend même pas la peine de se rendre à son hôpital dont il assure la gestion par téléphone, et il traite les malades pauvres comme des importuns qui sont un poids pour lui et pour la société. C'est aussi dans ce contexte qu'il faut voir la dernière aberration, celle du comportement du préposé au service de radiologie, lui-même un pauvre, un malheureux, tout aussi frustré que les malades. Chez lui, le sentiment de misère se transforme en agressivité contre ces derniers. Il jouit du pouvoir qu'il a sur eux et de celui de les humilier. Par ailleurs, la foi se réduit pour lui à son apparence extérieure – une affaire de vêtements et de culte, bien éloignée des valeurs humaines, comme l'honnêteté et la charité, qui sont pourtant ce que la religion a de plus important.

Ce cercle infernal, qui commence par la dictature et conduit à la négligence et à la corruption, se retrouve tous les jours en Egypte avec pour résultat l'assassinat d'un nombre toujours plus grand de pauvres. Ce qui est arrivé à l'hôpital public El Amiri est exactement du même ordre que ce qui arrive aux dizaines d'immeubles qui s'effondrent sur la tête de leurs habitants, ou ce qui arrive aux ferry-boats qui coulent ou aux trains qui brûlent. Il est triste que le nombre de victimes de la corruption et de la négligence, en Egypte, soit supérieur à celui des victimes de toutes les guerres que l'Egypte a menées. C'est-à-dire que le régime égyptien a tué plus d'Egyptiens que n'en a tués Israël. Ce n'est pas en mutant un directeur ou en punissant un agent que l'on pourra mettre un terme à ces crimes odieux, perpétrés chaque jour contre les pauvres. Lorsque le Président et ses ministres seront élus et soumis au contrôle du peuple, alors seulement ils se préoccuperont de la vie, de la santé et de la dignité des Egyptiens.

La démocratie est la solution.

LA SOUMISSION NOUS PROTÈGE-T-ELLE DE L'OPPRESSION ?

On raconte qu'un fermier devenu très riche avait acheté un grand bateau (un modèle qu'on appelle à la campagne une *dahabiya**), puis il avait revêtu des vêtements élégants et coûteux et s'était assis sur son embarcation qui flottait sur le Nil. C'est alors que l'aperçut le propriétaire de la terre dont il était le locataire. Cet homme fat et au cœur dur donna un ordre à ses employés et ceux-ci firent irruption sur le bateau, s'emparèrent du paysan et le lui amenèrent. Voici leur dialogue :

— Le propriétaire : Depuis quand les paysans naviguent-ils sur des dahabiyas neuves ?

— Le paysan : C'est là un bienfait qui me vient de votre miséricorde, de votre justice et de votre bienfaisance, Monseigneur. C'est une chose qui doit vous réjouir, car elle est due à votre obligeance et à votre bonté.

— Le propriétaire : Comment les paysans osent-ils essayer de ressembler à leurs maîtres en navigant sur des dahabiyas ?

— Le paysan : Que Dieu me garde d'essayer de ressembler à mes maîtres. Qui suis-je ? Un de vos esclaves ! Et, en fin de compte, tout ce que je gagne vous appartient.

---

* Grand bateau à voile muni de quatre à cinq cabines, navigant autrefois sur le Nil, récemment remis à la mode pour des croisières touristiques.

— Le propriétaire : Si tu ne veux pas nous ressembler, pourquoi as-tu acheté une *dahabiya* neuve pour naviguer sur le Nil comme un homme puissant ? Est-ce que tu veux que les paysans, en te voyant, croient que tu es quelqu'un d'important ?

— Le paysan : Qu'à Dieu ne plaise ! Si vous voyez quelque chose de mal dans ce que j'ai fait, je prends Dieu et son Prophète à témoin que je ne monterai jamais plus sur cette *dahabiya*. Je vous demande humblement pardon, Monseigneur. Je vous prie d'accepter mes excuses.

— Le propriétaire : Tes excuses sont acceptées, mais je vais te donner une leçon qui te dissuadera pour toujours de recommencer.

Le propriétaire donna un ordre à ses employés qui attachèrent le paysan, le jetèrent au sol en maculant de fange ses habits neufs qu'ils déchirèrent avant de le frapper jusqu'à ce que le sang coule de sa nuque, de ses jambes et de son dos. Pendant ce temps le propriétaire répétait en riant :

— Comme ça, tu n'oublieras pas ton humble condition, paysan !

Ces faits qui se sont déroulés dans un village d'Egypte, au début du XX° siècle, ont été racontés par le grand écrivain Ahmed Amine dans son très beau livre, le *Dictionnaire des coutumes et des traditions égyptiennes*, publié par Dar el Shorouk, et sont, à mon avis, un archétype des relations qui existent entre un despote et ses victimes. Ce paysan, sans aucun doute, savait qu'il avait le droit de naviguer sur une *dahabiya,* puisqu'il l'avait achetée avec son argent et il savait également qu'il avait le droit de s'habiller comme il voulait.

Le paysan savait qu'il n'était pas fautif, mais il trouva plus sage de présenter des excuses au propriétaire de sa terre et de lui demander pardon d'un péché qu'il n'avait pas commis. Le paysan se rabaissa exagérément pour éviter des avanies, mais, après avoir fait bon marché de sa dignité, il reçut son lot de coups et d'humiliations. Nous voyons ainsi que la soumission n'empêche pas les avanies. Si le paysan s'était courageusement dressé face au propriétaire de la terre pour défendre son droit d'être traité comme une personne humaine, il aurait au moins préservé sa dignité et ce qui lui serait arrivé, s'il avait eu une attitude courageuse, n'aurait pas été pire que ce qu'il a récolté avec une attitude soumise.

J'ai toujours cette idée en tête lorsque j'observe ce qui se passe de nos jours en Egypte. Des générations entières ont grandi avec la ferme conviction que la soumission à l'oppression était le sommet de la sagesse et que se courber ou s'abaisser devant celui qui avait le pouvoir était le meilleur moyen de se prémunir contre ses méfaits. Les Egyptiens ont longtemps cru que s'opposer au régime dictatorial était une stupidité qui n'améliorerait absolument pas la situation, mais au contraire ruinerait l'avenir de toute personne qui adopterait cette attitude en entraînant son arrestation, sa torture et peut-être son exécution.

Les Egyptiens ont cru que la coexistence pacifique avec le pouvoir oppressif les mettrait à l'abri de ses forfaits et ils ont espéré que l'énorme appareil de répression que possède le régime se mettrait seulement en mouvement pour écraser ses opposants, mais qu'il ne porterait pas préjudice à ceux qui se courbent, se soumettent et se contentent de manger leur pain et d'élever leurs enfants. Ils se rendent compte maintenant, pour la première fois depuis des lustres, que la soumission, l'abandon de ses droits, l'humiliation, tout cela n'empêche absolument pas les avanies, mais souvent au contraire les décuple.

Le jeune Khaled Mohamed Saïd, d'Alexandrie, n'avait jamais eu aucune activité publique, il n'était membre d'aucun des Fronts ou des mouvements qui visent au changement de régime. Peut-être même n'avait-il jamais participé à une manifestation de sa vie. Khaled était un jeune Egyptien complètement pacifique qui rêvait, comme des millions d'autres, de fuir par tous les moyens son pays oppressif pour aller s'installer dans n'importe quel endroit où il pourrait vivre dans la liberté et la dignité.

Il attendait d'obtenir un passeport américain, comme ses frères, pour quitter l'Egypte à jamais. Un beau soir, il alla au café Internet pour y passer quelques heures, comme le font des millions de personnes qui n'ont pas commis de crime ni d'infractions à la loi. Dès qu'il entra dans le club, deux indicateurs de la police se jetèrent sur lui et, sans un mot, se mirent à le frapper sauvagement, en cognant aussi fort qu'ils pouvaient sa tête contre le rebord de la table de marbre. Ils le traînèrent ensuite en dehors du café et entrèrent dans un immeuble voisin où ils continuèrent à le frapper et à lui cogner la tête contre la porte de fer du hall, jusqu'à ce qu'ils soient parvenus à leurs fins.

Le crâne de Khaled se brisa entre leurs mains. Quelle que soit la cause véritable qui se trouve derrière ce carnage, quels que soient les communiqués successifs du ministère de l'Intérieur pour expliquer le crime – qui se révélèrent tous mensongers – la morale que l'on peut clairement tirer de ce drame, c'est que la soumission n'est plus capable de protéger les Egyptiens contre la répression.

Khaled Saïd a été frappé de la même façon que le sont les jeunes qui manifestent pour la liberté. Sans aucune différence. La répression en Egypte ne fait plus la distinction entre les manifestants et ceux qui sont assis dans les cafés ou en train de dormir chez eux.

La sauvagerie de l'assassinat de Khaled Saïd et le fait que ses assassins aient échappé à tout châtiment montrent que n'importe quel officier de police ou même n'importe quel indicateur peut tuer qui il veut : les services de la dictature se mettent immédiatement en mouvement avec un grand luxe de moyens, en se prévalant de l'état d'exception et de l'absence d'indépendance des juges, pour innocenter l'assassin.

Les millions d'Egyptiens qui ont pleuré lorsqu'ils ont vu la photographie de Khaled Saïd, le crâne brisé, le visage déchiqueté, les dents arrachées à la suite du carnage, ne pleuraient pas seulement par sympathie pour le martyr et pour sa pauvre mère, mais parce qu'ils imaginaient que les visages de leurs enfants pourraient, un jour, se trouver à la place de la photographie du jeune Alexandrin. La photographie du livret militaire de Khaled Saïd et celle de son cadavre défiguré, publiées côte à côte, dans les journaux, reflètent une triste réalité : L'Egypte fait à ses enfants ce que ne leur ont pas fait ses ennemis.

Le destin de Khaled Saïd peut être celui de n'importe quel Egyptien. Il a déjà été celui de centaines de milliers de personnes : ceux qui ont été noyés dans les ferry-boats de la mort, ceux dont les immeubles se sont effondrés au-dessus de leurs têtes, à cause de permis obtenus par la corruption ou de matériaux de constructions défectueux, ceux qui sont morts de maladies causées par des aliments altérés importés par de puissants personnages, ceux qui se sont suicidés parce qu'ils désespéraient de l'avenir, et tous les jeunes universitaires qui ont essayé de fuir pour aller nettoyer les latrines en Europe et qui se sont noyés dans les barques de la mort.

Tous étaient des citoyens complètement pacifiques. L'idée de résister à la dictature ne leur était pas venue à l'esprit et ils croyaient, exactement comme le paysan de l'anecdote, pouvoir coexister avec la dictature en se courbant devant l'oppresseur qu'ils craignaient d'affronter. Malgré leur soumission et leur docilité, il leur est arrivé exactement la même chose que ce qu'ils redoutaient dans le cas où ils auraient protesté et se seraient révoltés.

La situation actuelle, avec les protestations généralisées qui maintenant submergent l'Egypte, du nord au sud et de l'est à l'ouest, est due, en premier lieu, à ce que la vie de millions de pauvres qui était déjà difficile est devenue impossible. Mais la cause la plus importante de cette vague violente est que les Egyptiens ont compris que taire leurs droits ne les protégeait pas des avanies. Les Egyptiens ont cherché, pendant trente ans, des solutions individuelles. Les Egyptiens ont fui l'enfer de leur pays dans les Etats du Golfe où souvent ils subissaient une nouvelle forme d'humiliation et d'oppression, puis ils en sont revenus des années plus tard avec un peu d'argent qui leur donnait les moyens d'une vie confortable, à l'écart du cadre général des épreuves de leurs compatriotes. Ces solutions individuelles ne sont plus d'aucune utilité et les Egyptiens sont maintenant enfermés dans leur pays.

Ils ont finalement assimilé la leçon que n'avait pas comprise le paysan de l'anecdote : les conséquences du courage ne sont pas pires que celles de la peur, et le seul moyen de se délivrer du chef oppressif est de lui faire face avec toutes les forces dont on dispose.

La démocratie est la solution.

MALTRAITER LES GENS FAIT-IL PARTIE DES ACTIONS QUI INVALIDENT LE JEÛNE DU MOIS DE RAMADAN?

Il y a quelques années, je prenais tous les jours le métro à Sayyeda Zeinab. En face de la station, il y avait des vendeurs qui étalaient des articles variés sur le sol. Parmi eux se trouvait un homme calme et poli, de plus de soixante ans, toujours vêtu d'une vieille *galabieh** et d'une vieille veste. Devant lui se trouvaient ses marchandises : des cadenas, des tournevis, de nattes en plastique, des gobelets et tout un tas d'autres choses simples.

Un matin de ramadan, je vis un détachement de la police de répression des fraudes fondre sur les marchands ambulants. La plupart d'entre eux ramassèrent leurs produits, se mirent à courir le plus vite possible et s'en tirèrent à bon compte. Seul le vieil homme n'eut pas le temps de s'enfuir et les policiers confisquèrent sa marchandise. Quand il se mit à crier et à appeler au secours, ils l'abreuvèrent des injures les plus outrageantes puis, comme il continuait, ils le rouèrent de coups, l'arrêtèrent et l'emmenèrent avec eux. Ce qui est extraordinaire, c'est que les policiers qui l'avaient frappé avaient le visage blême des jeûneurs.

---

* Large robe de coton, généralement de couleur sombre, qui est le vêtement traditionnel des habitants de la campagne ou des quartiers populaires.

J'ai pensé que ces personnes qui avaient maltraité le vieux vendeur n'avaient pas le moindre doute sur la validité canonique de leur jeûne.

Je me demandai alors comment nous pouvions jeûner pendant le mois de ramadan et faire du mal aux gens. Les injustices que l'on fait subir aux gens ne sont-elles pas considérées comme invalidant le jeûne ? Je me tournai vers les livres de jurisprudence religieuse et j'y trouvai que sept actions invalidaient le jeûne :

La première est de manger et de boire. La deuxième : ce qui est analogue à manger ou boire. La troisième : la copulation. La quatrième : la masturbation. La cinquième : le vomissement, lorsqu'il est volontaire. La sixième : la perte de sang à la suite d'une saignée. La septième : la perte de sang lors des règles ou de l'accouchement d'une femme.

Ce sont des circonstances invalidantes qui concernent donc toutes le corps, bien que le Prophète ait dit "Celui qui ne cesse pas de dire des mensonges et de se comporter d'une façon mensongère, n'a pas besoin de cesser de boire et de manger."

En se fondant sur ce beau *hadith*, certains ulemas ont dit qu'il y avait des situations morales qui invalidaient le jeûne, comme le mensonge, l'injustice, la calomnie, mais la plupart ont limité ces invalidations à des choses matérielles, considérant que les comportements dévoyés faisaient perdre les bénéfices du jeûne, mais ne l'invalidaient pas. De cette façon, le jeûneur qui a vomi volontairement est immédiatement considéré comme ayant rompu le jeûne, alors que celui qui a menti, s'est comporté d'une façon hypocrite, a fait du mal aux gens ou les a spoliés de leurs droits, celui-là voit son jeûne validé.

Cette conception étrange du jeûne nous confronte à une lecture erronée de la religion selon laquelle, dans de nombreux cas, la pratique religieuse est devenue une fin en soi, au lieu d'être un moyen d'élévation et de purification de l'être.

La religiosité s'est trouvée ramenée à un certain nombre de pratiques figées, comme s'il s'agissait de formalités pour la publication des statuts d'une société commerciale ou pour la délivrance d'un passeport. Chez de nombreuses personnes, l'islam s'est transformé en une série de démarches que le musulman doit exécuter au doigt et à l'œil sans que cela ait nécessairement une influence sur sa façon de se comporter. Cette séparation entre la croyance et le comportement dans le monde islamique est propre aux époques de décadence. Elle est même, en vérité, la première cause de cette décadence.

Si vous souhaitez, cher lecteur, vérifier cela par vous-même, il vous suffit d'aller dans le commissariat le plus proche où vous trouverez des citoyens en train d'être frappés et humiliés par des gens qui jeûnent tous et à qui il ne vient pas à l'esprit le moindre doute sur la validité de leur jeûne.

Il y a, en Egypte, des dizaines de milliers de détenus islamiques qui ont passé de longues années derrière les barreaux sans jugement. Pour un grand nombre d'entre eux des verdicts d'acquittement ont même été prononcés, mais ils sont restés lettre morte. Ceux qui sont responsables d'avoir ruiné l'existence de ces misérables et de leurs familles sont des musulmans qui ont presque tous au front le stigmate de la prière*, mais ils n'éprouvent pas du tout le sentiment que ce qu'ils font puisse ternir leur foi. Le plus extraordinaire est ce qui se passe dans les locaux de la sécurité et les camps où se

---

* La *zbiba*, ou grain de raisin, est la marque du frottement du front sur le sol au moment de la prière. C'est un signe de piété dont s'enorgueillissent ceux qui en sont marqués… quitte à avoir aidé la nature en frottant plus que de raison.

déroule sauvagement la torture des détenus afin de leur arracher des aveux. Dans ces abattoirs de l'humanité qui appartiennent à la nuit du Moyen Age, il y a toujours un coin réservé où les bourreaux font la prière à heure fixe. Y a-t-il quelqu'un de plus attaché au respect des préceptes de la religion que les cadres du Parti national démocratique, qui ont pillé le peuple Egyptien, qui l'ont abusé, qui l'ont appauvri et qui l'ont humilié?

C'est cette conception erronée de l'islam qui a transformé le mois de ramadan, qui était au départ une occasion divine de redresser les comportements de l'homme, en une grande kermesse dans laquelle nous entrons tous en vociférant, en priant, en jeûnant sans que la plupart du temps tout cela ne se reflète sur nos rapports avec les gens. Lorsque je vois des milliers de musulmans se mettre tous les soirs en mouvement pour aller prier* dans les mosquées, je ressens un mélange de joie et de tristesse. Je me réjouis de les voir si attachés à leur religion que rien ne pourrait les empêcher d'en suivre les prescriptions et je ressens de la tristesse parce que ces milliers de personnes rassemblées sont peut-être passées à côté du véritable message de l'islam : "l'objectif du Jihad, c'est une parole de vérité chez le sultan tyrannique". Beaucoup de musulmans ne voient dans l'islam que le voile, le *niqab*, la prière, le petit pèlerinage et le grand pèlerinage**.

Les mêmes, qui se soulèvent pour protester contre un spectacle où l'on voit une actrice nue et mènent des opérations violentes contre les concours de reines de beauté, ne disent pas un seul mot face

---

* Pendant les nuits de ramadan, de nombreux croyants vont dans les mosquées pour prier une partie de la nuit. Ces prières qui s'ajoutent aux cinq prières obligatoires de la journée s'appellent les *tarawih*.
** Cf. note, p. 36.

au despotisme et à la répression. Ils sont dociles et soumis à l'oppression du pouvoir, et l'idée ne leur vient pas de se révolter contre lui.

Ces musulmans, avec leur vision étroite de la religion, sont les victimes de deux sortes de cheikhs : ceux du gouvernement et les wahabites. Les cheikhs du gouvernement sont des fonctionnaires. C'est de lui qu'ils reçoivent leurs salaires et leurs instructions et, par conséquent, ils puisent dans la religion tout ce qui soutient les désirs du chef, aussi corrompu et aussi injuste soit-il. Quant aux cheikhs wahabites, ils affirment que se soulever contre le chef musulman est un péché, même si ce dernier est corrompu, et que, au contraire, lui obéir est un devoir, même s'il vole l'argent des musulmans et les martyrise.

Les wahabites encombrent l'esprit des musulmans de tout ce qui est secondaire dans la religion. Il y a en Egypte des dizaines de chaînes de télévision wahabites, financées par les capitaux du pétrole, sur lesquelles apparaissent quotidiennement des cheikhs qui reçoivent des millions de livres par an, en échange de leurs prêches à des Egyptiens dont la moitié vit dans la plus extrême misère. Ces cheikhs apparaissent à l'écran au milieu de publicités pour des machines à laver, des réfrigérateurs, des crèmes pour faire disparaître les boutons sur la peau et des préparations pour enlever définitivement les poils du corps des femmes.

Ils exhortent les musulmans sur toute chose, sauf sur ce dont ils ont réellement besoin. Vous ne trouverez pas un seul de ces cheikhs pour parler de torture, ou de fraude électorale ou de chômage. Vous n'en trouverez pas un seul qui mette en garde les Egyptiens contre la transmission héréditaire du pouvoir du chef de l'Etat à son fils, comme s'ils n'étaient qu'un troupeau de bétail. Certains de ces cheikhs n'ont pas eu honte d'annoncer leur totale coopération avec les services de sécurité et certains ont fait des fatwas pour dire que la manifestation et la grève étaient des péchés pour les musulmans.

Ils ne sont donc pas contentés de taire la vérité mais, en interdisant aux musulmans de réclamer leurs droits spoliés, ils ont aidé le pouvoir à faire régner l'injustice. Cette religiosité formelle qui est la cause originelle de notre arriération a été décrite, il y a plus de cent ans, par le grand imam réformateur Mohamed Abdou (1849-1905) dans ses œuvres complètes, publiées par Dar el Shorouk.

Voici ce qu'il dit :

"Les musulmans ont perdu leur religion. Ils ne sont plus préoccupés que de la lettre dont ils sont devenus les esclaves. Ils ont abandonné tout ce qu'elle contenait de bonnes actions et de vertus et il ne leur en est plus rien resté. Cette prière qu'ils font, Dieu ne la regarde pas, il n'en accepte pas une seule génuflexion. Ce ne sont que mouvements et mots dont ils ignorent le sens. N'est-il pas venu à l'esprit d'un seul d'entre eux que c'est à Dieu qu'il parle, que c'est Dieu qu'il implore par ses paroles que c'est à lui qu'il rend grâce, qu'il le reconnaît comme son seigneur et que c'est à lui qu'il demande aide et bienfaits et à personne d'autre."

Il est étonnant que les ulémas des quatre écoles (et peut-être d'autres également) aient dit que la prière sans présence et sans recueillement vaut malgré tout accomplissement des prescriptions. Qu'est-ce que cela veut dire ? Cela est absurde.

Malgré leur brutalité, ces propos confirment à nouveau une vérité oubliée :

L'essence de l'islam, c'est l'appel à la vérité, à la justice, à la liberté. Tout le reste est secondaire. Le bouillonnement du sentiment religieux est véritable et authentique, mais il suit rarement le bon chemin.

La question la plus importante dans notre pays est évidente comme le soleil : une situation effrayante de corruption, de répression et d'injustice, qui dure depuis trente ans, a poussé de nombreux Egyptiens au suicide, au crime ou à la fuite à tout prix, loin de la nation. Après que le Président est resté au pouvoir trente ans sans une seule élection véritable, la comédie recommence aujourd'hui pour faire hériter le fils des fonctions de son père, comme si la grande Egypte était devenue un élevage de poulets qu'on lègue par testament. N'est-ce pas là le comble de l'injustice ?

Lorsque nous serons convaincus que l'oppression invalide le jeûne, lorsque nous saurons qu'arracher nos droits violés est plus important que les mille génuflexions que nous pouvons faire dans les prières du soir pendant le mois de ramadan, alors et alors seulement, nous serons parvenus à une compréhension véritable de l'islam. L'islam véritable est la démocratie.

La démocratie est la solution.

TROISIÈME PARTIE

LIBERTÉ D'EXPRESSION ET OPPRESSION POLITIQUE

COMMENT LES OFFICIERS DE POLICE CÉLÈBRENT-ILS LE MOIS DE RAMADAN?

Le 23 août dernier, à sept heures du matin, le citoyen Mohamed Ali Hassan, âgé de 38 ans, fut tiré du sommeil par des coups violents contre la porte de son logement, rue Benhaoui à Bab El Shaaria.

Sa femme Asma et ses deux jeunes enfants Youssef et Mohamed furent réveillés en sursaut par le spectacle des hommes de la sécurité en train de battre violemment leur père, avant de l'arrêter et de l'emmener avec eux au commissariat de Daher.

Selon les dires de la femme de Mohamed Ali Hassan, c'est pour faire plaisir à deux personnes du quartier qui avaient le bras long et avec lesquels Mohamed s'était disputé quelques jours auparavant que les officiers de la sécurité du commissariat l'ont arrêté en inventant une affaire de drogue.

Quelle que soit la véracité de ce récit, le mois sacré de Ramadan commença pour Hassan dans une cellule du commissariat.

Son épouse Asma lui rendait visite toutes les fois que les officiers l'y autorisaient.

Mais il se passa quelque chose que nous ignorons et qui suscita contre Mohamed la colère des officiers de la sécurité. Ils ordonnèrent aux indicateurs de le frapper et de le torturer, puis ils le livrèrent à quelques dangereux prisonniers qui le rouèrent de coup et le frappèrent à l'arme blanche.

Le premier jeudi du mois de ramadan, son épouse alla lui rendre visite au commissariat après la rupture du jeûne, et elle le trouva dans un état affreux. Son sang coulait en abondance, il avait le visage et le corps couvert d'ecchymoses et de blessures, et il ne pouvait ni se lever ni parler.

Effrayée par l'état de son mari, l'épouse supplia les officiers du commissariat de lui permettre de le transporter sous surveillance policière, dans un hôpital pour qu'on le soigne, même aux frais de la famille, mais les officiers refusèrent et ils allèrent jusqu'à la menacer de l'arrêter si elle ne partait pas immédiatement. Le jour suivant, le citoyen Mohamed Ali Hassan décéda des suites de blessures provoquées par la torture.

La même semaine du mois de ramadan, le prisonnier Hani El Ghandour était détenu à la prison d'Assiout, dans l'attente de son procès en assises. Islam bey, un des officiers qui travaillaient à la prison, se mit à l'insulter et il semble que Hani lui ait répondu d'une façon qui lui déplut. Il décida donc de le torturer et fit venir un indicateur, Ismaïl, et tous deux placèrent Hani dans un trou de terre où ils l'obligèrent à rester deux heures pendant lesquels ils n'arrêtèrent pas de le frapper violemment. Puis ils attachèrent le prisonnier sur un lit de fer, lui envoyèrent des décharges d'électricité et le frappèrent avec des verges. A la fin, ils lui firent éclater sous le nez une bombe lacrymogène. Lorsque la torture devint trop violente, le prisonnier Hani se mit à crier : "Assez, Islam bey, assez, je vais mourir, *Islam bey*, je n'en peux plus."

Mais Islam bey avait une trop longue expérience des prisonniers pour se laisser prendre à cette ruse.

Il continua donc à électrocuter et à frapper le prisonnier Hani Ghandour... jusqu'à ce qu'il rende son dernier soupir.

Ces deux affaires ont été rapportées par la presse au cours de la même semaine du mois sacré de ramadan. Comme d'habitude, le ministère de l'Intérieur a publié un communiqué niant que l'on ait fait usage de la torture et attribuant le décès des deux victimes à un arrêt subit de la circulation sanguine. Personne ne croit à cette sorte de communiqués du ministère de l'Intérieur qui ne méritent même pas qu'on en discute. Ces faits, en plus de leur horreur, soulèvent d'importantes questions.

Les officiers qui ont torturé sont musulmans (l'un d'eux s'appelle même Islam) et observent en général strictement le jeûne du ramadan. Ils prient à heures fixes et peut-être même ont-ils à cœur, comme tout le monde pendant ce mois, d'aller passer la nuit en prières à la mosquée. Cependant, ils torturent horriblement les prisonniers sans que leur conscience religieuse ne les empêche le moins du monde de dormir. Il ne leur vient même pas à l'esprit que la torture puisse aller à l'encontre du jeûne et de la prière.

C'est là une chose vraiment étrange qui mérite qu'on l'examine et qu'on y réfléchisse.

Comment un officier peut-il torturer les gens puis reprendre sa vie normale, comme si rien ne s'était passé?

Comment ce policier peut-il caresser ses enfants et dormir avec sa femme, les mains encore teintes du sang des victimes?

Ce jeune homme brillant à l'esprit et au corps souple, qui intègre l'école de police où il jure de respecter la loi, comment se transforme-t-il au bout de quelque temps en bourreau éprouvant du plaisir à torturer et à violer des gens?

Est-ce le travail dans la police qui développe le sadisme et fait éprouver aux officiers du plaisir à torturer leurs prochains?

Des études psychologiques ont montré que beaucoup de gens ordinaires participeraient très probablement à la torture et se transformeraient en bourreaux, s'ils se trouvaient à travailler dans un endroit où la torture est pratiquée d'une façon systématique. Mais cela impliquerait qu'ils passent à travers deux opérations psychologiques : l'adaptation et la justification...

L'adaptation, cela veut dire que l'officier, qui constate que tous ses collègues pratiquent la torture et que ses chefs l'ordonnent, obéit aux ordres et fait de même, parce qu'il n'est pas assez fort pour adopter une position contraire à la pratique en vigueur dans son travail.

La justification, cela veut dire que l'officier bourreau est convaincu qu'il doit torturer ses victimes pour servir la sécurité et la nation.

Le bourreau qui ne parvient pas à se trouver de justification ne peut pas continuer à torturer.

La torture en Egypte n'est pas le résultat de perversions ou d'abus. C'est une politique stable et systématique suivie par l'Etat. Le nombre de victimes de la torture, sous le gouvernement de Moubarak, est supérieur à ce qu'il a été à n'importe quelle autre époque.

Lorsque nous étions de jeunes écoliers, nous avons tous étudié le massacre de Danshawi survenu en 1906, comme un exemple des crimes perpétrés par l'occupation britannique contre les Egyptiens.

Il faut malheureusement nous souvenir que ce massacre célèbre n'avait fait que cinq victimes égyptiennes : une femme tuée par balle et quatre hommes exécutés par pendaison.

En une seule année, il en meurt bien plus du double dans les commissariats et les locaux de la sécurité d'Etat. C'est-à-dire que nous faisons nous-mêmes subir à nos compatriotes bien plus que ne nous faisaient subir les soldats de l'occupation.

Ce ne sont pas seulement les officiers tortionnaires qui sont responsables des âmes des innocents qui disparaissent tous les jours des suites de la torture en Egypte, ni même le ministre de l'Intérieur, M. Habib el Adli, de chez qui ils reçoivent leurs instructions. Le premier responsable est le président Hosni Moubarak en personne.

Car il sait, sans aucun doute, que des gens sont tués tous les jours sous la torture, mais il ne fait rien pour arrêter ces crimes. Si le président Moubarak voulait mettre fin à cette pratique, elle s'arrêterait immédiatement – à l'instant même – mais il considère que la torture est nécessaire pour protéger le régime en place.

Que Dieu accorde sa miséricorde aux deux martyrs, Hani el Ghandour d'Assiout et Mohamed Ali Hassan de Bab El Shaaria et toutes mes condoléances, en ce mois sacré, à leurs familles et à leurs jeunes enfants condamnés à grandir orphelins.

Mais cette oppression est trop énorme pour se poursuivre longtemps. Un jour viendra où seront jugés ceux qui ont causé tous ces crimes et toutes ces tragédies.

Et ceux qui ont opprimé récolteront les fruits de la tempête qu'ils ont semée.

UNE DISCUSSION AVEC UN OFFICIER DE LA SÉCURITÉ D'ÉTAT

Il y a plusieurs années que ceci est arrivé.

J'étais invité au mariage de quelqu'un de ma famille et je me trouvai assis à côté d'un parent du marié qui se présenta ainsi :

— Untel, officier de police.

C'était un homme d'environ quarante ans, très élégant, très poli et très calme. Il avait au front le stigmate de la prosternation*. Nous échangeâmes les habituelles formules de politesse, puis je lui demandai :

— Dans quel secteur de la police travaillez-vous ?

Il hésita un instant avant de me répondre :

— La sécurité d'Etat

Un silence se fit entre nous. Il détourna le visage et se mit à regarder au loin et à observer les invités. J'hésitai entre deux possibilités : poursuivre l'échange de politesse que nous avions commencé ou bien exprimer franchement mon point de vue sur la sécurité d'Etat. Ne pouvant me retenir, je lui demandai :

— Pardon... vous êtes pieux apparemment ?

— Grâce à Dieu.

— Ne trouvez-vous pas que votre travail à la sécurité d'Etat est en contradiction avec la piété ?

---

* Cf. note, p. 244.

— D'où viendrait la contradiction ?

— Les personnes arrêtées par la sécurité d'Etat sont soumises aux coups, à la torture, au viol, toutes choses que l'ensemble des religions nous interdisent.

Pour la première fois, il parut irrité :

— Tout d'abord, tous ceux que nous frappons méritent de l'être. Deuxièmement : si vous aviez étudié votre religion avec soin, vous auriez trouvé que ce que nous faisons à la sécurité d'Etat est tout à fait conforme à ses enseignements.

— L'islam est une des croyances les plus attachées à la dignité humaine.

— C'est là un propos général. Moi, j'ai lu la jurisprudence islamique et j'en connais parfaitement les règles.

— Il n'y a rien dans la jurisprudence islamique qui autorise à torturer les gens.

— Ecoutez-moi jusqu'au bout, s'il vous plaît. L'islam ne reconnaît ni la démocratie ni les élections. Il existe un consensus parmi les jurisconsultes pour dire que, dans tous les cas, l'obéissance au dirigeant est une obligation, qu'il se soit emparé du pouvoir par la force, ou que les musulmans aient choisi ce dernier par eux-mêmes. C'est une obligation pour le sujet d'obéir au dirigeant musulman, même s'il est usurpateur, corrompu ou oppresseur. Savez-vous quelle est la punition de celui qui se soulève contre le chef de l'Etat dans l'islam ?

Je ne répondis pas et il poursuivit :

— Dans l'islam, on doit appliquer à celui qui se soulève contre un dirigeant le châtiment du pal, après lui avoir coupé les mains et les pieds. Ceux que nous arrêtons à la sécurité d'Etat se sont soulevés contre le chef de l'Etat. Selon la loi religieuse nous devrions donc couper leurs extrémités, ce que nous ne faisons pas. Ce que nous leur infligeons est bien inférieur au châtiment prévu par la charia.

J'eus avec lui une longue discussion. Je lui dis que l'islam avait été révélé principalement afin de lutter pour la vérité, la justice et la liberté et que le Prophète de Dieu n'avait imposé aux musulmans personne pour lui succéder. Il les avait laissés se choisir un chef en toute liberté et la réunion d'Al Saqifa où les musulmans choisirent Abou Bakr comme Calife peut être considérée comme un événement intrinsèquement démocratique, qui a eu lieu de longs siècles avant l'apparition des démocraties occidentales. Puis je lui ai expliqué que le châtiment du pal avait été seulement prévu pour les groupes armés qui attaquent des innocents, qui volent leurs biens et attentent à leur intégrité. Il n'est pas permis de l'appliquer aux opposants politiques en Egypte.

Mais il s'obstina dans son point de vue puis déclara pour mettre fin au dialogue :

— Cela est ma vision de l'islam. J'en suis convaincu et je ne changerai pas. J'en suis responsable face à Dieu notre Seigneur.

Après avoir quitté le mariage, je pensai à cet officier qui était un homme intelligent et instruit. Comment pouvait-il être convaincu par cette interprétation erronée de l'islam ? Comment avait-il pu déduire de la religion ces idées perverses et contraires à ses principes ? Comment avait-il pu croire un seul instant que Dieu nous autorise à torturer des gens et à détruire leur humanité ? Ces questions restèrent sans réponse jusqu'au moment où, quelques mois plus tard, je lus une étude intéressante qui a pour titre "Psychologie du bourreau", dans laquelle un chercheur explique que l'officier de police qui pratique la torture appartient à l'une des deux catégories suivantes : soit il est atteint d'une maladie mentale, la psychopathie, son comportement agressif étant étranger à toute norme morale. Soit – et c'est à cette seconde catégorie que se rattachent la plus grande partie des tortionnaires – il s'agit d'une personne ordinaire, psychologiquement normale, et souvent – en dehors de son travail – un bon citoyen, quelqu'un d'aimable, à la morale très stricte, qui a besoin pour pouvoir pratiquer la torture que soient remplies deux conditions essentielles : la soumission et la justification. La soumission cela veut dire que la torture est effectuée en exécution d'ordres issus du commandement. Le tortionnaire se convainc alors qu'il est obligé d'obéir à ses chefs. Quant à la justification, elle intervient lorsque l'officier se persuade lui-même de la légitimité de ses actes sur le plan moral et religieux en se représentant ses victimes comme des agents de l'ennemi, des ennemis de la nation, des mécréants ou des criminels. Dans son esprit, cela justifie qu'avec eux il ait recours à la torture pour protéger la société ou la nation. Le chercheur en arrive ensuite à une conclusion importante : sans ce processus de justification, l'officier serait complètement incapable de continuer à torturer ses victimes, car il ne supporterait pas alors les reproches de sa conscience et éprouverait un profond mépris de lui-même et de son comportement.

Je me suis souvenu de cela en lisant la nouvelle de l'arrestation de deux étudiantes appartenant au mouvement du 6 avril, Oumnia Taha et Sara Mohamed Razaq. Arrêtées par les vigiles de l'université de Kafr El Sheikh, elles furent remises à la sécurité d'Etat, parce qu'elles appelaient leurs condisciples à la grève. Le parquet les inculpa de tentative de renversement du régime et ordonna un emprisonnement d'une durée de deux semaines pour les besoins de l'enquête. Les questions que cela soulève sont bien sûr nombreuses : comment peut-on dire qu'une jeune fille de moins de vingt ans cherche, toute seule, à renverser le régime du président Moubarak, simplement pour avoir parlé à ses camarades de l'université ou pour leur avoir lu un article qu'elle avait écrit ? Par ailleurs, l'appel à l'arrêt du travail ne constitue pas en soi un crime du point de vue légal, puisque le gouvernement égyptien a signé des dizaines de documents internationaux autorisant le droit de grève et le considérant comme un droit fondamental des Egyptiens.

Mais le plus triste, vraiment, c'est que j'ai appris par un condisciple des deux filles qu'elles avaient été sauvagement battues et odieusement torturées par la sécurité d'Etat et que celui qui les avait frappées et avait déchiré leurs vêtements était un officier d'un rang élevé. Je me souvins alors de ma conversation, le soir de la noce, avec l'officier de la sécurité d'Etat... Comment un officier de police, qui est généralement mari et père, peut-il frapper avec cette brutalité une étudiante qui pourrait être sa fille ? Comment peut-il affronter sa conscience et regarder après cela sa femme et ses enfants dans les yeux ? Cet officier de haut rang n'a-t-il pas honte de lui-même lorsqu'il frappe une faible jeune fille complètement démunie, incapable de se défendre ? Ce comportement s'accorde-t-il avec l'honneur d'un homme, avec sa religion et sa morale ? S'accorde-t-il également avec l'honneur militaire et les traditions de la police ?

Le régime fait face actuellement à des vagues de protestation sociale sans précédent, parce que la vie est littéralement devenue impossible pour des millions d'Egyptiens qui n'ont plus d'autre recours que de sortir dans la rue pour proclamer leur simple et juste revendication de vivre comme des êtres humains. Comme le régime s'est montré totalement incapable de toute réforme sérieuse, il pousse l'appareil policier à affronter les gens, à les réprimer et à les torturer. Ce faisant, il oublie une vérité simple et importante : un officier de police est en fin de compte un citoyen égyptien comme les autres, qui subit ce que subissent ses compatriotes, et qui souffre des mêmes maux qu'eux. Le régime politique qui, pour survivre, s'appuie seulement sur la répression passe toujours à côté d'une vérité qui est que l'appareil de répression, quelle que soit son omnipotence, est fondamentalement formé de citoyens intégrés à la société, dont les intérêts et les opinions coïncident la plupart du temps avec ceux des autres citoyens. Avec l'augmentation de la répression viendra un jour où ces citoyens seront incapables de justifier à leurs propres yeux les crimes qu'ils commettent contre leur prochain. Ce jour-là, le régime perdra sa capacité de répression et trouvera la fin qu'il mérite. Et je crois qu'en Egypte, ce jour approche.

QUATRE FILMS POUR DISTRAIRE
LE PRÉSIDENT

Le président Hosni Moubarak et le président Barak Obama se sont rencontrés dernièrement à Washington. Les deux grands leaders ont eu des entretiens amicaux et fructueux au cours desquels ont été abordées des questions vitales pour les deux pays : le dossier nucléaire iranien, la paix avec Israël et la situation au Darfour. Les deux Présidents ont exprimé avec véhémence leur extrême contrariété au sujet de la dégradation de la situation des droits de l'homme en Iran dont témoignent la répression des manifestations, la fraude électorale, l'emploi la torture et tous les crimes hideux perpétrés par le gouvernement iranien, que la communauté internationale et l'Egypte à ses côtés dénoncent et déploient des efforts intenses pour proscrire. En conclusion, le président Obama a exprimé à son ami le président Moubarak l'espoir que, avec l'aide de Dieu, se poursuive en Egypte la réforme démocratique qui est une entreprise complexe et de longue haleine, mais qui ne doit pas connaître d'interruption. Obama a renouvelé ensuite son admiration pour la sagesse, la modération et le courage du président égyptien. Tout cela est connu, compréhensible et attendu. Mais moi, je pensais à autre chose : le vol entre Washington et Le Caire dure plus de dix heures. Comment le président Moubarak les passe-t-il ?

Sans aucun doute, l'avion privé de son Excellence est doté de l'équipement le plus sophistiqué, mais, malgré tout, c'est un long vol. Que fait le Président pendant tout ce temps ? Profite-t-il de quelques heures de sommeil pour reposer son corps fatigué par le labeur ? Passe-t-il son temps à converser avec les rédacteurs en chefs des journaux gouvernementaux, dont il se fait accompagner à chaque voyage ? Ils doivent comme d'habitude faire surenchère de compliments sur les réalisations du Président, la grandeur de ses décisions et son leadership historique. Je crois d'ailleurs que la répétition de ces louanges doit finir par ennuyer un peu son Excellence le Président. Pendant le vol, profite-il des joies de la lecture ? A-t-il amené avec lui un recueil de Mohamed Sami el Baroudi, son poète préféré, comme il l'a déclaré précédemment ? Je ne sais pas exactement ce qu'aime faire le Président, aussi vais-je lui conseiller de regarder quelques excellents films dont j'espère qu'ils lui plairont. Ce ne sont pas de longs films de fiction, mais de courts documentaires. Les héros de ces films ne sont pas des acteurs professionnels ni même des amateurs, ce sont des citoyens ordinaires sans rien qui les distingue si ce n'est que, comme des millions d'Egyptiens, ils mènent une lutte quotidienne acharnée pour nourrir leurs enfants et leur assurer une existence digne. Voici les films que je lui conseille :

Dans le premier film, nous voyons un jeune Egyptien de Port-Saïd en train de se faire torturer d'une façon ignoble dans un commissariat. Dans la première séquence, le jeune est suspendu au plafond, le dos et le ventre complètement lacérés par les coups. Il implore la pitié de l'officier. Il lui dit : Assez ! Mohamed bey, assez ! Par le Prophète. Je vais mourir, Mohamed bey !

Dans la seconde séquence, le jeune apparaît les yeux bandés, complètement effondré, pleurant et essayant d'une voix hachée d'apitoyer l'officier : "Mohamed bey, tu n'as pas honte de me faire ça ? Nous sommes des êtres humains, pas des animaux."

On ne voit pas l'officier Mohamed bey sur l'image, mais on entend clairement sa voix courroucée criant au jeune : "ta gueule" puis déversant sur lui une bordée des plus grossières injures. Pourquoi Mohamed bey semble-t-il en colère ? C'est parce que le jeune a crié pendant la torture, ce que Mohamed bey considère comme un manque de respect dû à son rang. Il n'est pas convenable, de son point de vue, qu'un citoyen élève le ton devant un officier de police, même si celui-ci le bat et le torture.

Le deuxième film a une femme pour héroïne. Nous y voyons une femme égyptienne dans la trentaine, non voilée, vêtue d'un jeans bleu et d'un tee-shirt sombre. Apparaît un officier avec un gros bâton. Il roue la femme de coups. Il la frappe partout, de toutes ses forces, sur les jambes, sur les bras, sur sa tête. Les cris de la femme s'élèvent puis sa voix s'éteint. Nous la voyons ensuite dans la deuxième séquence, accrochée horizontalement par les mains et par les pieds à une barre de fer (cette façon de suspendre les citoyens est utilisée en Egypte dans les commissariats et les locaux de la sécurité d'Etat. On appelle ça la position de la poule. Cela cause une terrible douleur et peut provoquer des déchirures musculaires et des fractures des os, y compris ceux de la colonne vertébrale). L'officier ne s'est pas contenté de suspendre la femme dans la position de la poule, mais il continue à la frapper avec son gros bâton, jusqu'à ce qu'elle crie très fort : "Assez, mon pacha, c'est moi qui l'ai tué, mon pacha, c'est moi qui l'ai tué."

On comprend alors que l'officier est en train d'enquêter sur un assassinat et que, de cette façon efficace, il est parvenu à trouver le coupable. Justice est faite.

Dans le troisième film, nous voyons un homme d'une quarantaine d'années tremblant de peur face à l'officier qui l'abreuve d'injures obscènes, puis lève la main et l'abat violemment vers son visage. Mais au moment où l'homme ferme les yeux pour recevoir la gifle, l'officier arrête sa main en l'air avant qu'elle n'atteigne son but, puis il remue les doigts d'une façon grossière. L'officier éclate d'un rire inextinguible et fait un tour dans la pièce, l'air satisfait d'avoir réussi ce mouvement de virtuose. Ensuite le représentant de l'ordre en revient aux choses sérieuses. La cigarette au coin de la bouche, il s'approche de l'homme et lui balance des deux mains une volée de gifles. Lorsque la victime lève instinctivement la main pour protéger son visage des coups, l'officier s'interrompt, insulte sa mère et lui ordonne de baisser immédiatement la main, puis continue à le frapper.

Dans le quatrième film, on ne voit pas l'officier parce qu'il est assis derrière la caméra. Mais on voit un vieil homme de plus de soixante ans, maigre et marqué des stigmates de la pauvreté et de la sous-alimentation. Il est tenu par un indicateur musclé et l'on entend la voix de l'officier qui dit à ce dernier : "Frappe, Abd el Rasoul!"

Abd el Rasoul exécute l'ordre et fait pleuvoir les coups sur le vieillard, mais l'officier dont la voix enjouée révèle la bonne humeur lui dit : "C'est faible, Abd el Rasoul, c'est très faible. Tape plus fort."

Abd el Rasoul frappe de plus en plus violemment tandis que l'officier dirige les coups pour qu'ils ne faiblissent pas, en disant calmement "Allez, sur la nuque Abd el Rasoul, allez, maintenant éclate-lui la cervelle."

Abd el Rasoul s'efforce de satisfaire l'officier et tape plus fort, mais l'officier fait chuinter ses lèvres et lui dit : "C'est une prestation bien piteuse, Abd el Rasoul."

A ce moment-là, entre dans la pièce, un autre indicateur pour aider son camarade à accomplir sa mission. Les deux hommes battent comme plâtre le vieillard qui s'abandonne totalement aux coups au point qu'il est incapable de lever le bras ou même de crier. Son regard est vide comme si la vie l'avait quitté.

Monsieur le président Moubarak,

J'ai choisi ces films parmi de nombreux autres qui se trouvent sur le blog "La conscience égyptienne" de Waèl Abbas, ainsi que sur de nombreux autres sites Internet. Tous sont des enregistrements authentiques, avec l'image et le son, des séances de torture effroyables auxquelles sont soumis quotidiennement des citoyens égyptiens. La plupart du temps, le nom des officiers et le lieu de leur travail sont mentionnés dans le film et, dans tous les cas, les visages des officiers apparaissent clairement sur les images, ce qui facilite leur identification. Tous ces documents ont été enregistrés avec des caméras portables et, par un moyen ou par un autre, ils sont parvenus à ces sites. Ce sont des personnes qui se trouvaient sur les lieux au moment du supplice qui ont enregistré les images et souvent, c'est l'officier de police qui s'est filmé lui-même en train de torturer pour montrer l'enregistrement à ses collègues ou afin de l'utiliser pour humilier la victime et l'effrayer à l'avenir.

Les gens filment généralement les moments heureux de leur existence. Je comprends que l'on filme un mariage ou la remise de diplômes d'une promotion. Mais que quelqu'un se filme en train de torturer, c'est un comportement étrange dont les psychiatres nous aideront peut-être à comprendre les motivations.

Je ne demande pas à votre Excellence d'intervenir pour mettre fin à cette humiliation qu'affrontent quotidiennement des dizaines d'Egyptiens dans les commissariats de police et dans les locaux de la sécurité d'Etat. Je ne vous demande pas d'enquêter sur le crime de torture auquel se trouvent confrontés des innocents de la part de bourreaux représentant le régime que vous présidez. Je ne vous demande pas d'intervenir car, comme l'ensemble des Egyptiens, je connais bien par expérience les limites de ce qui peut se faire en Egypte. Je voudrais simplement vous conseiller ces quelques films pour distraire votre Excellence pendant vos longs déplacements... tout en vous souhaitant un bon retour au pays, Monsieur le Président.

La démocratie est la solution.

AVANT DE MAUDIRE LA SUISSE

Le 28 octobre dernier 2010 je me trouvais en visite en Suisse et j'écrivais dans ce journal un premier article au sujet de la bataille des minarets. J'y disais que le danger de cette bataille dépassait la simple interdiction des minarets, d'abord parce que la loi à laquelle elle risquait d'aboutir ferait officiellement le lien entre islam et terrorisme, ensuite parce que cela pouvait ouvrir la porte, de la part des partis de la droite raciste, à une surenchère d'offensives législatives visant à contrarier les musulmans. Dans mon article, j'appelais à la formation d'une délégation de professeurs de culture islamique et d'hommes de religion éclairés, qui se rendraient en Suisse pour y expliquer à l'opinion publique que le minaret est une forme architecturale islamique et non pas un étendard de guerre, comme le prétend le Parti du peuple suisse – parti de droite qui a déclenché cette bataille.

Le quotidien *Shorouk* a répondu positivement à cet appel et est entré en contact avec d'importants responsables égyptiens que cette idée n'a apparemment pas enthousiasmés. Quant à ceux qui ont pu être enthousiasmés, ils n'ont rien fait, à l'exception de sa Grâce le mufti de la République, dont le conseiller de presse, qui se trouvait par hasard invité là-bas à un colloque, est revenu avant que ne se termine le vote visant à l'interdiction des minarets. En vérité, l'absence de motivation des responsables égyptiens à faire leur devoir est devenue un phénomène aussi récurrent qu'attristant.

Nous avons vu comment, lors des incidents qui ont accompagné le match de football Egypte-Algérie, les autorités égyptiennes ont été incapables de protéger leurs ressortissants contre les agressions sauvages perpétrées par des bandes de criminels envoyés dans des avions de guerre par le gouvernement algérien. Nous avons vu ensuite comment elles ont été incapables de demander des comptes à ceux qui avaient attaqué la dignité des Egyptiens.

Il y a quelques jours a été connu le résultat du référendum qui ne nous était pas favorable. Les minarets sont désormais interdits en Suisse par la force de la loi. Cela a mis en colère les Egyptiens qui se demandent comment la Suisse peut prétendre qu'elle est un Etat démocratique alors qu'en même temps elle adopte une interdiction concernant les seuls musulmans, à l'exclusion de toute autre religion.

Quel mal cela peut-il faire de construire des minarets et pourquoi les Suisses ne veulent-ils pas en voir dans leur pays? Est-il possible qu'une mesure du même ordre puisse être adoptée contre les synagogues par exemple? La colère des Egyptiens est naturelle et compréhensible et leurs interrogations sont légitimes, mais, avant de maudire la Suisse, nous devons nous rappeler quelques réalités :

Premièrement : l'interdiction des minarets en Suisse ne signifie absolument pas que l'ensemble des Suisses prennent position contre l'islam. Près de la moitié des votants, ainsi que la totalité des responsables gouvernementaux et des représentants de toutes les églises chrétiennes ainsi que de la religion juive, ont pris avec véhémence, et jusqu'au bout, la défense du droit des musulmans à édifier des minarets.

De plus, le résultat du référendum a déclenché dans de nombreuses villes suisses des manifestations de soutien au droit des musulmans de pratiquer leur culte. J'ai moi-même reçu de nombreuses lettres d'amis, intellectuels suisses, qui exprimaient leur profond regret devant la décision prise par les électeurs. Parmi ces lettres, il y a celle de la grande critique littéraire Angela Schader, qui m'écrit précisément : "Je suis consternée et honteuse pour mon pays" et qui qualifie l'interdiction des minarets de "décision stupide, bornée et lâche."

Deuxièmement : bien que, selon la constitution suisse, un référendum ait force de loi et soit contraignant, le décret d'interdiction des minarets se trouve en infraction avec les principes des droits de l'homme, et il est possible que l'affaire se poursuive à l'échelle internationale, afin de faire abroger cette décision. C'est la manière correcte de se comporter face à ce problème. En revanche, appeler au boycott et accuser la Suisse d'être ennemie de l'islam est une réaction injuste envers le peuple suisse, et qui peut conduire à une inimitié réciproque dont ne profiteront là-bas que les extrémistes racistes.

Troisièmement : le parti du peuple suisse qui a fait éclater cette crise est un des nombreux partis de droite occidentaux qui lancent des initiatives racistes hostiles aux étrangers et aux émigrés. Il a profité de la peur de l'islam chez les Suisses et de leur ignorance de ses enseignements tolérants. Ce référendum n'a été qu'un premier pas. Les responsables de ce parti ont en effet déclaré qu'ils prépareraient de nouveaux référendums contre le port du *hidjab* dans les lieux de travail et d'étude, contre l'excision des femmes et contre la création de cimetières séparés pour les musulmans.

Le président français Sarkozy s'est empressé de soutenir l'interdiction des minarets et il a déclaré qu'il comprenait le besoin de la société occidentale de conserver ses caractéristiques culturelles. Aussitôt s'élevèrent des voix, en Hollande et en Allemagne, qui appelaient à l'organisation de référendums semblables pour contrarier les musulmans. La bataille n'a donc pas pris fin avec l'interdiction des minarets. Elle ne fait que commencer et il nous faut prendre la défense des droits des musulmans d'une façon légale, efficace et respectable.

Quatrièmement : ma longue connaissance de la société occidentale m'amène à croire que nous – en notre qualité de musulmans – sommes dans une large mesure responsables de cette vague déferlante de peur de l'islam. Ce sentiment n'existait pas, ou tout au moins n'était pas apparent avant le 11 septembre 2001. Quelques criminels terroristes, parmi lesquels Oussama Ben Laden et Aiman el Zaouahiri, se sont donné pour mission de défigurer l'image de l'islam dans l'esprit de millions d'Occidentaux. Il suffit de savoir que, dans les langues occidentales, on en est venu maintenant à employer le terme djihad dans le sens d'opérations meurtrières armées et que l'on emploie en français, même dans les milieux universitaires, le terme islamisme dans le sens de terrorisme. J'ajoute à cela qu'en Occident la plupart des mosquées sont financées par les fonds des cheikhs wahabites du pétrole et que ces derniers proposent une lecture salafiste rigoriste de la religion, qui contribue largement à la défigurer dans l'esprit des Occidentaux. Par exemple, la participation des jeunes filles musulmanes aux cours d'éducation physique et de natation dans les collèges pose un problème en Suisse : en effet beaucoup de parents musulmans, en se fondant, bien entendu, sur des fatwas wahabites erronées, insistent pour leur interdire cette activité qu'ils considèrent illicite, ce à quoi la direction des écoles réagit en défendant le droit des jeunes filles à faire du sport.

Cette attitude a pour résultat de renforcer l'image d'un islam réactionnaire qui ne voit dans la femme qu'un corps suscitant le désir et utilisé pour la jouissance. Nous pouvons imaginer la réaction des Occidentaux, lorsqu'ils entendent dire que l'islam impose l'excision des femmes (un crime barbare qui n'a aucune relation avec notre religion) ou lorsqu'ils voient une femme porter le *niqab* – que celui-ci laisse voir deux yeux ou un seul (comme le prônent certains cheikhs saoudiens).

Les idées wahabites, soutenues par l'argent du pétrole, donnent la plus mauvaise image possible de l'islam dans l'esprit des Occidentaux. Ceux qui ont voté contre la construction de minarets en Suisse ne sont pas tous racistes, mais ils ont simplement peur d'une religion qui, pour eux, est liée à la violence, au meurtre, au sous-développement et à l'oppression de la femme. Il est de notre devoir de présenter à l'Occident l'image véritable et correcte de l'islam, fondement de la grande civilisation qui, pendant sept siècles, a enseigné au monde entier les principes de justice, de liberté et de tolérance. Si nous nous dérobons à ce devoir, nous n'aurons plus le droit, ensuite, de faire des reproches aux autres.

Cinquièmement : il est certain que l'interdiction des minarets en Suisse constitue une forme évidente d'infraction à la liberté de culte. Les Egyptiens, les Arabes et les musulmans ont le droit de s'opposer à cette interdiction et d'essayer de bloquer ce décret par tous les moyens légaux. Mais le gouvernement égyptien, lui qui est incapable de garantir à ses propres citoyens la liberté de croyance, n'en a pas le droit moral.

Les autorités égyptiennes arrêtent régulièrement des chiites ou des coranistes*, les jugent sous l'accusation de "mépris des religions" et les jettent en prison. Qui plus est Dar el Ifta**, qui réclame maintenant la liberté de croyance en Suisse, a publié une fatwa officielle traitant d'apostats les Bahaïs, ce qui fait bon marché de leur sang*** et les expose à être assassinés à n'importe quel instant. Or ces Bahaïs sont des citoyens égyptiens qui mènent une bataille âpre pour que leur religion soit officiellement reconnue.

Quant aux coptes, ils souffrent mille difficultés pour construire des églises nouvelles et même pour restaurer les églises anciennes. De plus, le projet de loi unique sur les lieux de culte, mettant à égalité les mosquées et les églises sur le plan légal, est enterré depuis de longues années dans les tiroirs du gouvernement égyptien qui refuse même d'en discuter. La liberté de croyance, cela veut dire garantir à chacun le respect et la liberté de culte, quelles que soient ses croyances ou sa religion.

Cela est exactement le contraire de ce que fait le gouvernement égyptien qui n'est pas en mesure de réclamer la liberté de croyance en Suisse, alors qu'il la contrarie en Egypte.

Le régime égyptien qui s'accroche au pouvoir par la répression et la fraude ne peut pas garantir

---

* Les coranistes considèrent que le Coran est la seule source valable de la religion, à l'exclusion de la *sounna* (recueil des propos tenus par le Prophète). Il s'agit là d'un courant de pensée plus que d'un rite à proprement parler.
** C'est l'administration placée sous l'autorité du Mufti de la République qui est chargée de prononcer les avis jurisprudentiels autorisés.
*** La seule peine applicable à un apostat est, théoriquement, la peine de mort. Celle-ci peut, tout aussi théoriquement être appliquée par n'importe quel croyant.

la liberté de croyance à ses citoyens, car on ne peut pas donner aux autres ce que soi-même on n'a pas. La liberté de croyance ne pourra pas être obtenue indépendamment des libertés publiques et des droits politiques

La démocratie est la solution.

LE REGRETTABLE INCIDENT
DONT FUT VICTIME UN OFFICIER
DE LA SÉCURITÉ D'ÉTAT

Samedi dernier, contrairement à son habitude, Amrou bey, officier de la sécurité d'Etat, termina son travail de bonne heure et retourna rapidement à la maison. Il était heureux, parce que cela allait lui permettre de voir sa fille unique Nourhane, âgée de dix ans, ce qui lui arrivait rarement durant la semaine. Il rentrait de son travail quand elle était déjà couchée et quand il se réveillait, elle était à l'école. Amrou arriva à la maison, salua sa femme Nadia qui était à la cuisine, puis se dirigea rapidement vers la chambre de sa fille. Il ouvrit la porte et la trouva en train de réviser ses leçons, revêtue de sa tenue de sport bleue, les cheveux coiffés en queue de cheval. Il lui baisa le front et lui demanda si elle avait déjà dîné. Elle lui répondit qu'elle le ferait lorsqu'elle aurait terminé ses devoirs. Amrou bey lui dit qu'ils allaient prendre leur repas ensemble, puis il tendit sa main droite pour lui caresser les joues, lorsque soudain Nourhane se mit à crier avec une expression de frayeur sur le visage :

— Papa, tu as du sang sur la main.

Amrou regarda sa main droite et fut étonné de la trouver couverte de sang. En entendant les cris d'effroi de Nourhane, sa mère était accourue depuis la cuisine pour voir ce qui se passait. Amrou bey garda son calme et essaya d'apaiser les alarmes de sa femme et de sa fille. Il alla rapidement à la salle de bains et se lava la main plusieurs fois à l'eau chaude et au savon jusqu'à ce qu'il en eût totalement enlevé toute trace de sang, puis il l'essuya avec une serviette. Lorsqu'il sortit de la salle de bains, il trouva sa femme qui l'attendait. Il l'embrassa sur la joue et sourit pour la rassurer. Les deux époux entrèrent dans leur chambre à coucher et Amrou bey se déshabilla pour mettre son pyjama et dormir, mais soudain il regarda sa main il se mit à crier :

— Nadia, le sang est revenu.

Maintenant il n'était plus possible de fermer les yeux sur ce qui se passait. Nadia se rhabilla rapidement et l'accompagna dans sa voiture. Amrou bey, assis à ses côtés, tenta d'appeler le directeur de l'hôpital Al Salam, qu'il connaissait bien. Il utilisait son téléphone portable de la main gauche, car sa main droite était complètement couverte de sang. En route vers l'hôpital, Amrou bey se mit à se demander d'où venait ce sang sur sa main droite. Il ne s'était pas blessé et il ne se souvenait pas s'être cogné la main. Il passa alors en revue tout ce qu'il avait fait pendant la journée…

Il était arrivé au service de la sécurité d'Etat à une heure de l'après-midi. Avant d'entrer dans son bureau, il avait décidé de passer voir son collègue Tamer bey pour s'assurer que les réservations avaient bien été faites, pour Marsa Matrouh, où ils devaient passer les vacances ensemble, à partir du premier août. Tamer bey était de la même promotion que lui à la faculté et c'était un de ses meilleurs amis. Amrou bey était entré dans le bureau de Tamer bey et l'avait trouvé en plein interrogatoire de quelques islamistes, membres de l'organisation La Promesse. Il avait vu un homme barbu, suspendu par les pieds, la tête en bas dans la position d'une bête qu'on s'apprête à égorger, à qui des indicateurs envoyaient une série de décharges électriques entre les cuisses. L'homme poussait des hurlements effrayants, tandis que la voix de Tamer bey retentissait dans la pièce :

— Si tu n'avoues pas, fils de pute, je fais venir ta femme Boussaina, je la fous à poil et je laisse les soldats se la faire sous tes yeux.

Dès que Tamer bey eut aperçu son ami, son visage s'était éclairé. Il s'était empressé de lui serrer la main, l'avait pris à part et lui avait dit que les réservations pour l'été étaient bien faites. En sortant du bureau de son ami, Amrou bey avait eu l'idée de passer ensuite saluer son collègue Abd el Khaleq bey qui était en train d'interroger des ouvriers d'une cimenterie en grève. En entrant, Amrou bey avait vu un homme en sous-vêtements, les mains et les pieds attachés à une poutre que l'on avait baptisée "la mariée". Le corps de l'homme était couvert d'ecchymoses et de blessures. Derrière lui, un supplétif lui donnait des coups de cravache tandis que d'autres lui frappaient la tête et le visage. Abd el Khaleq bey lui criait :

— Alors tu veux jouer au militant, au héros ? Eh bien, fils de pute, moi je te jure que je te ferai embrasser les souliers des soldats. Tu vas bientôt souhaiter être mort.

Amrou bey avait salué son ami Abd el Khaleq bey et était sorti rapidement pour ne pas le retarder dans son travail. Ensuite, il s'était installé dans son bureau où lui-même interrogeait deux jeunes du mouvement du 6 avril qui, dans les rues, appelaient les citoyens à aller accueillir le docteur Mohamed El Baradei à l'aéroport. L'interrogatoire était facile : les deux jeunes étaient entrés dans son bureau complètement épuisés, après avoir été torturés toute la nuit. En réalité, Amrou bey n'avait plus rien à faire. Après avoir déversé sur les deux jeunes l'habituelle bordée d'injures, il s'apprêtait à les renvoyer lorsqu'il remarqua que l'un des deux le regardait avec une sorte de défi. Il s'était levé de son bureau et l'avait giflé à plusieurs reprises. Ce fut le signal pour les supplétifs qui le rouèrent à nouveau de coups de pieds et de poings. Amrou bey avait alors crié : "Dis que tu es une femme"

Les coups redoublaient, mais le jeune refusait de le dire. Amrou bey avait alors donné un ordre aux supplétifs qui saisirent par les pieds le jeune dont la tête alla cogner par terre et ils le rouèrent de coups de pieds et de poings jusqu'à ce qu'il s'évanouisse.

C'était là tout ce qu'avait fait Amrou bey pendant la journée. Il avait tout passé en revue dans son esprit et n'avait rien trouvé d'extraordinaire ou d'inaccoutumé. Une journée de travail comme les autres. D'où pouvait donc venir ce sang qui lui souillait la main? En arrivant, Amrou bey trouva le directeur de l'hôpital en personne qui l'attendait. Il l'ausculta avec le plus grand soin, puis il lui fit une prise de sang qui fut immédiatement analysée. Tandis qu'Amrou bey et son épouse Nadia étaient assis devant le bureau du directeur de l'hôpital, celui-ci relut plusieurs fois le résultat des analyses, puis il enleva ses lunettes et leur dit :

— Ecoutez, Monsieur l'officier, les gens ont la main qui saigne dans trois cas : à cause d'une blessure, parce qu'ils ont pris trop de remèdes pour fluidifier le sang ou bien, qu'à Dieu ne plaise, parce qu'ils ont une grave maladie du sang. Votre excellence n'est pas blessée, n'a pas pris de médicaments et l'analyse de sang est parfaite. A vrai dire, la situation de votre excellence est étrange. Attendons vingt-quatre heures et, si Dieu le veut, le sang s'arrêtera.

Le directeur de l'hôpital lui fournit quelques médicaments et lui donna des pansements à mettre sur sa main pour arrêter l'écoulement du sang, puis il lui demanda de revenir le voir le lendemain matin pour suivre son état.

Amrou bey ne dormit pas de la nuit. Le matin, il entendit la voix de sa fille Nourhane qui se préparait à partir pour l'école, mais il décida de ne pas aller la voir pour ne pas l'effrayer avec le spectacle de sa main couverte de sang.

Il s'habilla avec l'aide de sa femme qui l'accompagna à nouveau chez le directeur de l'hôpital. Celui-ci l'ausculta en renouvelant son regret de ne pas trouver d'explication médicale à cette hémorragie et il lui demanda de continuer à prendre ses remèdes et à mettre ses pansements.

De retour à la maison, Amrou bey appela le service pour dire qu'il était malade et qu'aujourd'hui il ne pourrait pas travailler. Il passa une autre journée dans sa chambre sans rien manger malgré l'insistance de sa femme et il ne dormit que quelques minutes après lesquelles il se réveilla pour regarder sa main qu'il trouva encore une fois souillée de sang.

Le matin, sa femme alla le trouver et le vit étendu sur le lit, l'air complètement épuisé, mais elle découvrit sur son visage une expression nouvelle, étrange. Amrou bey fit un effort sur lui-même et se leva, puis s'habilla avec l'aide de sa femme à qui il demanda de l'accompagner à son travail. Là, il se dirigea vers le bureau de son Excellence le général, directeur de la sécurité d'Etat qu'il demanda à rencontrer. Il fut immédiatement introduit. Le général lui fit un bon accueil et fut chagriné quand il vit les bandages autour de sa main droite :

— Rien de grave, Amrou. Qu'as-tu?

Amrou bey lui raconta tout ce qui s'était passé. Le général fronça les sourcils :

— C'est une drôle d'histoire, Amrou. Prends des vacances jusqu'à ce que cela se calme, si Dieu le veut.

Mais Amrou bey lui sourit et de la main gauche tendit une feuille qu'il posa sur le bureau devant son Excellence le général qui la lut rapidement et s'écria d'un ton réprobateur :

— Qu'est-ce que ça veut dire? Tu es devenu fou, Amrou? Tu as déjà vu quelqu'un démissionner de la sécurité d'Etat?

— Je vous en prie, Monsieur.

— Mon fils, je te laisse le temps de réfléchir. Tu es un des meilleurs officiers du service et tu as un bel avenir devant toi. Peux-tu me dire pourquoi tu veux quitter le Service?

Alors, sans parler, Amrou bey montra à son excellence le général sa main droite couverte de sang.

La démocratie est la solution.

POURQUOI LE GÉNÉRAL CRIE-T-IL?

Les jeunes gens et les jeunes filles qui sont descendus manifester dans les rues du Caire, le 6 avril 2008*, n'étaient pas en infraction avec la loi et ne commettaient ni crime ni faute. Ils voulaient simplement exprimer leur opinion. Ils réclamaient la liberté, la justice, la dignité, des élections honnêtes, l'abrogation de l'état d'exception et un amendement constitutionnel pour donner à tous les Egyptiens une chance équivalente de présenter leur candidature. Ce sont là des revendications justes et légitimes. Pourquoi ces jeunes ont-ils été soumis à des châtiments, pourquoi ont-ils été battus, jetés au sol, arrêtés?

Aucun Etat respectable ne punit ses citoyens avec cette barbarie simplement pour avoir exprimé leur opinion. Ce qui est survenu le 6 avril restera éternellement comme une tache honteuse sur le front du régime égyptien. Un cordon d'agents de la sécurité d'Etat encercla les jeunes et les pressa au point de

---

* Les salariés d'une usine textile de Mhallah el-Koubra, au nord du Caire, s'étaient mis en grève pour réclamer de meilleurs salaires et conditions de travail. Pour appuyer les ouvriers et appeler à une grève nationale le 6 avril 2008, un groupe de jeunes s'est organisé sur Facebook et Twitter. Lors des manifestations, des centaines de militants ont été arrêtés. Depuis, le mouvement n'a de cesse de réclamer le départ de Moubarak. Ce mouvement a joué un rôle clé dans le déclenchement de la révolution égyptienne.

les étouffer puis, tout à coup, des commandos de militaires entraînés au karaté les attaquèrent et se mirent à les frapper sur la tête et sur le corps avec de grosses matraques. Je n'avais jamais vu une telle sauvagerie dans la répression, en dehors de la façon dont les Israéliens avaient traité les manifestants palestiniens pendant l'Intifada. Pourquoi le gouvernement égyptien agresse-t-il ses compatriotes avec cette sauvagerie ?

Les jeunes hommes et les jeunes filles criaient, certains étaient gravement blessés et leur sang coulait sur le goudron, mais malgré cela, les coups continuèrent à pleuvoir sans interruption. A la fin apparut un homme d'une cinquantaine d'années, corpulent, habillé en civil, avec le signe de la prière largement dessiné sur le front. Les soldats l'appelaient "mon général". Le général donna l'ordre de faire sortir les filles du cordon, l'une après l'autre.

Il cria à ses indicateurs d'une voix qui ressemblait au tonnerre :

— Faites-moi venir cette putain, celle-là !

Les indicateurs se précipitèrent pour s'emparer de la fille qui était au milieu de ses amis. Les jeunes hommes firent des efforts désespérés pour la défendre, ils la protégèrent de leur corps et reçurent les coups à sa place, mais ceux-ci redoublèrent et devinrent de plus en plus violents, leur causant de nouvelles blessures, ce qui finit par affaiblir leur résistance. Les supplétifs purent donc leur arracher la fille. Ils la poussèrent devant eux en la frappant jusqu'à ce qu'elle se trouve face au général qui l'accueillit avec une bordée d'injures obscènes, puis leva la main et la gifla plusieurs fois avec force. Il lui arracha ensuite son *hidjab* et la prit par les cheveux. Il la traîna par terre sur une longue distance tout en lui donnant des coups de pied de toutes ses forces, avant de la jeter aux soldats qui continuèrent à la frapper, la gifler et lui donner des coups de pieds. Puis, après l'avoir complètement démolie, ils la jetèrent dans un fourgon de police.

On voyait les images du général en train d'attaquer de la même façon les jeunes filles sur toutes les vidéos qui avaient échappé à la confiscation par la police. Mais je remarquai quelque chose d'étrange : pendant que le général attaquait la pudeur de la jeune fille, qu'il la traînait à terre, qu'il la frappait, son visage se convulsait et il n'arrêtait pas de crier. Tout en l'agressant, il poussait des cris rauques, déchirants, comme si c'était lui qui avait mal. Je me suis demandé pourquoi son Excellence le général criait.

Ce qui aurait été normal, c'est que la fille crie, elle dont le corps et la dignité sont attaqués dans la rue sous le regard des passants. Mais le général qui la bat, pourquoi crie-t-il ? Il est fort, énorme, il domine complètement la situation. Il possède tout, alors que la fille n'a rien. Son pouvoir est absolu et ses ordres sont exécutés, il peut faire ce qu'il veut de la fille, il la bat, il la gifle, il la traîne sur le sol et même s'il la tuait, personne ne le punirait. Pourquoi donc crie-t-il ? Pendant la guerre, les combattants peuvent pousser de grands cris au moment du combat pour semer la frayeur dans le cœur de leurs ennemis, mais le général n'est pas en train de combattre et il n'affronte pas un ennemi en armes. Il s'en prend simplement à une faible jeune fille qui n'a rien pour se défendre, qui est presque morte de peur, de douleur, d'humiliation et de honte.

Alors qu'il agresse l'honneur de la fille, le général crie-t-il pour mettre un terme à l'hésitation des officiers de police, ses subordonnés, dont certains refusent peut-être de s'en prendre une jeune fille égyptienne innocente, qui n'a pas commis de crimes et qui n'a pas enfreint la loi ? Crie-t-il pour oublier que son véritable devoir est de protéger cette jeune fille contre les agressions et non de l'agresser lui-même? Crie-t-il pour oublier que cette jeune fille dont il arrache le *hidjab* et qu'il traîne à terre ressemble à sa fille, sa fille que, sans doute, il aime beaucoup, pour laquelle il éprouve de la tendresse, qu'il ne permettrait à personne d'humilier ou de meurtrir? Et lorsqu'elle passe un examen difficile ou tout simplement lorsqu'elle a la grippe, il ne peut pas s'endormir avant d'être allé se rassurer! Crie-t-il parce que lorsque, à l'âge de trente ans, il a terminé ses études à l'école de police, il rêvait d'être l'homme du droit et de la justice et avait juré de protéger l'honneur des Egyptiens, leur vie et leurs biens, alors qu'il se voyait peu à peu embourbé dans la protection du régime de Moubarak, au point d'en être venu pour cela à attenter à l'honneur des jeunes filles? Peut-être crie-t-il parce qu'il est pieux ou tout au moins se considère comme tel : il prie et jeûne avec régularité – il fait même la prière de l'aube dans toute la mesure du possible. Il a accompli une fois le Pèlerinage et même plusieurs fois la *Omra* et, à force de se prosterner, il a depuis des années le signe de la prière marqué sur le front. Il crie, peut-être parce qu'il sait qu'il a plus de cinquante ans et que son terme peut arriver à tout moment. Il peut mourir dans un accident de voiture ou découvrir tout à coup qu'une maladie grave va l'emporter, ou bien, comme cela arrive à de nombreuses personnes, il va s'endormir un soir en pleine forme et le matin sa femme, en essayant de le réveiller, le trouvera mort.

Son Excellence le général sait très bien qu'il mourra et qu'il paraîtra alors devant Notre Seigneur, qu'Il soit glorifié et exalté, en attendant son jugement. Ce jour-là, le président Moubarak ne lui sera d'aucun secours, ni le ministre de l'Intérieur Habib el Adly, ni même le procureur général qui classe tous les rapports dressés contre lui, faute de preuves suffisantes. Le jour du grand inventaire, tout le monde l'abandonnera – la garde, les indicateurs, les soldats et les officiers, ses amis, sa femme et même ses enfants. Ce jour-là, son grade de général ne lui sera d'aucun secours, ni ses relations avec de hauts responsables, ni ses richesses. Ce jour-là, il se tiendra nu, comme sa mère l'a mis au monde, faible, sans défense, tremblant de peur du jugement, devant son créateur. Ce jour-là, Dieu lui demandera : pourquoi as-tu agressé une faible jeune fille égyptienne incapable de se défendre toute seule ? Pourquoi l'as-tu frappée, pourquoi l'as-tu traînée par terre, pourquoi as-tu attaqué sa pudeur devant les gens ? Aurais-tu aimé que l'on fasse cela à ta fille ? Que dira alors son Excellence le général ? Il ne pourra pas dire à Notre Seigneur qu'il appliquait des instructions. Il n'aura pas besoin de ses instructions, alors, elles ne lui serviront à rien et elles n'éloigneront pas de lui le châtiment de Dieu pour tous les crimes qu'il a accomplis.

Malgré son pouvoir et son influence, malgré les dizaines de milliers d'agents de la sécurité d'Etat et les hommes de main, malgré les bataillons entraînés aux arts martiaux qui attendent, comme des chiens sauvages bien dressés, un simple signe de sa main pour frapper, traîner au sol et agresser l'honneur des innocents, malgré toute cette force écrasante, son Excellence le général sent, au plus profond de lui-même, que, lorsqu'il agresse la jeune fille, c'est lui qui est faible et misérable, incapable de se contrôler, de plus en plus empêtré dans les crimes odieux qu'il accomplit pour protéger le président Hosni Moubarak et sa famille. Son Excellence le général sent que la fille qu'il traîne à terre et qu'il frappe est plus forte que lui, parce qu'elle lutte pour la vérité et la justice, parce qu'elle est innocente et noble, pure et courageuse, parce qu'elle aime son pays et qu'elle lutte pour lui de toutes ses forces.

La jeune fille jetée à terre recevait les coups de pied et de poing des soldats sans supplier, sans appeler au secours, sans implorer les bourreaux. Elle criait : "Liberté, liberté, vive l'Egypte, vive l'Egypte."

Alors son Excellence le général éprouva une sensation étrange. Il comprit qu'il pouvait tuer cette jeune fille, qu'il pouvait dépecer son corps s'il le voulait, mais qu'il ne pourrait jamais la vaincre, ni l'humilier, ni briser sa volonté. Il sentit que, en dépit de sa force il était vaincu et que c'était cette faible jeune fille outragée, jetée à terre qui allait vaincre. Alors il ne restait plus à son excellence qu'une chose à faire : crier !

La démocratie est la solution.

DEVONS-NOUS COMMENCER PAR RÉFORMER LES MŒURS OU RÉFORMER LE RÉGIME?

Voici deux faits auxquels j'ai personnellement assisté :

Le premier a eu lieu à l'université du Caire où j'étais étudiant en faculté de Pharmacie. A la fin de l'année, nous avions un examen théorique et pratique puis un oral qui était la porte ouverte à toutes les interventions et à tous les favoritismes. Je me souviens d'une condisciple de notre section qui s'appelait Hala dont le père était professeur de médecine dans une université provinciale et qui, par conséquent, était ami de la plupart des examinateurs.

Le hasard voulut que je passe les épreuves orales de physiologie avec Hala et une autre condisciple. L'examinateur me bombarda de questions difficiles auxquelles, avec l'aide de Dieu, je répondis correctement. Ensuite, il pressura l'autre condisciple de questions si insolubles qu'elle s'embrouilla et échoua. Lorsque vint le tour de Hala qui était assise à côté de moi, le professeur la regarda affectueusement et lui dit :

— Comment vas-tu, Hala? Salue ton père de ma part.

A la suite de quoi, il nous demanda de sortir. En quittant le jury, je me sentais offensé et victime d'une injustice, car je venais de passer un examen difficile alors que le professeur n'avait pas posé une seule question à Hala. Lorsque les résultats parurent,

Hala et moi avions obtenu la mention d'excellence en physiologie, moi parce que j'avais bien répondu aux questions et elle parce qu'elle avait transmis les salutations de l'examinateur à son père.

Le deuxième fait est survenu des années plus tard à l'université de l'Illinois où j'étudiais en magistère. Le professeur de statistique était une Américaine blanche raciste qui détestait les Arabes et les musulmans. Je fus étonné de voir qu'elle m'avait donné la mention très bien, au lieu de la mention d'excellence que je méritais, car je n'avais pas une seule faute à mon examen final. Je me plaignis de ce qui m'arrivait à une collègue américaine qui me conseilla de lire le règlement de l'université et de demander un rendez-vous au professeur en question.

Je lus le règlement et j'y trouvai que, s'il avait le sentiment d'être victime d'une injustice au cours d'un examen quelconque, un étudiant avait le droit de présenter une plainte contre son professeur et, dans ce cas, l'administration de l'université nommait un groupe de professeurs extérieurs pour revoir l'examen. Si l'étudiant s'était trompé dans sa plainte, l'université ne prenait aucune mesure contre lui (l'objectif était de ne pas lui faire craindre de solliciter un recours), mais si ses doutes étaient fondés, le résultat était immédiatement modifié et un avertissement officiel était adressé au professeur coupable d'injustice, en sachant qu'au bout de trois avertissements le contrat de celui-ci était immédiatement rompu. J'allai rencontrer le professeur extrémiste et dès que je lui parlai, j'eus la certitude qu'elle m'avait traité injustement. Je lui dis calmement que, conformément au règlement de l'université, je lui demandais un duplicata de ma copie afin d'aller présenter une plainte contre elle. Cette phrase produisit un effet magique : le professeur se tut un long moment, avant de me dire qu'elle avait besoin de revoir avec soin mes réponses. Lorsque je retournai la voir le soir-même, comme elle me l'avait demandé, la secrétaire m'informa que le professeur avait transformé ma mention très bien en mention d'excellence.

Je réfléchis longuement par la suite à la portée de ces deux faits. L'universitaire xénophobe américaine était exactement aussi injuste que l'universitaire égyptien, mais elle n'avait pas pu commettre son forfait parce que le règlement de l'université de l'Illinois protège les droits des étudiants et punit ceux qui les briment, quelle que soit leur position. Quant au règlement de l'université du Caire, il donne aux professeurs un pouvoir absolu sur les étudiants, ce qui leur permet de faire ce qu'ils veulent sans avoir de comptes à rendre.

C'est d'appliquer la loi au plus puissant avant de l'appliquer au plus faible ensuite qui est le garant de la justice dans n'importe quelle société. Ce qui m'est arrivé à l'université du Caire se produit dans toute l'Egypte. Beaucoup de gens obtiennent ce qu'ils ne méritent pas grâce à leurs relations, à leur capacité de payer des bakchichs ou aux recommandations des services de sécurité ou du parti au pouvoir.

La majorité des Egyptiens vivent dans des conditions inhumaines : pauvreté, maladie, chômage, absence totale d'espoir en l'avenir. Généralement la loi, en Egypte, ne s'applique qu'aux faibles qui ne peuvent pas s'y soustraire ou la neutraliser. Le petit fonctionnaire qui touche un bakchich de cent livres est condamné et jeté en prison, tandis que personne n'ose s'approcher des importants personnages qui touchent des commissions par millions. Dans ce contexte général d'injustice, il n'est pas possible de se contenter d'inviter les gens à avoir un comportement moral, sans changer le régime corrompu qui les pousse à la transgression. Il y a quelques années, je fus invité, dans un programme célèbre d'une télévision gouvernementale, à parler de la corruption en Egypte. Cela me surprit de voir que l'animateur présentait la corruption comme une simple anomalie morale dont la seule cause était la faiblesse de la conscience et le manque de foi. Je lui répondis que ce qu'il disait était vrai mais insuffisant et que le phénomène de la corruption ne pouvait pas être étudié sans que soit évoqué le niveau des salaires et des prix. Le présentateur s'opposa violemment à moi et mit fin au dialogue avant l'heure prévue.

La vérité est que le présentateur se comporta de la même manière que le font tous les responsables de l'Etat, qui présentent la moralité comme quelque chose d'immuable et de complètement séparé des conditions sociales et politiques. Généralement, ils attribuent les épreuves par lesquelles passe actuellement l'Egypte au mauvais comportement moral des Egyptiens eux-mêmes. Peut-être comprenons-nous mieux maintenant pourquoi le président Moubarak accuse toujours les Egyptiens de paresse et de manque de productivité. Ce raisonnement feint d'ignorer que, dans n'importe quel pays, la production implique, en premier lieu, la diffusion d'un enseignement de qualité puis de conditions de travail satisfaisantes et de salaires permettant d'assurer aux gens une existence digne, tous objectifs que le régime du président Moubarak a totalement échoué à réaliser. C'est dans le même ordre d'idées qu'il faut voir ce qu'a fait le ministre de l'Education Ahmed Zaki Badr (l'homme de la liste noire, qui a fait intervenir des hommes de main pour frapper à l'arme blanche les étudiants manifestant à l'intérieur de l'enceinte de l'université d'Aïn Shams dont il assurait la présidence). Le ministre Badr, accompagné de journalistes et de caméras de télévision, est allé visiter des écoles à l'improviste et s'en est pris aux enseignants qui étaient absents ou en retard. A la suite de quoi, il est apparu dans les médias pour rappeler à ces derniers la vertu de la ponctualité. Comme s'il y avait de bons enseignants que Dieu avait créés consciencieux et d'autres mauvais, négligents par nature, qu'il fallait sévèrement punir pour qu'ils apprennent à travailler avec régularité. Ce raisonnement erroné feint d'ignorer une réalité qui est que les écoles gouvernementales sont dépourvues de moyens, d'équipements pédagogiques, de laboratoires et que les enseignants touchent un salaire dérisoire qui en fait des mendiants, ce qui les oblige à donner des leçons particulières ou à chercher un travail supplémentaire pour pouvoir nourrir leurs enfants. Le ministre ne veut rien voir ni rien entendre de tel, car cela impliquerait pour lui le devoir de faire de véritables réformes, ce dont il est incapable. Il nous invite seulement à avoir une bonne moralité, indépendamment de toute autre considération. C'est le même raisonnement que tient le ministre de la Santé. Hatem el Gebeli, qui se trouve être en outre un des plus grands investisseurs dans le domaine médical en Egypte, est le premier responsable de l'effondrement des hôpitaux publics qui, au lieu de soigner les pauvres et de leur prêter assistance, ont pour fonction de les achever et de les envoyer dans l'autre monde.

Au milieu de ce désastre, le ministre de la Santé, toujours accompagné de journalistes et de caméras, fait des visites inopinées dans les hôpitaux publics pour que sa photographie soit à la une des journaux. A cette occasion, il sanctionne les médecins qui sont en retard à leurs rendez-vous et leur fait des discours sur la mission humanitaire du médecin.

Bien entendu, il fait semblant d'ignorer que ces hôpitaux, sous son bienheureux mandant, sont dépourvus des plus élémentaires possibilités de soins, que les rats et des insectes de toutes sortes s'y ébattent à leur aise, et que ces malheureux médecins n'ont pas de quoi subvenir aux besoins de leurs enfants et travaillent jour et nuit dans des cliniques privées pour gagner, en un mois, ce que les cliniques privées de son Excellence font ruisseler sur lui en quelques minutes.

L'appel à réformer les mœurs indépendamment de la réforme politique, en plus de sa stupidité et de son inutilité, conduit à mettre de la confusion dans les esprits, en les détournant des causes véritables de la détérioration de la situation. Nous ne pouvons pas demander aux citoyens de faire leur devoir, alors qu'ils sont privés de leurs droits les plus élémentaires. Il ne nous est pas permis de demander des comptes aux gens avant que nous ne leur ayons garanti le minimum de justice. Je n'ai pas l'intention de justifier tous les manquements et je sais qu'il y a toujours une catégorie de gens excellents qui résistent aux dérives, aussi mauvaises soient leurs conditions de vie, mais les mœurs de la plupart sont affectées par le régime qui les gouverne.

Le sentiment de justice fait ressortir des gens ce qu'il y a de meilleur en eux et, inversement, le sentiment d'injustice et de désespoir les pousse généralement au dévoiement et à l'agressivité à l'égard des autres. Quelle que soit l'éloquence de nos prêches, nous ne viendrons pas à bout de la prostitution si nous n'en finissons pas avec la pauvreté, et nous ne nous débarrasserons pas de l'hypocrisie et de la corruption avant d'avoir édifié un régime juste qui donne à chacun ses droits et qui réprime les malfaiteurs, sans égard pour leur position et leur influence. La réforme politique est le premier pas vers le progrès, et tout le reste est perte de temps et d'efforts.

La démocratie est la solution.

LES LIBERTÉS SONT-ELLES DIVISIBLES?

C'est là une question importante.

En Egypte, un groupe d'avocats a entamé une action en justice pour faire saisir les *Mille et Une Nuits,* accusant ce livre de contenir certaines expressions heurtant les bonnes mœurs. Il est clair que ces avocats n'ont jamais lu d'œuvres classiques car dans la plupart, les relations entre les hommes et les femmes y sont décrites d'une façon très crue. C'est le cas, par exemple, du *Livre des chants,* de Abu Faraj El Isfahani ou du *Livre des délices et de la courtoisie*, d'Abu Hayyan El Tawhidi, et de bien d'autres.

Al Jahiz, indiscutablement le prince de la prose arabe, qui vécut entre l'an 159 et l'an 255 de l'Hégire, a écrit une épître fameuse dont le titre est : "Controverse entre les amants des éphèbes et ceux des courtisanes". C'est un dialogue entre un homme qui aime les garçons et un autre qui aime les femmes. L'épître contient beaucoup d'expressions crues, mais elle n'en reste pas moins un beau et grand texte littéraire.

La pratique de la censure à l'égard de notre littérature arabe classique ouvre la porte infernale conduisant à sa destruction et à sa dénaturation. Il est donc de notre devoir de préserver tel qu'il est notre grand patrimoine culturel. Il est possible de publier des versions épurées pour les enfants, mais les textes originaux doivent être conservés sans modification ni amputation. C'était là mon opinion et c'est pour cela que j'avais rejoint avec conviction les défenseurs de la liberté d'expression littéraire contre la censure et contre les idées réactionnaires.

Mais ensuite nos opinions divergèrent.

Au beau milieu de la bataille des intellectuels pour défendre les *Mille et Une Nuits*, le gouvernement égyptien annonça la prolongation de l'état d'exception, ce qui signifie la suspension des lois normales qui protègent les libertés et la dignité des Egyptiens. J'attendais des chevaliers de la liberté – défenseurs des *Mille et Une Nuits* – qu'ils se jettent à corps perdu dans la lutte pour les libertés publiques. Ce ne fut malheureusement pas le cas. De nombreux intellectuels qui, aujourd'hui, se battent pour les *Mille et Une Nuits*, n'ont jamais ouvert la bouche pour protester contre la fraude électorale, les arrestations ou la torture, ces crimes odieux perpétrés par le régime de Moubarak contre les droits de millions d'Egyptiens.

J'en suis venu à me demander si les libertés étaient divisibles.

Peut-on défendre la liberté de création sans se préoccuper des libertés publiques? Le rôle de l'intellectuel peut-il se réduire à la défense de tout ce qui concerne l'écriture, alors qu'il reste complètement silencieux sur ce qui concerne la nation et les gens? Il est regrettable que nous soyons obligés de poser cette question. Dans le monde entier, et autrefois dans notre pays, l'intellectuel adoptait toujours des positions fermes dans le combat global pour la vérité, la justice et la liberté. Les exemples sont innombrables :

Abbas El Akkad, Taha Hussein, Alfred Farag, Abderrahmane El Sharqawi, parmi les écrivains arabes. Albert Camus, Jean-Paul Sartre, Bertrand

Russel, Gabriel Garcia Marquez, Jose Saramago, Pablo Neruda et de nombreux autres parmi les écrivains occidentaux s'élevèrent avec fermeté contre l'injustice et la dictature et ont souvent payé d'un prix élevé leurs positions.

Le grand écrivain russe Fiodor Dostoïevski (1821-1881), le plus important écrivain de l'histoire de la littérature, s'est engagé dans l'action politique et a adhéré à une organisation secrète dont le but était de mettre fin au régime tsariste en Russie, ce qui entraîna son arrestation et sa condamnation à mort, peine qui fut ensuite commuée en quatre ans de déportation en Sibérie. La création littéraire, dans son essence, est une défense des nobles valeurs humaines. Comment un écrivain pourrait-il lutter dans son œuvre pour la liberté, puis se taire lorsque celle-ci est violée dans la vie quotidienne? L'intellectuel qui met ses dons au service des tyrans et ne prend jamais position contre l'oppression, la corruption, le détournement de fonds publics et la répression des innocents, et qui, dans le même temps, s'élève violemment pour prendre la défense d'un poème interdit de publication ou d'un livre saisi, perd toute crédibilité.

Ce qui vient de se passer en Libye en apporte une preuve. Les responsables de ce pays savent que la réputation du régime de Kadhafi était extrêmement mauvaise. Des dizaines de milliers de Libyens innocents ont, en effet, été emprisonnés, torturés, déplacés, tués, simplement pour avoir eu des idées opposées à celles du colonel, qui a récemment décidé de se donner le titre de Roi des Rois d'Afrique. Les responsables libyens ont donc voulu faire quelque chose pour redorer l'image du régime aux yeux de l'opinion internationale. Comme la Libye est un riche pays pétrolier et comme les richesses du peuple libyen sont entre les mains du colonel qui les dépense comme il veut, sans le moindre contrôle, ils décidèrent de créer un grand prix, d'un montant de cent cinquante mille euros, baptisé prix Kadhafi international de littérature, qui serait accordé chaque année à un grand écrivain mondial, dans le but évident d'améliorer l'image du régime.

Pour son lancement, le choix se porta sur l'écrivain Juan Goytisolo, âgé de soixante-dix-neuf ans, que les critiques considèrent comme le plus grand romancier espagnol vivant. Juan Goytisolo souffrit lui-même de la répression : le régime de Franco tua sa mère alors qu'il était enfant et l'obligea à vivre en exil. Goytisolo est un des plus grands défenseurs de la démocratie et de la liberté et l'un des plus grands soutiens des droits arabes, amoureux de la culture arabe au point de résider en permanence à Marrakech, depuis des années.

Les responsables libyens entrèrent en relation avec le romancier pour le féliciter et lui annoncer qu'il était le lauréat du prix littéraire international Kadhafi. Goytisolo écrivit immédiatement une lettre au jury pour en remercier les membres et leur déclarer en substance : "J'ai passé ma vie à lutter pour le droit des peuples arabes à la justice et à la liberté et je me suis opposé de toutes mes forces aux régimes dictatoriaux qui, par leur corruption et leur oppression, maintiennent des millions d'Arabes dans les griffes de l'ignorance et de la pauvreté. Je ne peux en aucun cas accepter un prix accordé par le colonel Kadhafi qui s'est emparé du pouvoir par la force et a établi un régime dictatorial qui a emprisonné, torturé et tué des Libyens innocents. Je refuse ce prix car, tout simplement, il est en contradiction avec tous les principes auxquels je crois."

Ce refus fut pour le régime libyen une gifle retentissante dont les échos ont été entendus dans le monde entier. Le journal anglais *The Independent* lui a consacré un long article où Boyd Tonkin salue la position du romancier qui "remplit sa véritable mission d'écrivain, conscience vivante de l'humanité, toujours dressé contre les forces de l'oppression". Des dizaines d'intellectuels libyens en exil ont envoyé des lettres de remerciement à Goytisolo avec ces mots : "Votre refus public du prix Kadhafi, dès sa première édition et malgré son montant financier tentant, représente une gifle morale pour la dictature de Kadhafi qui croit que l'argent volé aux Libyens peut lui permettre d'acheter les consciences des intellectuels."

Les responsables du prix se sont alors retrouvés dans un grand embarras : s'ils annulaient le prix, cela ferait beaucoup de bruit, mais s'ils le proposaient à un autre écrivain étranger, il était très possible qu'il le refuse comme l'avait fait Goytisolo et le scandale serait encore pire. Bien que le prix ait été destiné au départ à récompenser un grand écrivain international, les organisateurs ont fermé les yeux sur cette condition et ils ont recherché une personnalité arabe qui accepterait de recevoir le prix et, ayant trouvé l'oiseau rare en la personne du critique égyptien Gaber Osfour.

M. Osfour, fermant les yeux sur tout ce contexte, s'est rendu en Libye pour recevoir le prix, ce qui était très regrettable. Au cours d'une grande célébration, il a chanté les louanges du colonel Kadhafi, guide de la révolution libyenne (et Roi des Rois d'Afrique) et a fait l'éloge de la formidable liberté dont jouissaient les Libyens. Gaber Osfour n'a pas ressenti la plus petite honte à recevoir le prix qu'avait refusé un grand écrivain international, par solidarité avec le peuple libyen contre le régime dictatorial qui les opprime. Le montant de cent cinquante mille euros était trop élevé pour que Osfour puisse lui résister.

Le plus extraordinaire, c'est que, après avoir touché le chèque de Kadhafi, Osfour est rentré à toute vitesse en Egypte, pour donner de grandes conférences pleines de ferveur pour défendre la cause de l'ouvrage les *Mille et Une Nuits*! Pouvons-nous, après ce qu'il a fait, accorder à cet homme la plus petite crédibilité dans sa défense de la liberté de création?

Les libertés ne se divisent pas. Nous ne pouvons pas défendre la liberté de création indépendamment des libertés publiques. La liberté de création, malgré sa grande importance, n'acquiert sa valeur que dans le cadre d'une défense des droits, des libertés et de la dignité des gens. La différence entre la position de Gaber Osfour et celle de Juan Goytisolo est celle qui existe entre des intérêts et des principes, entre le faux et le vrai. Lorsque tous nos intellectuels feront comme Goytisolo, alors, et alors seulement, prendra fin la dictature et commencera l'avenir.

La démocratie est la solution.

LE DESTIN D'IBRAHIM ISSA

Dans les années quatre-vingt, je présentai ma candidature à une bourse d'études aux Etats-Unis. Une des conditions était de réussir un examen d'anglais langue étrangère, appelé le TOEFL. Je passai les épreuves dans le Ewart Hall de l'université américaine qui était plein à craquer de jeunes médecins et ingénieurs, candidats comme moi à cette bourse. Ce jour-là, je demandai à ceux que je rencontrais dans la salle s'ils avaient l'intention de rester aux Etats-Unis au cas où l'occasion leur en serait donnée. Ils répondirent oui, sans hésitation, et d'ailleurs beaucoup d'entre eux ajoutèrent qu'ils voulaient quitter l'Egypte pour n'importe quel pays.

Je pensais à la terrible perte que représentait pour le pays le départ de ses enfants. Tous ces médecins, ces ingénieurs, dont nous avons un grand besoin vont émigrer vers d'autres lieux, dès qu'ils auront terminé leurs études. Cela m'amena à me demander pourquoi ces jeunes voulaient fuir l'Egypte. La pauvreté n'en est pas la cause, car, avec un peu de patience et d'effort, ils pourraient travailler en Egypte pour un salaire raisonnable, tandis qu'en Occident ils seraient souvent contraints de se contenter d'emplois non qualifiés sans rapport avec leurs diplômes.

La cause principale de l'émigration de ces jeunes est le sentiment de frustration et d'injustice. En

Egypte, toutes les valeurs sont sens dessus dessous : il n'y a pas de lien entre les causes et les effets. Les efforts ne sont absolument pas la condition de la promotion ni les compétences le critère retenu pour parvenir à une bonne situation. La fortune n'a généralement de lien ni avec le talent ni avec le labeur. Tout ce à quoi l'on peut parvenir, dans un pays démocratique, par le travail et par le mérite, s'obtient en Egypte par les relations ou la débrouillardise, et tout ce qui là-bas vous qualifie pour la réussite, ne vous aide absolument pas, ici, à avancer. Au contraire, si vous êtes doué, cela devient dans notre pays un grand problème et votre situation sera meilleure si vous êtes quelconque, ou même médiocre ou idiot, d'abord parce que le régime s'appuie sur les gens quelconques et qu'il craint les gens doués, ensuite parce que votre avenir, une fois pour toutes, repose sur vos relations et pas sur vos mérites.

Le fait d'être doué, en Egypte, représente un handicap et suscite la rancœur et l'animosité. Nombreux sont ceux qui se mobiliseront pour vous détruire. Vous avez alors le choix entre trois voies : ou bien vous émigrez vers un pays démocratique qui respecte l'intelligence et apprécie la compétence, vous y travaillez sérieusement et vous progressez jour après jour jusqu'à devenir quelqu'un comme Ahmed Zoueil, Mohamed El Baradei ou Magdi Yaaqoub ou d'autres encore. Ou bien vous offrez vos talents au régime dictatorial qui acceptera que vous soyez à son service et qui vous utilisera pour opprimer vos compatriotes et leur mentir. Ou bien vous décidez de conserver votre honneur. Mais alors, c'est le sort d'Ibrahim Issa qui vous attend.

Ibrahim Issa est l'un des meilleurs journalistes égyptiens, l'un des plus doués, des plus sincères et des plus courageux. Grâce à son intelligence brillante, il a pu, presque sans moyens, créer le journal *El Destour** et en a fait un organe d'exception dans la presse égyptienne et arabe. Comme tous les grands maîtres, il ne s'est pas contenté de ses réalisations professionnelles, mais il a considéré qu'il était de son devoir de promouvoir les jeunes talents dont des dizaines ont trouvé leur place dans son journal. Ils sont venus à lui quand ils étaient jeunes, il les a aimés, les a encouragés, leur a appris à voler de leurs propres ailes et ils se sont élevés dans le ciel du journalisme égyptien. Si Ibrahim Issa était venu au monde dans un pays démocratique, il vivrait maintenant comme un roi, en récompense de son génie et de son travail. Malheureusement, en Egypte, le régime dictatorial ne supporte pas que quelqu'un soit à la fois doué et honorable.

Ibrahim Issa n'était pas un opposant au gouvernement, mais un opposant au régime. Il ne menait pas de campagnes contre les responsables de l'assainissement ou du téléphone, il adressait ses critiques directement au sommet du régime. Il réclamait un changement démocratique véritable, avec des élections honnêtes et l'alternance au pouvoir. Il se dressait fermement contre la transmission héréditaire du pouvoir du père à son fils – comme si l'Egypte était un élevage de poulets! Ibrahim Issa était parvenu à faire d'*El Destour* une grande école de journalisme et un foyer pour tous les patriotes.

Tout Egyptien victime d'une injustice trouvait *El Destour* à ses côtés. Tout écrivain dont un article était refusé par quelque périodique que ce soit pouvait immédiatement le publier dans ce journal qui était celui de tous les Egyptiens et qui luttait sans peur et sans arrière-pensées pour la vérité.

Le régime essaya par tous les moyens de faire taire Ibrahim Issa.

---

* *La Constitution.*

Ils ont tout essayé. Ils l'ont harassé de procès dérisoires et poursuivi pour des motifs futiles. Ils l'ont effrayé, menacé d'emprisonnement pour avoir eu le courage de soulever la question de la santé du président Moubarak, avant de l'amnistier au dernier instant. Ils ont essayé de l'acheter en lui confiant des émissions de télévision rétribuées. Ils pensaient ainsi que, par prudence et pour conserver son gagne-pain, il resterait silencieux, mais l'expérience a prouvé que sa conscience ne pouvait pas être achetée.

Ibrahim Issa continuait à maintenir vivante la flamme de la vérité, à dire toujours ce en quoi il croyait et à faire toujours ce qu'il disait. La montée des pressions populaires et internationales en faveur du changement démocratique en Egypte déconcerta le régime en place et le rendit nerveux : Ibrahim Issa lui devint insupportable. C'est alors que fut élaboré pour le détruire un plan bien bouclé dont les opérations s'enchaînaient implacablement l'une à l'autre. Apparut à l'horizon un homme qui s'appelait El Sayed El Badawi. Personne ne savait rien de lui, si ce n'est qu'il était riche et possédait la chaîne de télévision El Hayat*, preuve qu'il jouissait de la confiance des responsables du régime.

El Badawi commença par dépenser beaucoup d'argent pour devenir le leader du parti Wafd, puis il en dépensa encore beaucoup pour pousser le Wafd à accepter un misérable rôle de comparse dans les prochaines élections frauduleuses. Ce fut le premier objectif atteint par El Badawi au service du régime. Ensuite venait le deuxième objectif. Tout à coup, nous vîmes El Sayed El Badawi acheter *El Destour* en affirmant d'entrée de jeu que la ligne politique du journal ne changerait pas et qu'il avait toujours

---

* La vie.

pour principe de séparer l'administration de la rédaction.

Ensuite apparut aux côtés de El Badawi un autre propriétaire qui s'appelait Reda Edouard, une personne sans aucun lien, ni de près ni de loin, avec la presse. Les deux associés remplirent leur mission avec un grand professionnalisme. Edouard parlait toujours avec brutalité et faisait étalage de son allégeance au régime, tandis que El Sayed El Badawi restait souriant, débonnaire, disait des mots gentils, prenait tout le monde dans ses bras, embrassait les gens. Mais l'exécution du plan A se déroulait avec précision.

Dès que la propriété d'*El Destour* fut officiellement transférée à El Sayed El Badawi, la première décision fut de renvoyer Ibrahim Issa d'une manière arbitraire et humiliante. Toute la suite était bien calculée. Les jeunes journalistes, ahuris de voir El Badawi sévir contre leur professeur protestèrent et firent une manifestation.

Ce genre de problème était facile à régler : El Badawi allait leur faire de nouveaux contrats avec de bons salaires qui leur feraient oublier ce qui était arrivé. Le syndicat, pour sa part, se trouva face à une situation sans précédent dans la presse égyptienne. Les membres du bureau prirent l'affaire au sérieux et demandèrent le retour d'Ibrahim Issa à son poste, car son licenciement arbitraire n'était pas légal. C'est ici qu'intervint le rôle du secrétaire général du syndicat, M. Makram Mohamed Ahmed, un des grands thuriféraires du président Moubarak qu'il a l'habitude de couvrir d'éloges pour sa sagesse et ses réalisations. Le secrétaire général fit des allées et venues, monta des escaliers et en descendit puis il tint de longues réunions dont il ressortit – bel exemple d'efficacité syndicale – pour conseiller à Ibrahim Issa de porter l'affaire en justice pour obtenir le respect de ses droits !

C'est ainsi que se trouva réalisé l'objectif d'écarter Ibrahim Issa de la présidence de la rédaction d'*El Destour* – le fruit de ses initiatives et de ses efforts. Il apparut ainsi clairement qu'El Sayed El Badawi et Reda Edouard n'étaient rien d'autre que des hommes du régime, d'un nouveau modèle.

On se demande pourquoi, plutôt que tous ces plans, toute cette tactique et ces millions déversés, pour se débarrasser d'un écrivain doué et honorable qui ne possède rien d'autre que ses idées et sa plume, le gouvernement n'a pas déployé toute cette énergie pour sauver des millions d'Egyptiens de l'abîme dans lequel ils se trouvent? Le journal *El Destour* n'est plus, mais il est entré dans l'histoire de l'Egypte comme un grand exemple de journalisme patriotique.

Quant à Ibrahim Issa, ils sont parvenus à le limoger de la direction de son journal, mais ils ne pourront jamais l'écarter du tableau d'honneur sur lequel l'Egypte conserve les noms de ses fils éminents et loyaux. La seule chose à laquelle n'ont pas pensé El Sayed El Badawi et ceux qui ont monté cette machination contre lui, c'est qu'Ibrahim Issa, comme il l'a fait avec *El Destour*, est capable de créer des dizaines d'autres journaux. Ils n'ont pas pensé que le courant du changement va vaincre en Egypte, avec la permission de Dieu, car il combat pour la vérité et la justice, tandis que les suppôts du régime sont du côté de l'injustice, de l'oppression et du mal. L'Egypte a commencé à renaître et absolument personne ne peut entraver son avenir.

La démocratie est la solution.

QUATRIÈME PARTIE

LA RÉVOLUTION N'EST PAS TERMINÉE

CINQ ATTITUDES FACE À LA RÉVOLUTION

Voici ce qui m'est arrivé, place Tahrir, pendant la révolution. Il était deux heures du matin et je me sentais épuisé. J'ai allumé une cigarette et j'ai jeté par terre la boîte vide. Une dame de plus de soixante ans s'approcha de moi et me salua chaleureusement en me disant qu'elle était une de mes lectrices. Elle me félicita pour ce que j'écrivais et je l'en remerciai, lorsque tout à coup elle me fixa et me dit :

— S'il vous plaît reprenez cette boîte, par terre.

Honteux, je me penchai pour la ramasser.

La dame me dit.

— Jetez-la dans cette poubelle.

Je fis ce qu'elle me demandait et revins vers elle comme un enfant en faute.

— Maintenant, nous construisons une Egypte nouvelle. Nous devons être propres.

Cela est un des nombreux épisodes admirables que j'ai personnellement vécus pendant la révolution. Une fois que nous étions en train de réclamer à grands cris la chute de Hosni Moubarak, un jeune homme se mit à crier des slogans grossiers contre Suzanne Moubarak. Les manifestants l'ont immédiatement fait taire en lui disant que nous étions là pour réclamer nos droits, pas pour insulter. Pendant trois semaines, un million de personnes se sont retrouvées, dans un même endroit, sans que l'on entende parler d'une seule querelle ni d'un seul vol.

Et c'est peut-être la seule fois dans l'histoire que des manifestants, après avoir obtenu gain de cause, sont descendus dans la rue pour nettoyer la place qu'ils avaient occupée.

Pourquoi la personnalité égyptienne a-t-elle révélé toutes ces qualités au cours de la révolution ?

En soi, la révolution est un haut accomplissement humain. La révolution fait ressortir ce qu'il y a de meilleur chez la personne et la délivre de ses fautes morales et de ses inconduites. Lorsque l'on se révolte, on se transforme immédiatement en un être humain de nature plus élevée, parce que, pour la liberté et la dignité, on affronte l'incarcération et la mort, parce qu'à chaque instant on affirme que notre souci de la liberté est plus important que celui de notre propre existence.

A la question de savoir si tous les Egyptiens ont participé à la révolution, la réponse est non. Il n'y a pas dans l'histoire de révolution à laquelle le peuple ait participé dans sa totalité. De mon point de vue, il y a actuellement, parmi les Egyptiens, plusieurs attitudes différentes :

Premièrement : les révolutionnaires.

Ils représentent ce qu'il y a de plus noble en Egypte. Ils se sont soulevés pour la liberté et ils ont payé pour leur pays un prix exorbitant. Le nombre véritable des victimes de la révolution, selon les chiffres qui ont filtré du ministère de la Santé, atteint huit cents martyrs auxquels s'ajoutent mille deux cents jeunes qui ont perdu la vue frappés par des balles en caoutchouc. Il y a également des milliers de disparus, parmi lesquels beaucoup ont certainement perdu la vie. Ce grand nombre de victimes renforce l'exigence des révolutionnaires de voir leurs objectifs réalisés dans leur totalité. Raffermis par l'expérience qu'ils viennent de vivre, ils se sont à tout jamais libérés de la peur. Ils ont également acquis une conscience politique qui leur fait généralement adopter la position correcte.

Deuxièmement : les spectateurs

Ce sont des Egyptiens qui ont souffert pendant de longues années du régime oppressif et corrompu de Moubarak, mais qui n'étaient pas prêts à se sacrifier pour arracher leurs droits. Ils étaient absorbés par leur lutte pour la subsistance, totalement plongés dans les préoccupations de la vie quotidienne. Le maximum dont ils étaient capables était de se plaindre et de dire "Que Dieu nous envoie quelqu'un pour changer la situation." Surpris par la révolution, les spectateurs n'y ont pas participé et se sont contentés de la regarder à la télévision. Leurs sentiments à son égard ont varié. Ils sont plus d'une fois passés de l'approbation à la désapprobation et vice-versa. Au début, nombreux étaient ceux qui croyaient à la contre-information des médias officiels et qui considéraient les révolutionnaires comme des agents infiltrés à la solde de l'étranger puis, en voyant tomber les martyrs, ils ont éprouvé de la sympathie pour eux, mais lorsqu'ils ont entendu Moubarak dire qu'il voulait mourir dans son pays, ils ont pleuré d'émotion.

Le lendemain lorsque les manifestants furent massacrés, ils changèrent à nouveau d'opinion et appuyèrent la révolution. Ces spectateurs veulent le changement, à condition que cela ne leur coûte rien. Ils veulent que la démocratie se réalise, sans qu'ils y perdent et sans le plus petit changement de leur mode de vie. Psychologiquement et intellectuellement, ils vivent encore dans la période qui précède la révolution.

Troisièmement : les ennemis de la révolution.

Ce sont des Egyptiens qui savent que la révolution va leur faire perdre leurs avantages et leurs richesses et même, peut-être, les conduire au tribunal et en prison. Ils occupent des positions sociales et exercent des professions très diverses. Il y a parmi eux des ministres, des hommes d'affaires, des sommités du Parti national démocratique, des officiers de la sécurité d'Etat, des hommes des médias corrompus, des petits intermédiaires véreux. Tous sont bien décidés à en finir avec les acquis de la révolution ou à les entraver. Tous ces corrompus étaient confiants sous le gouvernement d'Ahmed Chafik, le digne disciple de Moubarak. Le général Chafik a passé plus d'un mois dans ses fonctions, sans faire juger un seul des officiers qui ont tué des manifestants. Au contraire, le ministre de l'Intérieur Mahmoud Ouagdi a fait l'éloge de la mission patriotique accomplie par les officiers de la sécurité d'Etat. Lorsque le conseil suprême des forces armées a renvoyé le gouvernement de Chafik et nommé à sa place le gouvernement de la révolution, sous la conduite du docteur Issam Charaf, les ennemis de la révolution ont pris peur et se sont mis, dès le lendemain, à détruire des documents. Les officiers de la sécurité d'Etat ont disparu de leurs bureaux pour aller répandre l'anarchie afin de réaliser deux objectifs : d'abord créer des frictions entre les révolutionnaires et l'armée et amener cette dernière à abandonner son appui au mouvement, ensuite pousser ceux des Egyptiens restés spectateurs à détester la révolution, à cause de l'anarchie et de l'absence de sécurité, ce qui serait un prétexte pour prendre des mesures exceptionnelles rétablissant le régime antérieur.

Troisièmement : les Frères musulmans

Ils ont participé à la révolution avec courage, comme les autres Egyptiens. Leurs jeunes ont accompli de véritables actes d'héroïsme pour protéger les manifestants contre les agressions des policiers et des hommes de main. Mais le perpétuel problème des Frères musulmans, que l'on retrouve régulièrement depuis la création de la confrérie, en 1928, consiste dans l'antinomie qui existe entre leur fermeté morale, en tant que personnes, et leur souplesse politique, en tant qu'organisation. La plupart des Frères sont des personnes excellentes et sincères, mais leur direction donne la priorité à l'intérêt de la confrérie et joue sur tous les tableaux. De ce fait, les Frères musulmans ont toujours pris position contre la démocratie et ils ont aidé tous les despotes, sans une seule exception, à commencer par le roi Farouk et Ismaïl Sidqi, le bourreau du peuple, jusqu'à Abd el Nasser et Anouar el Sadate. Et nous venons de voir comment les Frères musulmans ont brisé le consensus populaire en participant aux dernières élections de Moubarak. Ils se sont une deuxième fois écartés de ce consensus lorsqu'ils sont entrés en négociations avec Omar Soleïman qui voulait rafraîchir l'image de l'ancien régime en se faisant photographier avec des opposants. Nous voyons maintenant les Frères recommencer leurs errements, en se retrouvant dans le même camp que le Parti national démocratique pour approuver des amendements constitutionnels dont ils savent bien qu'ils sont mauvais et susceptibles d'entraver la démocratie et de ruiner les acquis de la révolution. La direction de la confrérie a pris la décision de soutenir les amendements constitutionnels parce que, si les élections avaient lieu rapidement, elles leur permettraient d'obtenir un nombre plus important de sièges à l'assemblée du peuple. Pour eux, cette considération compte plus que n'importe quelle autre.

Quatrièmement : les forces armées.

Cette révolution n'aurait pas pu l'emporter sans la protection des forces armées qui, dès le premier jour, se sont trouvées du côté du peuple contre le régime corrompu. Le service rendu par l'armée à la révolution ne fait donc pas de doute, mais il y a des questions que les Egyptiens se posent avec une certaine acuité sans y trouver de réponse :

Quelle est la situation légale d'Hosni Moubarak, le président déchu ? Est-il en retraite, sous surveillance, ou assigné à résidence ? Quand aura lieu son procès pour les crimes qu'il a commis contre le peuple égyptien ? Pourquoi ses principaux collaborateurs, comme Safouat El Chérif ou Zakaria Azmy ou Fathi Sourour, ne sont-ils pas poursuivis ?

Il n'y a pas de doute que les Forces armées connaissent parfaitement le rôle criminel joué par la sécurité d'Etat, pendant des décennies : incarcérations, tortures sauvages, viols, espionnage et provocation des citoyens, mais également ruine du pays tout entier, en sollicitant pour ses affidés et ses mouchards des postes de commandement sans se préoccuper de leurs compétences. Quelques-uns de ses responsables ainsi que quelques officiers ont été traduits en justice. Cela est un pas excellent dans la bonne direction, mais la plupart des officiers de la sécurité d'Etat sont en liberté, cachés aux regards, et ils vont faire tout ce qui leur est possible pour répandre l'anarchie et faire naître l'inquiétude. Ils possèdent pour cela tous les moyens nécessaires : les armes, l'expérience, des agents qui attendent leurs ordres, présents dans tous les domaines, à commencer par l'information et jusque dans les partis politiques. La destruction des documents, la discorde communautaire, les manifestations de coptes et de salafistes ne donnent qu'un avant-goût de ce dont sont capables les membres dispersés de la sécurité d'Etat. Pourquoi l'armée n'utilise-t-elle pas la loi d'exception pour arrêter les officiers de ce service et les amener devant les tribunaux ?

Après la chute d'Hosni Moubarak, on a vu surgir dans tous les domaines des revendications sectorielles. La cause en est que la plupart des titulaires de postes importants dans les ministères, dans les services publics et dans les universités sont corrompus et complices du régime de Moubarak. Il y a des revendications sectorielles légitimes. Pourquoi, alors, ne pas créer une commission d'épuration, composée de juges indépendants pour enquêter sur les plaintes des employés et, au cas où ces plaintes seraient justifiées, pour les transmettre au procureur ? Je crois que c'est là le seul moyen d'arrêter les manifestations sectorielles. Il faut que les gens aient l'assurance que justice sera faite, même si cela n'est pas immédiat.

Pourquoi l'armée semble-t-elle pressée de mettre fin rapidement à la période transitoire ? La réponse habituelle est qu'elle veut se décharger de cette mission difficile le plus rapidement possible, pour revenir à sa fonction de base qui est de protéger la nation. C'est là un propos raisonnable et acceptable. Mais ne serait-il pas mieux de prendre les conseils de professeurs de droit et de nommer un conseil présidentiel provisoire, formé de militaires et de civils, pour délivrer le haut commandement de l'armée de cette responsabilité pendant la période transitoire ? Il serait alors possible d'accorder un délai suffisant à partir de la proclamation de la liberté de formation de partis, pour que les élections expriment vraiment la volonté du peuple égyptien.

On sait qu'une constitution tombe automatiquement en même temps que le régime politique qui la représente. Pourquoi cette insistance à rapiécer la constitution ancienne ? L'ensemble des forces nationales (à l'exception des Frères musulmans et du parti national démocratique) a refusé les amendements, considérant qu'ils étaient mauvais. Le conseiller Zakaria Abd El Aziz y a vu une forme de mépris du peuple égyptien. Qu'est-ce qui justifie l'insistance mise à faire adopter ces amendements? Comment va se dérouler le référendum à leur sujet, dans ces conditions de sécurité dégradées? Pourquoi ne suit-on pas le conseil des spécialistes que sont les professeurs de droit constitutionnel en publiant un exposé des principes constitutionnels, puis en procédant à l'élection d'un comité chargé d'écrire une constitution nouvelle qui traduise la volonté du peuple? Si la réponse était que la situation sécuritaire ne permet pas de tenir ces élections, nous rappellerions que c'est dans ces mêmes conditions que va avoir lieu, dans le pays tout entier, le référendum sur les amendements. Si nous sommes capables de faire un référendum, nous le sommes également de faire des élections.

Toutes ces légitimes interrogations n'enlèvent rien, naturellement, à notre estime pour le glorieux rôle patriotique joué par les forces armées. Mais l'Egypte passe par une période sensible qui nous impose à tous de parler avec franchise et sincérité, de façon à permettre à notre pays de construire l'avenir qu'il mérite

La démocratie est la solution.

N'ÉCHANGEONS PAS UNE DICTATURE POUR UNE DICTATURE

Les faits suivants sont authentiques. Cela s'est passé en 2001. Ahmed Aguiza est un extrémiste islamiste égyptien qui a fondé une organisation connue sous le nom de Talaïe El Fath*, responsable d'opérations terroristes à l'intérieur et à l'extérieur de l'Egypte. Aguiza parvint à s'enfuir en Suède où il demanda l'asile politique. Alors que les autorités de ce pays étudiaient son dossier, le pouvoir égyptien demanda son extradition, mais les organisations suédoises des droits de l'homme s'y sont opposées. Elles ont mobilisé l'opinion publique pour refuser la remise du réfugié à un gouvernement dont le dossier dans le domaine des droits de l'homme était particulièrement lourd. Les Suédois manifestèrent pour exiger qu'Aguiza ne soit pas extradé en Egypte où il serait exposé à la torture, comme le sont des dizaines de milliers de citoyens de ce pays. Cela embarrassa le gouvernement suédois, pris en tenaille entre la pression de l'opinion publique locale et celle des Américains qui insistaient pour qu'Aguiza soit remis au régime égyptien.

Le gouvernement suédois parvint à une solution médiane : il remit Aguiza aux autorités égyptiennes,

---

* Les avant-gardes du Fath, c'est-à-dire de la conquête, sachant que le mot *fath* est réservé aux conquêtes des armées de l'islam, à la suite de la révélation. Tout emploi contemporain de ce mot se fait en référence à cette époque glorieuse.

après avoir obtenu d'elles un engagement écrit de non-usage de la torture. Bien sûr, le ministère de l'Intérieur égyptien ne respecta pas son engagement et tortura son détenu d'une façon horrible. La nouvelle en parvint en Suède et l'opinion publique se souleva à nouveau en accusant son gouvernement d'être responsable de ces tortures, ce qui amena celui-ci à présenter des excuses et à reconnaître qu'il avait commis une faute grave en remettant Aguiza à un régime qui torture ses concitoyens et ne respecte pas ses engagements. L'affaire ne s'arrêta pas là : Ahmed Aguiza attaqua en justice le gouvernement suédois pour sa responsabilité dans les tortures qu'il avait subies et le juge suédois lui accorda une indemnisation de deux cents mille euros.

En lisant le récit de cette histoire, célèbre en Suède, je me suis demandé pourquoi les Suédois s'étaient mis en colère contre leur gouvernement pour le simple fait qu'il avait été la cause de la torture d'Ahmed Aguiza.

Celui qui avait été torturé n'était ni un citoyen suédois ni un Européen chrétien ou juif et il n'était même pas réfugié politique en Suède. Il était, de plus, accusé de terrorisme. La réponse est que les protestataires suédois ne défendaient pas Aguiza en tant que personne, mais la valeur de la personne humaine en tant que telle. Un gouvernement responsable ne doit en aucun cas livrer un individu au gouvernement d'un pays où il sait qu'il sera exposé à la torture.

Chaque homme a droit à être traité avec respect et dignité, quelles que soient sa nationalité et sa religion. Défendre le droit des autres à un traitement humain, non pas parce qu'ils sont de votre pays ou de votre religion, non pas parce que vous partagez leurs opinions ou leurs positions politiques, défendre leur dignité simplement parce qu'ils sont des êtres humains, méritant de ce fait d'être traités avec dignité, est pour moi la position la plus noble qui soit. Quand apprendrons-nous en Egypte que la valeur d'une personne est plus importante que toutes ses appartenances? Quand apprendrons-nous que chaque personne, aussi différente soit-elle de nous, est notre égale en droit? La religion nous enseigne-t-elle ce concept? Renforce-t-elle notre appartenance à l'humanité?

Une conception juste de la religion doit prendre racine dans notre appartenance à l'humanité, car dans son essence, la religion n'est rien d'autre qu'une défense des valeurs de l'humanité : la vérité, la justice et la liberté. Tout le reste est moins important. Le problème est que, souvent, elle est mal comprise et, de message humain d'une grande élévation, elle se transforme en source de haine, de racisme et de crimes. Comment les croyants sont-ils passés de la tolérance à l'extrémisme?

Il faut nous souvenir que la religion est une croyance exclusive. La religion n'est pas un point de vue, mais une croyance, dans le sens où chaque homme considère que sa religion est la seule véritable : les musulmans croient que les juifs et les chrétiens ont adultéré leurs livres sacrés et les chrétiens ne croient pas que notre seigneur Mohammed soit un prophète. Quant aux juifs, ils rejettent à la fois le christianisme et l'islam et ils considèrent que le véritable messie n'est pas encore apparu. Ajoutons à cela les centaines de millions d'hommes qui croient au bouddhisme, à l'hindouisme ou à des dizaines d'autres religions. Chacun de ces groupes est persuadé que sa religion est véritable et les autres fausses.

La conviction que vous êtes les seuls à posséder la vérité vous amène vite à vous sentir meilleurs que ceux qui sont différents de vous, puisque vous possédez la vérité et qu'eux sont dans l'erreur. Cette croyance se transforme souvent en sentiment de supériorité par rapport aux autres puis, à un certain moment, on en vient à les considérer comme des hommes d'une espèce différente de la nôtre : des coptes, des musulmans ou des juifs. Les conditions se trouvent alors réunies pour que vous attaquiez leurs droits : puisqu'ils ne sont pas comme vous, que vous détenez la vérité et qu'ils sont dans l'erreur, ils ne peuvent pas obtenir les mêmes droits que ceux dont vous jouissez.

Il y a de nombreux exemples de cette transformation de la religion, d'essence porteuse d'humanité, en fanatisme. Lorsqu'Omar Ben Khattab entra à Jérusalem, le patriarche Sophronius l'invita à visiter l'église du Saint Sépulcre. Survint alors l'heure de la prière et le patriarche proposa au Calife de la faire sur place, mais Omar Ben Khattab refusa de prier à l'intérieur de l'église, de crainte que les musulmans ne la démolissent après son passage pour en faire une mosquée. Omar sortit de l'église et pria par terre à l'endroit où a été édifiée par la suite la mosquée d'Omar. Il savait que l'enseignement de l'islam véritable préserve les valeurs humaines et accorde une égalité de droits aux musulmans et à ceux qui ne le sont pas. Cette compréhension profonde de la religion est le contraire de ce que nous voyons aujourd'hui chez quelques extrémistes en Egypte.

Certains islamistes se plaignent à grand bruit de ce que le gouvernement français ait interdit le port du *niqab* dans les endroits publics, mais, dans le même temps, ils ne voient pas d'inconvénient à interdire aux coptes de construire des églises et même, ils considèrent que la construction d'églises dans les quartiers où ils habitent est une sorte d'insulte à leur croyance. Certains islamistes défendent le droit à la citoyenneté pour les musulmans en Europe, mais, en même temps, ils annoncent publiquement que les coptes, en Egypte, ne doivent pas avoir le droit d'accéder à la présidence de la République. L'extrémisme existe des deux côtés : certains coptes réclament un gouvernement séculier, mais ils accueillent favorablement l'idée que l'église devienne un parti parlant politiquement au nom des coptes. Certains coptes se battent pour la liberté de conscience seulement s'il s'agit d'un musulman qui devient chrétien, mais si c'est le contraire qui survient, ils ne voient pas de mal à ce que l'église enferme une femme chrétienne devenue musulmane, pour la faire revenir au christianisme.

Une compréhension juste de la religion nous rend plus humains, alors qu'une compréhension erronée nous conduit à la haine et l'hostilité envers les autres. Une autre raison de la transformation de la religion en instrument d'agression, c'est l'utilisation abusive de la religion dans les batailles politiques. Il y a deux moyens pour l'homme politique de gagner les voix des électeurs : ou bien les convaincre par son programme électoral, ou bien jouer sur les sentiments religieux. Dans quelques mois vont avoir lieu les premières élections libres en Egypte, depuis des décennies. Lorsque l'on observe ce qui se passe maintenant, on constate comment la religion est utilisée pour arriver au pouvoir. La semaine dernière, le guide de la confrérie des Frères musulmans a fait une déclaration pour accuser les intellectuels qui ne partagent pas les vues des Frères d'être hostiles à la religion. Le docteur Mohamed Selim El Aoua, professeur de droit et penseur islamiste connu, a tenu une conférence politique dans laquelle il a déclaré que chaque candidat à l'assemblée du peuple devait commencer son discours en invoquant Dieu. El Aoua qualifia ensuite d'incroyants ceux qui demandent le report des élections. Quant à M. Sobhi Saleh, un des cadres dirigeants de la confrérie, il a déclaré sans détour que, pour les Frères, il n'y avait pas des musulmans de gauche ou des musulmans libéraux, mais simplement de bons musulmans qui étaient membres de la confrérie. Les autres, qui ne partageaient pas leurs idées, n'étaient que des musulmans de deuxième catégorie. A cette extrémité, la religion peut devenir un instrument pour disqualifier ceux qui ne partagent pas nos idées.

La seule solution pour se débarrasser de l'extrémisme est d'établir un Etat séculier* qui ne fasse pas de lien entre la religion et les droits politiques. Un Etat de la loi qui reconnaisse les droits de tous les citoyens, sans égard pour leur couleur, pour leur sexe ou pour leur religion. Un Etat séculier n'est pas athée ni ennemi de la religion, mais il respecte la religion de tous les citoyens sans préférence d'aucune sorte. L'Etat séculier n'est pas une chose nouvelle en Egypte : Mohamed Ali le Grand (1805-1848) en a posé les premières bases lorsqu'il a fondé l'Egypte nouvelle sur les principes de l'éducation et de la compétence, sans égard pour l'appartenance religieuse. La conception de l'Etat séculier fut encore raffermie par la révolution de 1919 qui ancra, pour la première fois, le concept de nationalité égyptienne. Sous la conduite du parti Wafd, le meilleur et le plus populaire des partis égyptiens, l'Egypte a mené une longue lutte pour réaliser deux objectifs : l'indépendance de l'occupation bri-

---

* La traduction exacte serait un Etat civil, mais l'expression en français est ambiguë. Il est par ailleurs impossible de traduire par laïc, mot encore tabou, remplacé par le "sécularisme" anglo-saxon.

tannique et l'établissement d'un Etat démocratique et séculier. Il est véritablement digne d'admiration de lire aujourd'hui comment les dirigeants du parti Wafd ont lutté, pendant de nombreuses années pour un état séculier et comment ils ont refusé de mélanger la religion avec la politique. En 1938, le roi Farouk voulut fêter l'anniversaire de son accession au trône à la citadelle pour faire passer le message qu'il était le calife des musulmans. Mustapha Nahhas, le président de Conseil et chef du parti Wafd, protesta alors parce que l'Etat en Egypte était séculier et il insista pour que la cérémonie ait lieu devant le parlement qui représente le peuple. Une autre anecdote connue est qu'un jeune politicien alla présenter son programme à Mustapha Nahhas qui le referma, aussitôt après avoir commencé à le lire, et le rendit à son auteur en disant :

— Pourquoi parlez-vous de Dieu dans votre programme électoral ? Dès que nous mentionnons dans un papier politique le nom du tout-puissant, nous devenons immédiatement des charlatans qui jouent avec les sentiments religieux des gens.

Il faut savoir que Mustapha Nahhas était un dévôt scrupuleux qui respectait tous les commandements de l'islam. Mais il connaissait le danger qu'il y a à utiliser la religion pour parvenir au pouvoir.

Pour que l'Egypte se mette en marche vers son avenir, il faut y établir une authentique démocratie qui ne peut se réaliser que dans un Etat séculier. Les expériences d'Etats religieux dans le monde, comme l'Arabie Saoudite, l'Iran ou le Soudan montrent clairement que le gouvernement au nom de la religion conduit toujours à l'extrémisme, au communautarisme, à la dictature et à l'oppression. Les islamistes, en Egypte, ont le droit d'exprimer leurs opinions politiques, comme les autres citoyens, mais ils n'ont pas le droit de s'arroger le monopole du discours religieux de façon à faire apparaître comme des mécréants ou des ennemis de la religion ceux qui ont une opinion différente de la leur. J'ai le droit de m'opposer aux idées des Frères ou des salafistes, sans qu'ils me considèrent comme un ennemi de l'islam lui-même. Les Egyptiens ont réalisé leur admirable révolution du 25 janvier et certains d'entre eux ont sacrifié leur vie pour libérer l'Egypte du régime corrompu et oppressif de Moubarak et pour édifier un Etat séculier démocratique. Il n'est pas possible que nous nous soyons débarrassés de la dictature politique pour tomber dans les serres du despotisme religieux.

La démocratie est la solution

LA RÉVOLUTION ÉGYPTIENNE S'EST-ELLE TROMPÉE ?

L'acteur américain George Carlin (1938-2007) est connu pour ses satires à la fois drôles et profondes. Dans un de ses spectacles, on lui avait demandé ce qu'il ferait s'il se trouvait à bord d'un avion sur le point de sombrer en mer. Voici à peu près ce qu'il avait répondu :

— Je me sauverais bien sûr. J'écarterais les femmes de ma route, je donnerais de toutes mes forces des coups de pied aux enfants et je piétinerais les voyageurs handicapés pour pouvoir arriver à la sortie de secours et me tirer de là. Ensuite, j'essaierais de sauver les passagers.

Cette boutade sarcastique montre comment certaines personnes sont prêtes à tout pour sauver leur vie et leurs acquis. Chaque fois que je vois le nouveau ministre des Affaires étrangères, Mohammed El Orabi, je me souviens des mots de George Carlin. Mohamed El Orabi était on ne peut plus proche d'Hosni Moubarak et de sa famille et l'on pourrait faire un recueil complet de ses louanges et de ses flagorneries. Selon le journal du Wafd, il avait déclaré, alors qu'il était ambassadeur en Allemagne :

— Je suis convaincu qu'Hosni Moubarak est un leader comme il n'y en a jamais eu et comme il n'y en aura jamais plus dans l'histoire de l'Egypte.

Il avait dit également :

— Dieu aime l'Egypte, car il lui a fait don d'une personnalité d'une remarquable compétence : Gamal Moubarak.

M. El Orabi est maintenant ministre des Affaires étrangères du gouvernement de la révolution qui a renversé ce leader inimitable et qui a jeté en prison, dans l'attente de son procès, Gamal Moubarak, cette personnalité aux compétences si remarquables. El Orabi n'est pas un cas unique dans le pouvoir actuel. De nombreux ministres ont été de grands supporters de Moubarak et ce sont eux maintenant qui prennent les décisions dans le gouvernement de la révolution. L'actuel ministre des finances, le docteur Samir Radwan, membre de la commission des politiques du parti, était un proche de Gamal Moubarak qui l'avait recommandé au ministre Youssef Boutros Ghali, et ce dernier en avait fait son conseiller en 2005, avant que Hosni Moubarak ne le nomme à l'assemblée du peuple. Radwan a été associé à la politique économique du régime Moubarak et il veut, maintenant, convaincre l'opinion publique qu'il a adopté les idées de la révolution. Je ne peux pas m'empêcher de me rappeler la manière dont George Carlin s'enfuit de l'avion en péril.

Le problème ici n'est pas seulement dans la capacité stupéfiante de ces ministres à défendre une chose et son contraire avec le même enthousiasme, dans le but de conserver leurs postes. Le problème, c'est que la révolution a fait tomber Hosni Moubarak, mais que le régime de Moubarak, lui, n'est pas tombé. Les généraux du ministère de l'Intérieur qui ont aidé Habib El Adly à bafouer la dignité des Egyptiens, à les torturer et à les tuer, sont toujours en place. Les responsables de l'information qui ont trompé l'opinion publique, qui ont hypocritement servi le tyran et justifié ses crimes occupent toujours les mêmes positions. Les juges qui ont couvert la fraude électorale sont toujours en activité. Les officiers de la sécurité d'Etat qui ont commis des crimes abominables contre leurs concitoyens sont toujours en fonction et certains ont même été nommés gouverneurs, en récompense de leurs efforts au service du régime.

Que peut-on attendre de tous ces responsables ? Ils sont absolument incapables de comprendre la logique de la révolution et il est à craindre qu'ils ne conspirent contre elle. Les indices d'un complot contre la révolution égyptienne sont devenus évidents. En voici les différentes étapes :

Premièrement : mener avec lenteur les procès de certains dignitaires de l'ancien régime pour pouvoir régulièrement jeter quelque chose à mastiquer au peuple en colère, jusqu'à ce que celui-ci oublie l'affaire et retourne aux préoccupations de sa vie quotidienne. Pourquoi Moubarak n'a-t-il pas été jugé jusqu'à maintenant et qu'est-ce qui se cache derrière cette abondance de communiqués au sujet de sa santé. Pourquoi n'est-il pas traité comme un prisonnier ordinaire ? Où se trouvent Alaa et Gamal Moubarak et pourquoi ne voit-on pas leurs photographies en prison ? Pourquoi accorde-t-on un traitement exceptionnel aux hauts responsables détenus dans la prison de Turah ? Qui a permis à Hussein Salem de s'enfuir et pourquoi cela n'a-t-il pas été signalé immédiatement à Interpol ? Pourquoi a-t-on attendu deux mois avant d'arrêter Zakaria Azmy, Fathi Sourour et Safouat El Chérif, en leur laissant ainsi le temps de dissimuler les preuves de leurs méfaits et de transférer à l'extérieur la plus grande partie des capitaux qu'ils avaient volés au peuple ? Pourquoi, au cours des six mois qui se sont écoulés, les blessés et les martyrs n'ont été l'objet d'aucune attention de la part de l'Etat ? Comment a-t-on pu abandonner le martyr Mahmoud Qotb pendant un mois sans soin à l'hôpital Nasser, et laisser ses blessures s'envenimer, au point que des insectes sortent de sa bouche, tandis que, pendant ce temps, on évacuait l'hôpital de Charm El Cheikh pour que Suzanne Moubarak puisse soigner ses dents ? Pourquoi le gouvernement s'est-il démené pour inviter un médecin allemand afin de se rassurer sur l'état de la précieuse santé d'Hosni Moubarak ? Les questions sont nombreuses, mais il n'y a qu'une seule réponse, aussi évidente qu'attristante.

Deuxièmement : créer un relâchement durable de la sécurité par une négligence volontaire de la police dans l'exercice de sa mission, de façon à effrayer les Egyptiens et à paralyser le tourisme et les investissements pour faire croire que c'est la révolution qui nous a apporté la ruine. S'efforcer toujours de faire passer les martyrs pour des hommes de main et leurs assassins, officiers de la police, pour des héros défendant leurs commissariats. Retarder pendant des mois les procès de façon à permettre aux officiers accusés (toujours en fonction) de faire pression sur les familles des martyrs afin que ces derniers reviennent sur leurs déclarations, leur permettant ainsi d'échapper au châtiment.

Troisièmement : polariser les forces de la révolution et alimenter l'affrontement entre les libéraux et les islamistes, en donnant l'image d'une Egypte tombée pour toujours, après la révolution, aux mains des fanatiques. Peut-être se souvient-on de la façon dont le journal *Al Ahram*, du temps de son précédent rédacteur en chef, avait publié en première page la photographie d'un homme à l'oreille coupée mentionnant, dans le titre en manchette, que les salafistes avaient coupé l'oreille d'un citoyen copte. Peut-être nous souvenons-nous de la façon dont les moyens d'information avaient célébré l'assassin Aboud El Zamar*, comme s'il était un héros national. Peut-être comprenons-nous pourquoi il n'y a pas de semaine sans que des coptes ou leurs églises ne soient agressées sous l'œil des policiers, ce qui permet d'accuser les islamistes dans le but de nuire à l'image de la révolution, tant à l'extérieur qu'à l'intérieur.

Quatrièmement : exagérer l'ampleur de la crise économique et répéter sans cesse que l'Egypte, par la faute de la révolution, est au bord de la faillite. La question est complexe. Le régime d'Hosni Moubarak a laissé l'Egypte dans une situation pitoyable : 40 % des Egyptiens vivent sous le seuil de pauvreté et le taux de chômage atteint des chiffres jamais atteints. N'oublions pas qu'un habitant du Caire sur trois vit dans des zones d'habitat précaire. C'est le régime de Moubarak qui est responsable de la pauvreté des Egyptiens, ce n'est pas la révolution. D'ailleurs la révolution n'est pas au pouvoir, elle ne peut pas être responsable. Les crises qui pourraient intervenir après la révolution sont du ressort du Conseil suprême des forces armées qui occupent les fonctions du président de la République, ou du gouvernement que le Conseil a nommé.

Ce qui est survenu la semaine dernière sur la place Tahrir est parfaitement révélateur : des hommes de main, lâchés pour susciter des troubles, ont attaqué le ministère de l'Intérieur, donnant ainsi aux forces de police une justification pour attaquer les manifestants. On a pu mesurer alors le degré de haine contre la révolution dans le cœur de certains cadres de la police. Qu'est-ce qui peut pousser un officier supérieur à prendre une voiture avec un

---

* Un des officiers de l'armée égyptienne, qui a participé à l'assassinat d'Anouar El Sadate. Il a été, à sa sortie de prison, en mars 2011, accueilli par les médias en véritable vedette.

haut-parleur, spécialement pour insulter les mères des manifestants? Qu'est-ce qui peut pousser un officier de police du commissariat d'Agouza à insulter la mère du martyr Ahmed Zein El Abidine, en lui donnant des coups de pied dans le ventre, puis à frapper sur la tête de son fils avant de le torturer à l'électricité et finalement de l'arrêter et de le transférer devant un tribunal militaire. Ces agressions odieuses des hommes de la police contre les familles de martyrs ont été accompagnées d'une bruyante campagne de dénigrement, organisée à la mode ancienne par les cellules dormantes de la sécurité d'Etat. Un groupe de journalistes, de réalisateurs et de présentateurs continue à recevoir leurs instructions de la sécurité d'Etat, qui a changé son nom en sécurité nationale. Quant à Mansour Issaoui, je ne pense pas que ceux qui complotent contre la révolution aient pu espérer un meilleur ministre de l'Intérieur que lui : il considère que son devoir est de prendre la défense de ses officiers, quels que soient les crimes commis, et il est étrangement coupé de tout ce qui se passe autour de lui, au point qu'il ne nous est pas possible de prendre ce qu'il dit au sérieux. Les événements de la place Tahrir ne sont rien d'autre qu'une confirmation de la vaste conspiration ourdie pour faire définitivement avorter la révolution.

La question qui se pose est de savoir si la révolution s'est trompée.

Oui, la révolution s'est trompée, et cela à deux reprises. La première fois le 11 février 2011, lorsque Moubarak fut contraint d'abdiquer et que des millions d'Egyptiens rentrèrent chez eux après avoir fêté la victoire alors qu'il aurait fallu rester sur la place et choisir des porte-parole pour négocier avec le Conseil suprême des forces armées, afin d'obtenir la réalisation de l'ensemble des revendications. La deuxième erreur de la révolution fut de se diviser avant que ses revendications aient été satisfaites. Au lieu de proclamer l'abrogation de la constitution de Moubarak et l'appel à la rédaction d'une constitution nouvelle, le conseil militaire a préféré adopter la proposition de Moubarak d'amender quelques articles de l'ancienne constitution. Un référendum fut organisé pour faire approuver ces amendements et, après la publication des résultats, le conseil militaire passa outre et proclama une constitution provisoire de soixante-trois articles. Ce référendum, dont le sérieux peut être mis en doute conduisit à une division des révolutionnaires en deux camps : les libéraux et les islamistes. Les deux groupes entrèrent dans une violente confrontation, les libéraux demandant que la priorité soit donnée à une nouvelle constitution et les islamistes réclamant que les élections aient lieu d'abord. Chaque camp se consacra totalement à la lutte contre l'autre, en oubliant que le régime que la révolution avait voulu renverser n'était pas encore tombé. A quoi serviraient des élections si elles avaient lieu sous la supervision d'un ministère de l'Intérieur dirigé par les collaborateurs et les disciples d'El Adly et sous le contrôle de juges qui se trouvent toujours en place après avoir précédemment participé à la fraude électorale ? Et quelle serait la valeur d'une constitution écrite par des professeurs de droit qui ont si longtemps mis leurs connaissances juridiques au service de la dictature ?

La révolution égyptienne passe par une période délicate. Nous sommes exactement à un carrefour. Ou bien nous remportons la victoire et réalisons nos objectifs, ou bien, qu'à Dieu ne plaise, ceux-ci sont brisés et le régime ancien reviendra même si c'est sous une forme nouvelle.

Que devons-nous donc faire ?

Souvenons-nous d'Hosni Moubarak avant la révolution. Tout allait dans le sens de ses intérêts. Il jouissait de l'appui total d'Israël et des pays occidentaux ainsi que de la plupart des Etats arabes. Personne n'imaginait qu'il soit possible de lui faire quitter le pouvoir, mais le peuple égyptien, grâce à Dieu, a été capable de le forcer à abdiquer. Il n'y a personne d'autre pour protéger la révolution que ceux qui l'ont faite. De là toute l'importance de la manifestation de vendredi prochain, 8 juillet, destinée à rectifier le processus en cours. Il faut que nous oubliions nos divergences intellectuelles et politiques et que nous redevenions comme nous étions pendant la lutte. Les coptes avec les salafistes et les Frères avec les militants de gauche, les femmes en *niqab* et les femmes voilées avec celles qui vont tête nue. Nous ne demanderons ni constitution ni élections, mais nous réclamerons l'épuration de l'Etat des résidus du régime de Moubarak. Nous réclamerons un procès juste et complet des assassins des martyrs, nous réclamerons la fin de la justice militaire appliquée aux civils, sous quelque prétexte que ce soit. Nous descendrons dans la rue vendredi, disposés, si Dieu le veut, à payer le prix de la liberté. Nous serons, comme nous étions pendant la révolution, prêts à mourir à tout moment. Notre vie ne sera ni meilleure ni plus précieuse que celle des centaines de ceux qui nous ont précédés et sont morts, en pleine conscience, pour l'avenir et pour la dignité des Egyptiens.

La démocratie est la solution.

QUI VA JUGER ASMA MAHFOUZ ?

Avant la révolution, seuls les Egyptiens qui vont sur Internet connaissaient Asma Mahfouz qui enregistrait des messages filmés appelant les Egyptiens à sortir dans la rue pour destituer Moubarak.

Elle était agréable à regarder et elle émouvait avec ses mots qui venaient droit du cœur.

C'était une belle jeune fille égyptienne au teint brun, la tête couverte d'un voile, qui ressemblait à nos filles ou à nos sœurs.

Mais il y avait en elle une noblesse qui la distinguait : au lieu de se préoccuper, comme beaucoup d'autres, de chasser un mari disponible et de jouir de l'existence, elle était tout entière habitée par le destin de la nation et prête à payer le prix de la liberté.

Survint la révolution et Asma y participa. A nouveau, elle exprima ses opinions avec franchise en critiquant souvent l'action du Conseil des forces armées. Puis elle enregistra son témoignage sur la manifestation d'Abbassia. Elle déclara que des hommes de main avaient attaqué les manifestants avec des épées et des cocktails Molotov, pendant que des éléments de la police militaire contemplaient le spectacle sans rien faire pour empêcher le massacre.

Asma a reçu, il y a deux jours, une convocation du tribunal militaire qui l'inculpait.

Un matin, Asma alla avec son avocat au tribunal où elle trouva un grand groupe de jeunes rassemblés pour la soutenir. Elle les salua et les remercia avec chaleur. Cela la remplit de gratitude qu'ils soient venus, sous cette chaleur, en plein jeûne.

Un officier de la police militaire apparut rapidement, celui-là même qui avait salué quelques jours plus tôt Habib El Adly, l'ancien ministre de l'Intérieur sanguinaire, sortant de la salle d'audience*.

L'officier s'approcha d'elle et lui dit d'un ton méprisant :

— C'est vous, Asma Mahfouz?

— Oui

— C'est vous qui jouez aux leaders? Suivez-moi chez le juge.

Asma le suivit avec son avocat jusqu'à la porte du bureau, mais l'officier s'arrêta et se tourna vers elle :

— Vous rentrerez seule

L'avocat protesta et insista pour entrer lui aussi, mais l'officier resta inflexible :

— Monsieur le juge d'instruction veut vous voir seule.

L'avocat comprit que ce n'était pas la peine d'insister et s'effaça tandis que l'officier continuait à avancer. Il frappa à la porte, attendit la permission puis il entra, avec Asma derrière lui. Il fit un salut militaire au juge d'instruction qui était assis derrière le bureau puis se retourna et sortit.

Asma baissait la tête, épuisée par la chaleur et le jeûne. Le juge lui dit :

— Veuillez avancer.

---

* Habib El Adly faisait partie des quelques hautes personnalités jugées en même temps qu'Hosni Moubarak et ses fils. Ce geste d'un officier lui faisant le salut militaire a effectivement été remarqué par les observateurs et filmé par les télévisions.

Sa voix était familière, elle l'avait déjà souvent entendue. Elle leva la tête et fut saisie par la surprise.

Elle se mit à haleter d'émotion. Elle n'en croyait pas ses yeux et pensait rêver.

C'était Hosni Moubarak qui était assis derrière le bureau, revêtu de son uniforme militaire, la poitrine constellée de décorations. Il s'appuya sur le dossier du fauteuil et lui dit en souriant :

— Asseyez-vous Asma.

Paniquée, elle se mit à crier :

— Vous êtes Hosni Moubarak !

Le juge sourit et elle continua à crier :

— Vous nous avez trompés. Comment avez-vous pu fuir de la prison ?

Moubarak se mit à rire :

— Cela fait des années que je suis ici.

Comment pouvez-vous être ici et ailleurs en même temps ?

— C'est une affaire complexe et ce serait trop long à expliquer.

— Si vous êtes ici, qui donc se trouve dans la cage des accusés pendant le procès ?

— Ecoutez, Je suis ici pour vous interroger, pas pour répondre à vos questions.

— Je veux savoir comment vous vous êtes enfui.

Moubarak éleva la voix et prit un ton menaçant :

— Si vous n'arrêtez pas de faire du bruit, je vais vous faire jeter dans une prison militaire sous l'inculpation d'atteinte à magistrat.

Le silence se fit et Asma se mit à nouveau à le fixer du regard.

C'était Hosni Moubarak, sans le moindre doute. Il semblait détendu, calme et en parfaite santé.

Elle se dit qu'il fallait qu'elle sorte rapidement pour informer ses amis à l'extérieur. Tant pis pour les conséquences ! Comme si Moubarak lisait dans ses pensées, il lui dit doucement :

— Soyez raisonnable. Conduisez-vous avec sagesse. N'allez pas faire quelque chose que vous regretteriez ensuite et sachez que votre destin est entre mes mains. Maintenant je vais commencer votre interrogatoire.

— Vous n'avez pas le droit d'amener des civils devant des tribunaux militaires.

— Je n'en ai pas le droit, mais j'en ai la possibilité.

Asma se tut et Moubarak lui demanda sur un ton officiel :

— Pourquoi avez-vous diffamé les forces armées ?

— Comme tous les Egyptiens, je suis fière de l'armée égyptienne.

Moubarak examina les feuilles qui étaient devant lui :

— Mais vous avez écrit sur Facebook des expressions inconvenantes au sujet du Conseil suprême.

— J'exprimais une critique politique du Conseil suprême.

— C'est une façon de nuire à l'image de l'armée.

— Ce qui est nuisible, c'est de laisser passer des erreurs sans rien dire. Le Conseil suprême remplit les fonctions de président de la République pendant la période intérimaire et il est de mon droit d'exprimer des critiques sur son action.

— Qui êtes-vous pour oser critiquer le Conseil suprême ?

— Je suis une citoyenne égyptienne.

— vous êtes un enfant qui vit dans des chimères et moi, je vais vous apprendre la politesse.

— C'est ça votre façon de mener une enquête légale ?

Moubarak regarda là nouveau les dossiers :

— Sur Twitter, vous avez encouragé les assassinats.

— C'est là une accusation stupide et mensongère. J'ai dit littéralement que si justice n'était pas faite, les familles des martyrs se vengeraient de leurs propres mains.

Il y eut à nouveau un silence puis Asma se lâcha :

— Je vous demande pardon, mais cette procédure n'est pas légale. D'abord parce qu'elle a lieu en l'absence d'un avocat, ensuite parce que vous êtes, vous-même, inculpé par la cour d'assise. Comment pouvez-vous m'interroger?

Moubarak prit un air courroucé. Les muscles de son visage se crispèrent. Il donna un coup de poing sur la table et d'une voix tonitruante, lui cria :

— Je vous ai dit que je suis ici depuis longtemps. Vous avez compris?

— Vous pouvez dire ce que vous voulez, mais je ne répondrai pas à vos questions.

— Vous vous faites du tort.

— Je ne peux à aucun prix accepter que vous m'interrogiez.

— Je vais vous faire incarcérer. Vous servirez d'exemple.

— je suis prête à aller en prison.

Asma le regarda d'un air de défi. Moubarak se mit tout à coup à rire :

— Mais non, ma petite héroïne. Allez, c'est fini. J'abandonne la procédure. Nous pouvons parler?

— Que voulez-vous?

Moubarak se leva de sa place et alla vers le réfrigérateur qu'il ouvrit pour en sortir une bouteille d'eau minérale gazeuse. Lorsqu'il l'ouvrit l'eau se mit à pétiller. Asma fut incapable de se retenir :

— Vous ne jeûnez pas!

— Je suis malade, j'ai le droit de ne pas jeûner.

Moubarak but une gorgée puis rota :

— Regardez Asma, je voulais vous dire un mot, à vous et à tous vos amis. Occupez-vous tous de vos affaires et pensez à votre avenir. Tout ça, maintenant, c'est terminé.

— Qu'est-ce qui est terminé ?

— Toute cette excitation a pris fin de la meilleure façon possible, grâce à Dieu !

— Nous avons fait une grande révolution.

— Vous avez fichu le pays en l'air.

— C'est vous qui avez ruiné l'Egypte, qui l'avez pillée, qui avez humilié les Egyptiens et les avez tués.

— Le peuple égyptien m'aime toujours. Vous avez vu les manifestations de soutien, place Mustapha Mahmoud et au Roxy.

— Ils étaient payés pour ça ou bien c'étaient des profiteurs de votre régime corrompu.

Moubarak sourit et soupira comme s'il se voulait se montrer patient face aux bêtises d'un enfant :

— Bien, Asma, vous avez demandé ma démission et mon jugement. Qu'est-ce que ça vous a rapporté ?

— Ca nous a rapporté la liberté.

Moubarak éclata de rire :

— La liberté est la mère de l'anarchie…

— Du moment que nous nous sommes débarrassés de votre oppression, ça en valait la peine.

— Mais je suis toujours là. Bien sûr, vous me voyez dans ma cage d'accusé, mais je suis présent partout. Tout en Egypte se fait comme je le veux. En réalité, je suis encore plus fort qu'avant. Mes fils et mes disciples ont essaimé partout.

— Nous épurerons l'Egypte de tous vos séides.

— Vous n'en avez pas le droit. N'êtes-vous pas opposés à la fraude électorale. Les prochaines élections seront honnêtes, mais elles amèneront mes hommes au pouvoir. Mes fils et mes disciples remporteront la majorité et formeront le prochain gouvernement.

— Que voulez-vous dire ?

— Vous découvrirez un jour que je ne suis pas une personne. Je suis un mode de pensée, une conception particulière de la vie. Une organisation intégrale et parfaite.

Moubarak se tut un instant puis il sourit :

— Certains de ceux qui étaient hier mes ennemis sont devenus aujourd'hui mes alliés et ils voteront comme je le leur demanderai.

— Nous continuerons à faire pression jusqu'au changement complet.

— Cela ne sera plus possible

— De la même façon que nous vous avons fait tomber, nous ferons tomber votre régime.

— Maintenant, les Egyptiens détestent la révolution.

— Ce n'est pas vrai. Ouvrez cette fenêtre et vous y verrez des dizaines de jeunes qui sont solidaires de moi.

— L'Egyptien, ce n'est pas dans sa nature d'aimer la révolution et cela le rassure d'être soumis à un chef fort, même s'il l'opprime. Je vous ai proposé de rester à mon poste jusqu'au mois de septembre, mais vous avez refusé. Et quel a été le résultat? Les Egyptiens sont épuisés et déprimés. Il n'y a plus de tourisme et les investissements sont réduits à néant, les gens n'arrivent plus à protéger leurs enfants des hommes de main. Il y a partout des meurtres et des coups de feu.

— C'est de votre faute. Les hommes de main, ce sont vos séides qui les ont lâchés et ce sont vos hommes qui conspirent afin d'appauvrir les Egyptiens et de les effrayer pour qu'ils se repentent de la révolution.

— Dans la guerre, tout est permis.

— Nous allons gagner, vous verrez.

— Ce sont des rêves. Les gens maintenant détestent la révolution et beaucoup considèrent que vous êtes des traîtres.

— Je ne vous permets pas...

Moubarak sourit avec irritation :

— Est-il permis de parler comme cela à quelqu'un qui pourrait être votre grand-père ?

— Je parle à l'homme sanguinaire qui a causé la mort de milliers d'Egyptiens.

— Et vous, ainsi que vos camarades êtes accusés de recevoir des fonds de l'étranger.

— Vous mentez pour déconsidérer la révolution. Les accusations du général Hassan El Rouini ne sont fondées sur rien et nous avons déposé une plainte contre lui devant le procureur militaire.

Moubarak sourit :

— Vous avez déposé une plainte contre El Raouini ?

— Bien sûr.

— C'est moi qui l'instruirai.

— Si c'est vous qui instruisez ce dossier, je peux imaginer le résultat.

Le silence se fit. Moubarak lui jeta un regard dédaigneux. Elle se leva en disant :

— Je m'en vais.

— Faites comme vous voulez. Allez attendre dehors la décision du parquet.

Asma prit son sac et tourna le dos pour partir. Comme si son allure assurée était ressentie comme une provocation par Moubarak, il l'interpella :

— Savez-vous que les accusations qui sont portées contre vous peuvent vous valoir dix ans de prison militaire ?

Asma le regarda et lui dit calmement :

— Pendant la révolution, je descendais tous les jours de chez moi en sachant que, à chaque instant, j'allais peut-être mourir. Vos tireurs embusqués ont tué des camarades sous mes yeux. Nous n'avons plus peur de la mort. Faites ce que vous voulez, mais l'Egypte vous vaincra, vous et vos partisans.

Asma sortit en claquant violemment la porte. Devant la salle, il y avait des dizaines de ses camarades qui l'attendaient debout, avec l'avocat. Ils l'entourèrent et la pressèrent de leur dire comment s'était passé l'interrogatoire.

Elle hésita un peu, puis elle soupira avec colère :
— Savez-vous qui instruisait la procédure.

Ils la regardaient l'air perplexe.
— Hosni Moubarak

Ils n'eurent pas l'air étonné et l'un d'eux dit d'une voix forte :
— Quoi qu'ils fassent, la révolution vaincra.

Tous les autres l'approuvèrent.

La démocratie est la solution.

QUE TES MAINS SOIENT PRÉSERVÉES, ALI

Cher lecteur, si vous ne connaissez pas encore les œuvres d'Ali Farazat, c'est vraiment dommage pour vous.

Cet artiste syrien est un des plus importants caricaturistes du monde arabe, et il occupe une place éminente au niveau mondial.

En tant qu'Arabe, j'étais fier de voir ses dessins dans les plus prestigieux journaux de la planète comme le *Guardian* et *le Monde*.

Ali Farazat est né dans la ville de Hama, en 1951, et ses dons exceptionnels sont apparus dès l'enfance. A l'âge de douze ans, il envoya un dessin humoristique au journal syrien *El Ayyam* et il eut la surprise, la semaine suivante, de voir son dessin publié en première page. Il reçut alors une lettre de remerciements et de félicitations du rédacteur en chef, qui n'imaginait pas que l'artiste à qui il s'adressait était un jeune enfant.

Au cours des années, grâce à ses efforts et parce qu'il se vouait entièrement à son art, son talent s'épanouit et il réussit à se faire une place parmi les géants de la caricature arabe comme Salah Jahine, Hegazy, Nagui el Ali, Mustapha Hussein, Toughan, et beaucoup d'autres.

Farazat pense que la qualité la plus importante pour le dessinateur humoristique, avant son coup de crayon, est son sens de la dérision. En effet le principe de base du dessin humoristique, c'est de faire apparaître les contradictions entre ce qui est et ce qui devrait être.

Comme la vérité est claire dans l'esprit de Farazat, ses dessins sont toujours incisifs, économes, véridiques, exempts de bavardage, de détours et de fioritures vides. Farazat est capable avec une simplicité déconcertante de résumer le monde dans un dessin qui nous fait ressentir la laideur qui nous entoure et aspirer à la beauté de la vérité et de la justice.

Les dessins de Farazat font immédiatement mouche, comme s'il dessinait avec un revolver, visait avec précision, appuyait sur la gâchette et faisait pan dans le mille. Ils vous mettent face à la vérité toute nue.

Pour Ali Farazat, le dessin humoristique n'est pas un art d'agrément. Il ne vise pas à la distraction et au rire. Pour lui, le dessin est une arme très subtile et très efficace dans la bataille que mène l'humanité.

La première cause que défend Farazat est celle de la liberté, du droit des gens et de leur dignité, quel que puisse être le prix à payer. Cet artiste de niveau international avait la possibilité, comme de nombreux autres l'ont fait, d'aller confortablement vivre à Paris ou à Londres, comblé d'honneurs, et d'y mener une vie de militant en exil, célèbre et en sécurité. Mais il a tenu à rester au pays en disant avec simplicité qu'il ne comprenait pas comment on pouvait dessiner des gens en vivant loin d'eux.

Il aurait pu depuis longtemps, s'il l'avait voulu, devenir le ministre syrien de la Culture.

Il n'aurait pas eu besoin pour cela de faire preuve de beaucoup d'hypocrisie. On lui demandait seulement de se taire sur l'oppression et la répression. De parler dans les limites de ce qui est permis. On lui demandait de dessiner en fonction de calculs et d'arrangements sur des sujets agréés en commun.

On lui demandait de dire la moitié de la vérité, mais Ali Farazat croit que la vérité doit être totale et que la moitié de la vérité est une tricherie et une imposture.

Le plus étonnant, c'est qu'une véritable amitié a un jour existé entre Ali Farazat et Bachar El Assad. Bachar était à cette époque le fils du président de la République et il se spécialisait en ophtalmologie, à Londres. En ami des arts, il fréquentait les expositions du caricaturiste dont il admirait les œuvres. Une amitié naquit entre eux à tel point qu'il arriva à Farazat de recevoir Bachar chez lui.

Il est possible que Bachar, avant d'accéder au pouvoir, ait été sincèrement désireux de réaliser de véritables réformes démocratiques et c'est peut-être ce qui a poussé le régime, au moment de l'entrée en fonction du nouveau président, à autoriser Ali Farazat à publier sa célèbre revue : *El Doumari*, le premier périodique privé en Syrie, depuis les années soixante. Avant l'introduction de l'électricité en Syrie, le Doumari était une personne que les autorités ottomanes chargeaient d'éclairer les rues avec une lanterne devant les passants.

Cette revue était un phénomène unique en son genre, d'abord à cause de l'ironie mordante de ses articles et de ses dessins qui la faisait ressembler au Ca*nard Enchaîné*, le célèbre hebdomadaire français. Ensuite par le ton de franchise plus que d'insinuation qu'elle avait adopté, et sa critique sans détour de la dictature et de la corruption. Mais également par son tirage, à un niveau jamais atteint par les journaux gouvernementaux syriens, pourtant financés à coup de millions par le parti Baas, mais qui demeuraient des publications de propagande mensongère et ridicule que personne ne lisait.

Farazat subit toutes sortes de vexations et de persécutions de la part du pouvoir, mais il continua à éditer sa revue sans s'incliner ni pactiser, sans passer un quelconque arrangement avec le régime. Peu à peu, la revue *El Doumari* devint un véritable problème pour le régime du Baas et ses services de renseignement, au point que celui-ci ne trouva finalement pas d'autre issue que de la fermer et de lui enlever sa licence.

Mais l'artiste militant Ali Farazat ne connaissait pas la résignation et, comme le régime du Baas avait fermé sa revue, il découvrit le vaste monde de l'Internet. Il créa un site électronique à son nom pour y diffuser ses dessins qui, dès qu'ils étaient diffusés, devenaient le thème de conversation des Syriens.

Bachar El Assad se mit très en colère contre son ancien ami et alla même jusqu'à déclarer :

— Ali Farazat était mon ami, mais il m'a poignardé dans le dos.

C'est ainsi que Bachar, l'ophtalmologue, se mua en un simple dictateur comme les autres considérant que la défense de la vérité était un coup de poignard dans son dos. Comme les autres despotes, il ne comprenait l'amitié que comme une subordination et une allégeance totale et il était persuadé d'incarner ni plus ni moins que la nation tout entière.

Ceux qui le soutenaient et le flattaient hypocritement aimaient donc la nation et ceux qui luttaient pour les droits de l'homme, de son point de vue, étaient des traîtres et des valets de l'étranger. Réclamer la liberté signifiait que l'on était un comploteur exécutant une machination ourdie par des ennemis de l'extérieur. Il est frappant de constater à quel point, en cela, la pensée de Bachar ressemble à s'y confondre à celle de Moubarak, de Ali Abdallah Saleh, de Ben Ali et de tous les autres dictateurs.

Ce sont les mêmes mensonges, les mêmes crimes et le même abandon des principes moraux dans le but de conserver le pouvoir, par tous les moyens et quel qu'en soit le prix.

Cette identité commune à tous les dictateurs a été décrite ainsi par le grand écrivain espagnol Goytisolo :

— Si l'on connaît un seul dictateur, on les connaît tous, car ils ne sont qu'une seule et même personne.

Après le déclenchement de la révolution syrienne et la répression sauvage pratiquée par le régime contre de courageux citoyens désarmés, simplement parce qu'ils ont revendiqué quelques-uns de leurs droits humains, Ali Farazat ne pouvait pas rester les bras croisés. Il fourbit ses armes et conçut un dessin qui, je crois, restera éternellement dans l'histoire de l'art arabe.

Nous y voyons un énorme soldat armé de pied en cap, représentant le pouvoir syrien, qui se prépare à tirer sur un détenu aux yeux bandés. Mais l'un et l'autre, l'énorme soldat et sa victime sont assis aux deux extrémités d'une mince planche qui au moindre mouvement peut les faire tomber tous les deux.

Lorsque Bachar El Assad annonce l'abolition de l'état d'exception, Farazat dessine un gigantesque officier qui représente le pouvoir dont la grande ombre se projette sur le mur. Nous voyons Bachar s'efforcer de peindre le mur pour cacher l'ombre, sans que celui qui la projette cesse d'être présent.

La répression sauvage de la révolution se poursuit et cause la mort de deux mille martyrs sans compter les milliers de blessés et de détenus, mais le régime de Bachar El Assad continue à mentir, en organisant des conférences où sont approuvées des réformes frelatées, complètement formelles, par lesquelles il tente de tromper le peuple. Farazat dessine alors un homme assis dans des toilettes en train de déféquer. Il prend un papier hygiénique sur lequel est écrit "recommandations du colloque".

Face à l'obstination des Syriens à réclamer la liberté, et à la propagation de la révolution dans toutes les parties du pays, les agents des services de sécurité et les hommes de main stipendiés par le régime perpètrent d'innombrables crimes d'une grande sauvagerie. Ils attaquent des mosquées et tuent à coups de feu les personnes en train de prier. Le chanteur populaire Ibrahim Kachouch participe à des manifestations et improvise des chansons demandant le départ de Bachar. Quelques jours plus tard, il est arrêté par des hommes de main du régime qui le tuent et lui arrachent sauvagement la gorge puis jettent son cadavre sur la chaussée, afin que les gens le trouvent dans cet état et tiennent cela comme un avertissement à tous ceux qui oseraient demander à Bachar El Assad de renoncer à son pouvoir.

Malgré la sauvagerie du régime, les Syriens persistent résolument dans leur révolution, avec, en première ligne l'artiste Ali Farazat qui continue avec un rare courage à tirer à l'arme lourde contre la dictature. Il méritait un châtiment exemplaire. Il fallait, par n'importe quel moyen, étouffer sa voix.

Jeudi dernier Ali Farazat termina son travail, quitta son bureau, puis monta à bord de sa voiture pour se rendre chez lui. Une automobile blanche se mit à le poursuivre et lui coupa la route le forçant à s'arrêter. Quatre énormes hommes de main en descendirent, le tirèrent de force de sa voiture puis l'agressèrent sauvagement.

Ils le frappèrent jusqu'à ce que le sang vienne tacher ses vêtements et couler sur le sol. Ils concentrèrent leurs coups sur la tête et sur les mains.

A force de lui cogner la tête, ils lui provoquèrent une commotion cérébrale et ils lui brisèrent les doigts de la main jusqu'à en faire de la charpie.

Ce régime syrien, armé de pied en cap, qui a tué des milliers de fils de son peuple, n'a jamais tiré une seule balle contre Israël depuis quarante ans.

Ce régime, malgré son redoutable instrument de répression, n'était pas capable de supporter un artiste tout maigre qui n'avait rien d'autre que son art et sa plume. Ils l'ont frappé à la tête et ils lui ont brisé les mains par peur de la vérité qu'il faisait apparaître avec ses admirables dessins.

Le jour de la fête de la fin du ramadan, au lieu de se trouver chez lui au milieu de sa famille et de ses amis, le grand artiste gisait sur un lit d'hôpital, le corps couvert de blessures et les doigts brisés. L'enchantement qu'il a longtemps fait naître avec ses dessins restera toujours dans nos esprits et dans nos cœurs.

J'écris ces mots en espérant qu'ils parviendront à Ali Farazat afin qu'il sache combien nous l'aimons, nous les Egyptiens, et combien nous aimons la Syrie tout entière. La situation dans laquelle nous nous trouvons en Egypte n'est pas satisfaisante : après avoir réussi à nous débarrasser d'Hosni Moubarak, nous avons découvert que, malheureusement, le régime de Moubarak n'était pas encore tombé et qu'il continuait à gouverner. En dépit des conditions troubles que nous traversons, nous n'oublions pas un seul instant nos frères syriens.

Je vous prie, cher lecteur, d'entrer sur le site Internet d'Ali Farazat pour y voir ses merveilleux dessins. Vous découvrirez quel artiste universel il était et vous prendrez conscience de la faute commise par Bachar El Assad, responsable au premier chef de cette sauvage agression contre un des plus importants artistes du monde arabe.

Toi, Ali Farazat, tu es un individu, mais, à l'échelle humaine, tu représentes une nation. Tu as payé le prix de l'honneur et du courage dans un pays gouverné par un dictateur inique. Ils ont perpétré ce crime contre toi, car ils ont peur de toi. Ils disposent d'énormes instruments de répression et toi tu ne possèdes que ta plume, mais tu es plus fort qu'eux car tu représentes la vérité, alors qu'eux ne représentent que la fraude et la corruption.

Tu es l'avenir, Ali, et eux sont le passé sinistre. Toi, tu arrives, Ali, et eux s'en vont vers la place qu'ils méritent dans les poubelles de l'histoire. Le régime de Bachar est terminé et il n'en reste plus que le bâton de l'oppression qui se brisera bientôt. La Syrie retrouvera alors sa liberté.

Mon ami, Ali Farazat, que tes mains soient préservées.

La démocratie est la solution.

TABLE

Préface. "La Démocratie est la solution"............. 5
Introduction 9

PREMIÈRE PARTIE
LA PRÉSIDENCE ET LA SUCCESSION

La campagne égyptienne contre la succession
    héréditaire... 21
Trois arguments fallacieux pour soutenir
    Gamal Moubarak 28
L'art de plaire au président 34
Les caméléons attaquent El Baradei................. 41
Gaza va-t-elle payer le prix de la succession
    héréditaire en Egypte.............................. 47
Pourquoi régressons-nous alors que le monde
    progresse?... 53
La seule façon de faire partir Batista................. 59
Qu'attendent les Egyptiens de El Baradei?........... 65
Quand le président Moubarak va-t-il finir
    par comprendre cette vérité?..................... 71
Falsifier les élections est-il considéré
    comme un péché mortel? 77
Avons-nous besoin d'un dictateur équitable?........ 84
Une histoire pour les petits… et pour les grands.... 90
Un dîner impromptu avec une personnalité
    importante... 96

Quelques réflexions autour de la santé
   de M. le Président 102
Pourquoi les Egyptiens ne participent-ils pas
   aux élections? 108

DEUXIÈME PARTIE
LE PEUPLE ET LA JUSTICE SOCIALE

Notre conseil au boucher............................. 117
La fête de la grande débandade...................... 125
Pourquoi les Egyptiens harcèlent-ils les femmes?... 132
Comment vaincre la séduction des femmes 137
Le *niqab* et la piété déficiente....................... 144
La piété face aux caméras 150
Qu'est-ce qui protégera les coptes................... 156
L'Egypte assise sur le banc de touche 163
Les Egyptiens sont-ils vraiment religieux?.......... 169
Les chagrins de Mlle Laurence 175
Pourquoi les religieux extrémistes sont-ils
   si préoccupés par le corps de la femme? 181
L'histoire de Nora et de l'équipe nationale 186
La défense du drapeau égyptien..................... 192
L'importance d'être humain 199
Qui a tué les Egyptiens le jour de la fête?........... 205
Le président Obama peut-il protéger les coptes?.... 212
L'Egypte qui s'est éveillée............................ 218
L'histoire de Mamdouh Hamza 224
Qui tue les pauvres en Egypte?...................... 230
La soumission nous protège-t-elle de l'oppression?.. 236
Maltraiter les gens fait-il partie des actions
   qui invalident le jeûne du mois de ramadan?..... 242

TROISIÈME PARTIE
LIBERTÉ D'EXPRESSION ET OPPRESSION POLITIQUE

Comment les officiers de police célèbrent-ils
le mois de ramadan?................................. 251
Une discussion avec un officier de la sécurité d'Etat 256
Quatre films pour distraire le Président.............. 262
Avant de maudire la Suisse.......................... 268
Le regrettable incident dont fut victime un officier
de la sécurité d'Etat 275
Pourquoi le général crie-t-il?........................ 281
Devons-nous commencer par réformer les mœurs
ou réformer le régime?............................ 287
Les libertés sont-elles divisibles?..................... 293
Le destin d'Ibrahim Issa 299

QUATRIÈME PARTIE
LA RÉVOLUTION N'EST PAS TERMINÉE

Cinq attitudes face à la révolution 307
N'échangeons pas une dictature pour une dictature 315
La révolution égyptienne s'est-elle trompée?........ 323
Qui va juger Asma Mahfouz? 331
Que tes mains soient préservées, Ali................. 340

OUVRAGE RÉALISÉ
PAR CURSIVES
ACHEVÉ D'IMPRIMER
SUR ROTO-PAGE
EN OCTOBRE 2011
PAR L'IMPRIMERIE FLOCH
À MAYENNE
POUR LE COMPTE DES ÉDITIONS
ACTES SUD
LE MÉJAN
PLACE NINA-BERBEROVA
13200 ARLES

DÉPÔT LÉGAL
1re ÉDITION : NOVEMBRE 2011
N° impr. : 80760
(Imprimé en France)